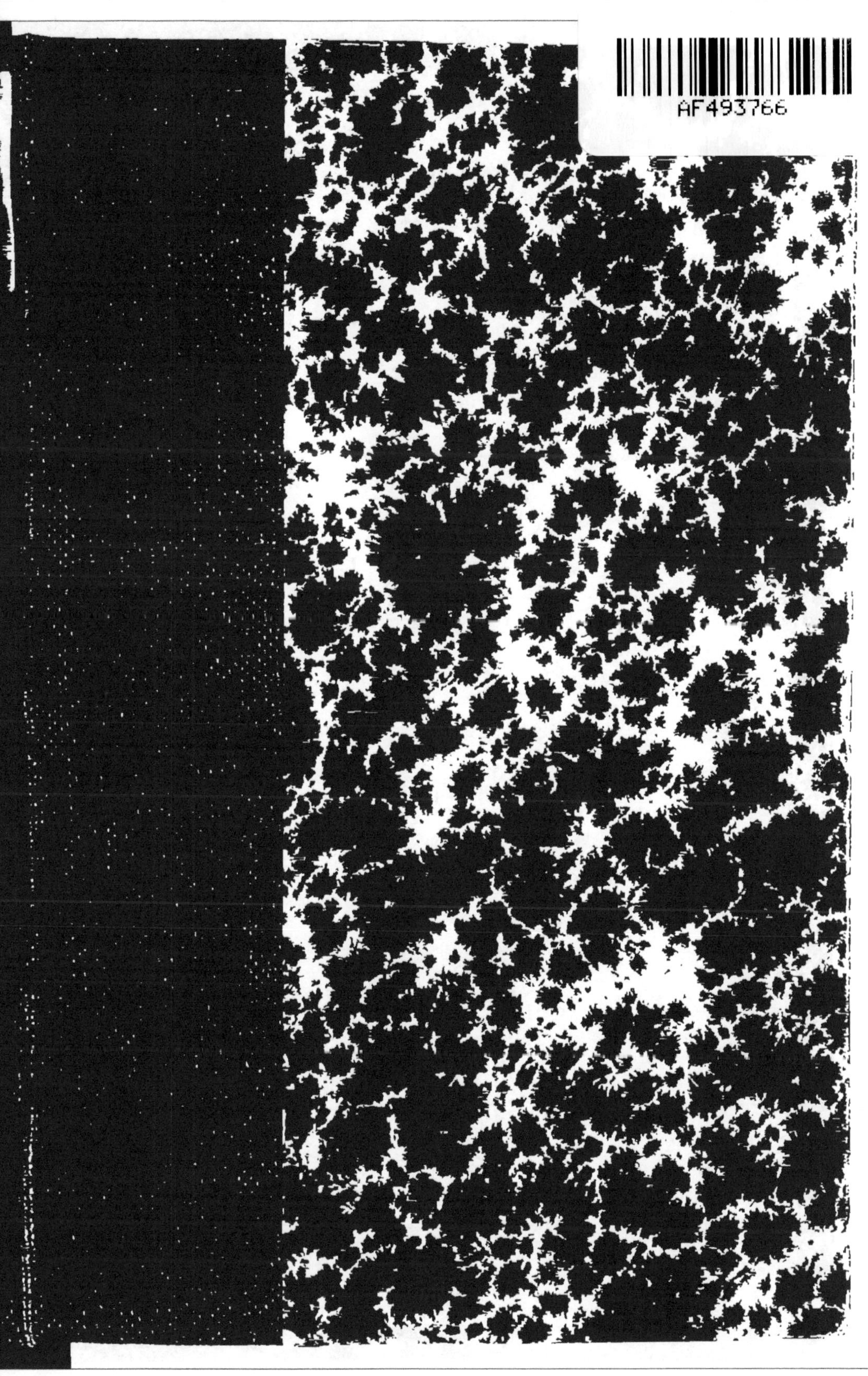

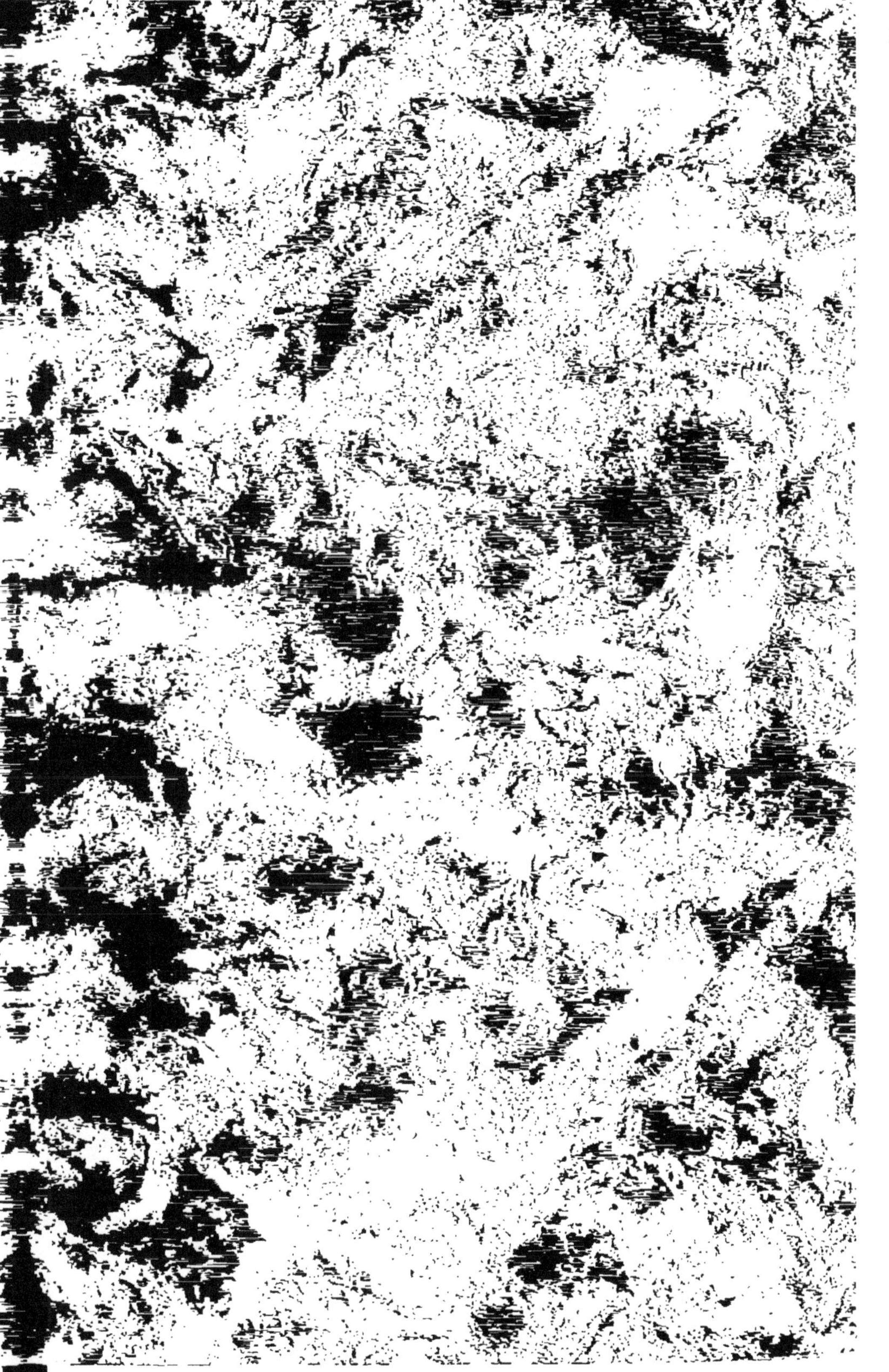

VOCABULAIRE

FRANÇAIS-BRETON

DE M. LE GONIDEC,

REVU PAR M. TROUDE,

Colonel en Retraite.

SAINT-BRIEUC,

IMPRIMERIE DE L. PRUD'HOMME.

1860.

VOCABULAIRE

FRANÇAIS-BRETON.

VOCABULAIRE

FRANÇAIS-BRETON

DE M. LE GONIDEC,

REVU PAR M. TROUDE,

Colonel en Retraite.

SAINT-BRIEUC,

IMPRIMERIE DE L. PRUD'HOMME.

1860.

VOCABULAIRE.

C'est vers 1829, dans une maison de campagne qu'il habitait aux portes d'Angoulême, que LE GONIDEC acheva les manuscrits des *Vocabulaires Français-Breton* et *Breton-Français*. C'est aussi à cette époque qu'il me confia le premier de ces ouvrages pour m'aider dans un travail qu'il m'avait chargé de faire.

Il résulte de l'inspection du manuscrit, que l'Auteur avait formé le projet d'indiquer, dans le *Vocabulaire Français-Breton*, les infinitifs qui ont varié par suite d'abus, ainsi que les diverses acceptions appartenant aux dialectes de Vannes, de Tréguier et de Cornouailles. Ces indications, ne figurant qu'aux premières pages du manuscrit, j'ai cru nécessaire de les compléter, et, pour me conformer au désir exprimé par la famille Le Gonidec, j'ai signé de mon initiale les additions ou changements opérés dans le cours de l'ouvrage.

L'orthographe si simple et si intelligente de Le Gonidec n'étant pas encore connue de tous, il convient de donner ici un résumé des principes de la prononciation tels que les a fixés celui qui a été appelé à juste titre le Législateur de notre langue nationale.

Les lettres de l'alphabet breton se prononcent comme leurs analogues du français ; toutefois il faut excepter :

1° *E*, qui n'est jamais muet, et se prononce tantôt ouvert, tantôt fermé. L'orthographe de Le Gonidec apprend à connaître ces particularités, car, dans le dernier cas, la lettre *E* porte un accent aigu, même au milieu des mots : *dén*, homme ; *gér*, parole. A la fin des mots et des syllabes, cette lettre est toujours fermée.

2° *G*, qui a toujours le son dur, et ne se prononce jamais comme *J*.

3° *S*, qui a aussi le son toujours dur, même entre deux voyelles, et se prononce comme en français *ss*.

4° La consonne *R*, qui se fait sentir à la fin des syllabes et des mots, comme dans le latin, *Pater*.

5° La lettre *N*, qui est dans le même cas quand elle n'est pas nazale.

6° *C'h*, qui s'énonce du gosier et n'a pas d'analogue en français.

7° Enfin *W* qui, selon le dialecte, se prononce *ou*, *u*, *v*.

On remarquera de plus que, dans tous ses ouvrages, Le Gonidec emploie :

1° *l* mouillée, comme dans le français, *taille*.

2° *n* nazale, comme dans le français, *menton*.

3° *g* mouillé, comme dans le français, *moignon*.

Il représente ces caractères de la manière suivante :

l mouillée par *l̲* (un trait au-dessous) ou par une italique dans le caractère romain, ou par un caractère romain dans l'italique.

n nazale par *n̄* (un trait au-dessus) ou par une italique dans le caractère romain, ou par un caractère romain dans l'italique. — Dans les *Vocabulaires* ces deux lettres ont été représentées par *l̲* et *n̄*.

Enfin g mouillé par **n̄**.

Le Colonel A. TROUDE.

Abréviations employées :

T. Additions ou changements opérés par M. Troude.

V. m. Vieux mot, aujourd'hui non usité, mais se retrouvant dans quelques noms de lieux et quelques mots composés.

P. a. Infinitif ayant varié par suite d'abus.

Vann. Mot appartenant au dialecte de Vannes.

Trég. *id.* de Tréguier.

Corn. *id.* de Cornouaille.

VOCABULAIRE

FRANÇAIS-BRETON.

A

A, s. m. Lettre voyelle, la première de l'alphabet.

A, particule. *Da*. En Vannes, *dé*. *É* ou *er* ou *enn*. *Oc'h* ou *ouc'h*. *A*. *Hervez* ou *diouc'h*. *Gañt*. *War*. *Héd* ou *war-héd*. *Diwar*. *Ha*. *Pé*.

Abaisser, v. a. *Izélaat*. *Gouziza*. *Diskara*.

Abandonner, v. a. *Dizerc'hel*. *Diskregi*. *Kuitaat*. *Lezel*. *Leûskel*. *Dilézel*. *Dileûskel*.

Abâtardir, v. a. *Gwasta*. *Lakaad da goll*.

Abattement, s. m. *Fillidigez*, f. *Gwévadurez*, f.

Abattre, v. a. *Diskara*. *Didroada* ou *distroada*. *Pila* ou *pilat*. — P. a. *Diskar*. (T.)

Abbaye, s. f. *Abatti*, m. *Léandi*, m.

Abbé, s. m. *Abad* ou *abat*, m.

Abcès, s. m. *Gôr*, m. *Hesked*, m. *Puñez*, m.

Abdiquer, v. a. et n. *Dilezel*.

Abeille, s. f. *Gwénanen*, f. Pl. *gwénan*. En Vannes, *gwinénen*.

Abéquer, v. a. *Bégadi*. *Boéta*.

Abhorrer, v. a. *Argarzi*. *Eûzi*. *Érézi*.

Abject, adj. *Izel* ou *ijel*. *Dister*. *Displed*. *Disléber*.

Abjuration, s. f. *Dinac'h*, m. *Diañsav*, m. *Dilez*, m.

Ablution, s. f. *Gwalc'h* ou *gwelc'h*. m. En Vannes, *golc'h*.

Abnégation, s. f. *Dinac'hidigez*, f. *Dilez*, m.

Aboiement. s. m. *Harz* ou *harzérez*, m.

Abois, s. m. Pl. *Divez*, m. *Sac'h-divéza*, m.

Abolir, v. a. *Terri*. En Vannes, *torrein*. *Lémel*. En Vannes, *lamein*

Abominable, adj. *Argarzuz*. *Eúzuz*.

Abondant, adj. *Founn* ou *founnuz*. *Púl*. *Paot*.

Abonnir, v. a. *Gwellaat*.

Abord, s. m. *Digémer*, m. *Dinesidigez*, f. *Tôstidigez*, f.

d'Abord, adv. *Keñta*. *Keñtiz*. *Keñtré*. *Kerkeñt*.

Aborner, v. a. *Bévenni*. *Lézenni*.

Abortif, adj. *Sioc'han*. *Kollidik*.

Abouchement, s. m. *Emwél*, m. *Gwéladen*, f.

Aboutir, v. n. *Skei war*. *Moñt bété*. *Tarza*. *Didarza*.

Aboyer, v. n. *Harza* ou *Harzal*. En Vannes, *harc'hein*. *Chilpa*.

Abréger, v. a. *Berraat*. *Diverraat*. *Krenna*. *Trouc'ha berr*. — Vann. *Berrein*. *Diverrein*. (T.).

Abreuver, v. a. *Doura*. *Glébia* ou *glibia*.

Abreuvoir, s. m. *Lenn ar c'hézek*, m. *Dourlec'h*, m. (T.)

Abri, s. m. *Gwarez*, f. *Herberc'h*, f. *Gwasked*, m. *Disglaö*, m. *Dishéol*.

Abroger, v. a. *Terri*. *Lémel*.— Vann. *Torein*. *Lamein*. (T.)

Abrutir, v. a. *Louadi* ou *Leúéadi*. *Diodi*. *Abafi*.

Absent, adj. *Ezvézañd*.

Absinthe, s. f. *Huélen-c'houeró*, f. *Vuélen*, f.

Absolu, adj. *Digabestr*. *Diboell*, *Balc'h*. *Groñs*.

Absolution, s. f. *Gwalc'h* ou *gwelc'h*, m. En Vannes, *golc'h*. *Diskarg*, m. *Divec'h*, m. *Absolven*, f.

Absorber, v. a. *Loñka* ou *Louñka*. *Teúzi*. *Dismañta*.

ABSTENIR (s'), v. réfl. *Diouéri*. En Vannes, *diovérein*. *Tréménout hép*.

ABSTERGER, v. a. *Skarza*. *Nétaat*.

ABSTRACTION, s. f. *Rann*, m. *Diévezded*, m.

ABSTRAIT. adj. et part. *Iskiz*. *Dic'hiz*. *Kersé*. *Diévez*. *Strañtal*.

ABSURDE, adj. *Iskiz*. *Diskiañt*. *Diboell*.

ABUS, s. m. *Gwall-voaz*, m. *Diboell*, m. *Divoaz*, m. *Direiz*, m.

ABYME, s. m. *Loñk* ou *louñk*, m. *Poulldoun*, m.

ACABIÂTRE, adj. *Araouz*. *Griñouz*. *Pennaduz*.

ACCABLER, v. a. *Bec'hia*. *Samma*. *Karga*. *Ma-c'ha*. *Mañtra*.

ACCÉDER, v. n. *Grataat*. *Aotréa*. — P. a. *Aotren*. (T.)

ACCÉLÉRER, v. a. *Hasta*. *Difréa*.

ACCENT, s. m. *Komps* ou *Komz*, f. *Gér*, m. *Arouéz*, f. *Merk*, m.

ACCEPTER, v. a. *Kémérout*. *Digémérout*. — P. a. *Kéméret*. *Digéméret*. (T.)

ACCÈS, s. m. *Tôstidigez*, f. *Digémer*, m. *Bâr*, m. *Kaouad*, f.

ACCIDENT, s. m. *Darvoud*, m. *Digwéz* ou *digouéz*, m. *Reûz*, m. *Gwall*, m. *Droug-eûr*, f.

ACCOLADE, s. f. *Briata*, m.

ACCOMMODANT, adj. *Habask*. *Hégarad*. *Gwén*.

ACCOMMODER, v. a. *Aoza*. *Kempenni*. *Farda*. *Ficha*. *Unvani*.

ACCOMPAGNER, v. a. *Moñt gañt*. *Heûlia*. *Ambrouga*. *Para*.

ACCOMPLI, adj. *Klôk*. *C'houék*. *Dinam*. *Digabal*. *Krenn*.

ACCOMPLIR, v. a. *Peûr-ôber*. *Peûr-zerc'hel*. *Sévéni*.

ACCORD, s. m. *Marc'had*, m. *Hévélébédigez*, f. *Unvaniez*, f.

Accorder, v. a. *Rei. Aotréa. Unvani.*
Accorer, v. a. *Skoazia. Speúrella.*
Accoster, v. a. *Tôstaat. Dinésaat.*
Accoucher, v. a. et n. *Gwilioudi.* En Vannes, *gulvoudein.*
Accouder (s'), v. réfl. *Daou-ilina. Helmoi.*
Accoupler, v. a. *Strolla. Para.*
Accourcir, v. a. *Berraat. Diverraat. Krenna.*
Accourir, v. n. *Dirédi.* — P. a. *Dirédek.* (T.)
Accoutumer, v. a. *Boaza. Kustumi.* — Vann. *Boézein.* (T.)
Accréditer, v. a. *Bruda mád.*
Accroc, s. m. *Reg*, m. *Reúg*, m.
Accrocher, v. a. *Kregi. Krogenna. Krapa* ou *skrapa.*
Accroître, v. a. *Kreski. Brasaat. Astenna.*
Accroupir (s'), v. réfl. *Pucha* ou *plucha. Klucha. Soucha.*
Accueillir, v. a. *Digémérout.* — P. a. *Digémérel.* (T).
Acculer, v. a. *Kila. Eñkaat.*
Accumuler, v. a. *Berna* ou *bernia. Kalza. Grounna.* — Vann. *Ioc'hein. Tescin.* (T).
Accuser, v a. *Diskulia. Flatra. Tamallout.* — P a. *Tamall.* (T.)
Acéphale, adj. *Dibenn. Digéf.*
Acerbe, adj. *Treñk. Pût.*
Acérer, v. a. *Dira* ou *direnna.*
Acharnement, s. m. *Kounnar*, f. *Diboell*, m.
Acharner, v. a. *Héga. Heskina* ou *eskina. Isa* ou *hisa.*
Achat, s. m. *Prén*, m.
Achée, s. m. *Buzugen*, f.
Acheminement, s. m. *Reiz*, f. *Aoz*, f.
Acheter, v. a. *Préna.* — Vann. *Perncin.* (T.)
Achever, v. a. *Peúr-ôber. Klôza. Serra. Kas da benn.*

Acide, adj. *Treñk. Súr.*
Acier, s. m. *Dír.*
Acquêt, s. m. *Prén*, m.—Vann. *Pern*, m. (T.)
Acquiescer, v. n. *Aotrea.*—P. a. *Aotren.* (T.) *Rei hé c'hrâd.* — Hors du Léon : *ôtréa.* (T.)
Acquitter, v. a. *Sévéni. Diskarga. Divec'hia. Kuitaat. Gwenna.*
Acre, adj. *Pût. Tréloñk. Garô. Taguz. Kroguz.*
Acte, s. m. *Ober*, m. *Skrîd* ou *Skrît*, m. *Diellou*, m. pl.
Actif, adj. *Obériuz. Obériad. Béô. Distak. Difréuz. Eskuit.*
Action, s. f. *Ober*, m. *Téarded*, m. *Doaré*, f.
Activité, s. f. *Obéridigez*, f. *Béôder*, m. *Difraô*, m. *Ners*, f.—Vann. *Nerc'h.* (T.)
Actuel, adj. *Gwír. Gwirion. Bézuz* ou *bézañd.*
Actuellement, adv. *Bréma* ou *brémañ. Enntaol-mañ.*
Adage, s. m. *Lavar*, m.
Adapter, v. a. *Reiza. Kempenni.* — P. a. *Kempenn.* (T.)
Addition, s. f. *Strôbad*, m. *Stroll* ou *Strollad*, m.
Adhérence, s. f. *Framm*, m. *Stroll* ou *stâg*, m.
Adhésion, s. f. *Framm*, m. *Stroll*, m. *Aotré*, m. *Grâd*, f.
Adieu, terme pour prendre congé. *Kénavézô.* — Hors du Léon : *Kénavô.* (T.)
Adieu, s. m. *Kimiad*, m.
Adjacent, adj. *Nés. Tôst. Stâg ouc'h.*
Adjoindre, v. a. *Staga. Strolla. Framma.*
Adjudant, s. m. *Skoazel.*
Adjuration, s. f. *Kémenn*, m. *Kémennadurez*, f.
Admettre, v. a. *Digémérout.*— P. a. *Digémérel.* (T.)

Administrer, v. a. *Méra*. En Vannes, *méein*. *Évésaat*.

Admiration, s. f. *Estlamm*, m. *Souez*, f. — Vann. *Souec'h*, f. (T.)

Admonition, s. f. *Kélen*, m. *Keñtel*, f. *Kélennadurez*, f.

Adolescent, s. m. *Krenn-baotr*, m. *Krenn-dén*, m.

Adonner (s'), v. réfl. *En em rei*. *Poelladi*. *Daremprédi*.

Adorer, v. a. *Azeûli*. *Kééla*.

Adoucir, v. a. *C'houékaat*. *Habaskaat*. *Kuñaat*. *Sioulaat*. — Vann. *Distaouein*. (T.)

Adresse, s. f. *Gwénded*, m. *Ijin* ou *iñjin*, m. *Gwidré*, m.

Adresser, v. a. *Kas*. *Digas*.

Adulation, s. f. *Lorc'h*, m. *Labennérez*, m. *Dorlôtérez*, m.

Adulte, adj. et s. m. *Krenn-baotr*, m. *Krenn-dén*, m.

Adultère, s. m. *Avoultriez*, f.

Adversaire, s. m. *Énébour*, m,

Adversité, s. f. *Reûz*, f. *Dizeûr*, f. *Droug-eûr*, f.

Aérer, v. a. *Éara*. — Hors du Léon : *éra*. (T.) *Avéli*. *Diloućdi*.

Affable, adj. *Kûñ*. *Hégarad*. *Hélavar* ou *Kélavar*. — Corn. *Drañt*. (T.)

Affaiblir, v. a. *Dislébéri*. *Dinerza*. *Gwana*.

Affaire, s. f. *Grâ*, m. *Trâ*, f. *Kéfridi*, f. *Marc'had*, m.

Affaisser, v. a. *Diazéza*. *Mañtra*. *Gwana*.

Affamer, v. a. *Naona* ou *naounia*. En Vannes, *nannein*.

Affectation, s. f. *Orbid* ou *ormid*, m.

Affecter, v. a. *Rei*. *Staga*. *Fougéa*. *Poella*. *Boukaat*.

Affection, s. f. *Kalouniez*, f. *Karañtez*, f. *Frouden*, f.

Affermer, v. a. *Rei* ou *kéméroud da vércûri*, ou *é mércûri*.

Affermir, v. a. *Starda*. *Kalédi*.

Afféterie, s. f. *Orbid* ou *ormid*, m.

Affiche, s. f. *Likétcn*, f. *Stagel*, f. *Skritel*, m.

Affiler, v. a. *Lemma*. En Vannes, *lucmmein*. *Goulaza*.

Affiliation, s. f. *Kévrédigez*, f. *Unvaniez*, f.

Affiner, v. a. *Karza*. *Skarza*.

Affinité, s. f. *Hévélédigez*, f. *Érédigez*, f. *Nestéd* ou *nésañded*, m.

Affinoir, s. m. *Kribin-voan*, f. *Kribin-stañk*, f.

Affiquets, s. m. pl. *Kiñklérézou*, m. pl. *Piñférézou*, m. pl.

Affirmer, v. a. *Krétaat*. *Rei* ou *derc'hel da wir*. *Toui*.

Affliction, s. f. *Glac'har*, f. *Añken*, f. *Doan*, f. *Gloaz*, f. — Vann. *Gloez*, f. *Trébil*, m. (T.)

Affluence, s. f. *Béradur*, m. *Founder*, m. *Eñgroez* ou *iñgroez*, m.

Affranchir, v. a. *Diéréa*. *Digabestra*. *Daspréna*. *Diskarga*.

Affreux, adj. *Divaló*. *Akr*. *Spouñtuz*.

Affrioler, v. a. *Likaoui*. *Touella*.

Affront, s. m. *Flemm*, m. *Gaou*, m. *Dismégañs*, f. *Méz*, f.

Afin, conj. *Évit*.

Agacer, v. a. *Klôc'ha*. *Tózóna*. *Héga*. *Heskina*.

Age, s. m. *Oad*, m. *Hoal*, m. — Vann. *Oed*. m. (T.)

Agencer, v. a. *Kempenni*. *Reiza*.

Agenouiller (s'), v. réfl. *Daoulina*.

AGENT, s. m. *Obérour*, m.
AGGLOMÉRER, v. a. *Grounna. Strôba.*
AGGRAVER, v. a. *Gwasaat.*
AGILE, adj. *Skâñ. Eskuit. Gwén. Ampart.*
AGIR, v. n. *Ober. Fiñva. Embréga.*
AGITER, v. a. *Fiñva. Luska. Horella. Heja.*
AGNEAU, s. m. *Oan*, m.
AGONIE, s. f. *Añkou* ou *eñkou*, m. pl. *Trémenvan*, f.
AGRAFE, s. f. *Krôgik*, m. *Bac'hik*, f.
AGRANDIR, v. a. *Brasaat. Kreski* ou *Kriski.*
AGRÉABLE, adj. *Braô. Kaer. Koañt. Kénéduz. Dudiuz.*
AGRÉER, v. a. *Aotréa. Kaout-mâd. Digémérout-mâd. Héta.* — P. a. *Aotren.* (T.)
AGRÉGATION, s. f. *Digémer*, m. *Digéméridigez*, f.
AGRESSION, s. f. *Tâg*, f. *Tagérez*, m *Argad*, m. *Heskin*, m.
AGRESTE, adj. *Gwéz. Garô. Diwar ar méaz.*
AGRICULTURE, s. f. *Gounidégez*, f.
AH, interj. *Ha. Ai.*
AHAN, s. m. *Tréc'houéz*, m. *Termérez*, m. *Strîf*, m.
AHEURTER (s'), v. réfl. *Stourmi. En em bennadi.*
AHI ou AÏE, interj. *Ai. Aiou.*
AHURIR, v. a. *Saouzani. Abafi. Divarc'ha.*
AIDE, s. f. *Skoazel*, f. *Ken-ners*, m.
AIDE-COUVREUR et AIDE-MAÇON, s. m. *Daffarer* ou *darbarer*, m.
AÏEUL, s. m. *Tâd-kôz*, m.
AÏEULE, s. f. *Mamm-gôz*, f.
AIGLE, s. m. *Er*, m. Pl. *ed. Erer*, m. Pl. *ed.*
AIGRE, adj. *Treñk. Skiltr. Garô. Rust.* — Vann. *Tréañk.* (T.)
AIGRETTE, s. f. *Kerc'heiz*, f. *Herlégon*, m. *Kribel*, f. *Kabel*, m.

AIGU, adj. *Lemm. Skiltr. Sklent. Krâk.*

AIGUIÈRE, s. f. *Pôtéô*, m.

AIGUILLE, s. f. *Nadoz* ou *nados*, f. *Gwalen*, f. — Vann. et Trég. *Nodoé*, f. (T.)

AIGUILLETTE, s. f. *Klaôen*, f. *Klaôéten*, f.

AIGUILLER, s. m. *Klaouier*, m. *Karitel*, f.

AIGUILLON, s. m. *Broud*, m. *Flemm*, m. *Garzou*, m.

AIGUISER, v. a. *Lemma.*

AIL, s. m. *Kiñen*, m.

AILE, s. f. *Askel*, f. *Bann*, m. *Korn*, m. *Bréac'h*, f.

AILERON, s. m. *Penn-askel*, m. *Pâll-rôd*, f. *Breñk*, m. *Stuc'h*, m.

AILLEURS, adv. *E léac'h all.*

AIMABLE, adj. *Karadek. Karuz. Hégarad.*

AIMER, v. a. *Karout* et par abus *Karet.*

AINE, s. f. *Plég ar vorzed*, m. *Toull ar vorzed*, m.

AÎNÉ, adj. et s. m. *Héna. Kósa. Hénaour*, m.

AINSI, adv. et conj. *E-gîz. Evel.*

AIR, s. m. *Ear*, m. *Avel*, f. *Aézen*, f. *Dremm*, m. *Doaré*, f.

AIRAIN, s. m. *Arm* ou *arem*, m.

AIRE, s. f. *Leûr*, f.

AIS, s. m. *Elf*, m. *Elfen*, f. *Plañken*, f.

AISANCE, s. f. *Eaz*, m. *Ezôni*, f. *Reizded*, m.

*AISE, s. f. *Dâ*, m. *Lévénez*, f. *Grâd*, f. *Eaz*, m. — Hors de Léon : *Ez*, m. (T.)

AISSELLE, s. f. *Kazel*, f.

AJONC, s. m. *Lann*, m.

AJOUTER, v. a. *Lakaat gañt. Lakaad ouc'h-penn.*

AJUSTER, v. a. *Reiza. Kempenni. Aoza. Kiñkla.*

ALARME, s. f. *Spouñt*, m. *Eûz*, m. *Nec'h*, m.

ALBRAN ou HALBRAN, s. m. *Houadik-gwéz*, m.

ALCOVE, s. f. *Speûren-wélé*, f.
ALCYON, s. m. *Moualc'h-vor*, f. *Labous-ar-skourn*, m.
ALÉGRESSE, s. f. *Laouénidigez*, f. *Lévénez*, f. *Dréôded*, m.
ALÈNE, s. f. *Ménaoued* ou *minaoued*, m.
ALERTE, adj. *Evésiek. Skañ. Béô. Feûl. Grén.*
ALEVIN, s. m. *Hâd pesked*, m.
ALEZAN, adj. *Baian.*
ALGARADE, s. f. *Argaden*, f.
ALGUE, s. f. *Bézin* ou *bizin*, m. *Félu* ou *félu-môr*, m. — Vann. *Béc'hin.* (T.)
ALIBIFORAIN, s. m. *Trôidel*, f. *Distrô*, m. *Di-garez*, m. *Dizôber*, m.
ALIGNER, v. a. *Eeuna. Reñka.*
ALIMENT, s. m. *Magadur*, m. *Boéd*, m. *Pas-kadur*, m.
ALIZE, s. f. *Kerzin*, m.
ALLAITER, v. a. *Leza. Bronna. Maga.* — Vann. *Léac'hein.* (T.)
ALLÉCHER, v. a. *Touella. Likaoui.*
ALLÉE, s. f. *Bali*, f. *Rabin*, m. *Palier*, m.
ALLÉGATION, s. f. *Lavar*, m.
ALLÉGER, v. a. *Skañvaat. Diskarga. Divec'hia. Diboania.*
ALLÉGIR, v. a. *Didévaat.*
ALLÉGUER, v. a. *Lavarout. Henvel* ou *hanvel*, — P. a. *Lavaret.* (T.)
ALLER, v. n. *Mont* ou *mond* ou *monet. Ker-zout.* — P. a. *Kerret.* (T.)
ALLIAGE, s. m. *Mesk*, m. *Kemmesk*, m. — Vann. *Kéjérec'h*, m. (T.)
ALLIANCE, s. f. *Nested*, m. *Kévrédigez*, f. *Unvaniez*, f.
ALLOUER, v. a. *Rei. Aotréa.*
ALLUMER, v. a. *Enaoui. Dougen da..... Digas.* — Vann. *Inéoucin.* (T).

Allure, s. f. *Kamm* ou *Kammed*, m. *Kerz* ou *Kerzed*, m. *Tîz*, m.

Alonger, v. a. *Astenna. Hirraat. Héda.*

Alors, adv. *Neûzé.*

Alouette, s. f. *Alc'houéder* ou *alc'houédez*, m. *Kabellek*, m.

Aloyau, s. m. *Krogen-vevin*, f.

Altercation, s. f. *Strif* ou *Strív*, m. *Krôz*, m. *Tabut*, m.

Altérer, v. a. *Gwasta. Distéraat. Breina. Eñkrézi. Sec'hedi.* — Vann. *Balbéin.* (T.)

Alternativement, adv. *Trô-é-trô. Peb eil trô.*

Altesse, s. f. *Huelded* ou *uc'helded*, m.

Altier, adj. *Balc'h. Dichek. Her. Huel* ou *uc'hel.*

Alvéole, s. m. *Kéo*, ou *Keû*, m. *Toull*, m.

Amadou, s. m. *Tonn* ou *toñt*, m.

Amadouer, v. a. *Likaoui. Touella.*

Amaigrir, v. a. *Treûdi. Treûtaat.*

Amalgamer, v. a. *Kemmeski.*

Amande, s. f. *Kraoun-c'houék*, m. *Méan*, m. *Askourn*, m.

Amant, s. m. *Orgéder*, m. *Òriad*, m. *Karañtez*, f.

Amarre, s. f. *Stâg*, m. *Eré*, m.

Amas, s. m. *Bern*, m. *Krugel*, f. *Grac'hel*, f. *Grounn*, f. — Vann. *Ioc'h*, f. *Tés*, m. (T.)

Amazone, s. f. *Grég-ozac'h*, f. *Grék-kalounek*, f.

Ambassade, s. f. *Kannadur*, m. *Dileúridigez*, f.

Ambigu, adj. *Arvaruz. Dizanaf. Gòlòet. Gwidiluz.*

Amble, s. m. *Hiñkané*, m.

Ambre, s. m. *Goularz*, m.

Ame, s. f. *Éné*, m. *Kaloun*, f. *Ners*, m. *Dén*, m. — Trég. *Iné*, m. Vann. *Inéañ*, *iné*, m. (T.)

Améliorer, v. a. *Gwellaat.*

Amendement, s. m. *Gwellaen*, f. *Gwellidigez*, f.

Amener, v. a. *Digas. Diréza.*—P. a. *Direz* (T.)

Aménité, s. f. *Dudi*, m. *Kuñvélez*, f. *Hégaradded*, m.

Amenuiser, v. a. *Moanaat. Munudi. Divoéda.*

Amer, adj. *C'houerô* ou *c'houerv.*

Ameublement, s. m. *Arrébeûri*, m. pl.

Ameublir, v. a. *Rouésaat ann douar.* (T.)

Ami, adj. et s. m. *Miñon* ou *Miñoun*, m.

Amie, s. f. *Miñonez* ou *Miñounez*, f. *Karañtez*, f. *Koañtiz*, f.

Amincir, v. a. *Tanavaat* ou *tanaôaat.*

Amoindrir, v. a. et n. *Bianaat. Distéraat. Koaza.*

Amollir, v. a. *Boukaat. Gwakaat. Blôda.*

Amonceler, v. a. *Berna* ou *bernia. Krugella. Grounna.*— Vann. *Ioc'héin. Tescin.* (T.)

Amorcer, v. a. *Boéta. Likaoui. Touella.*

Amortir, v. a. *Didana. Mouga. Habaskaat.*

Amour, s. m. *Karañtez*, f. *Miñoniach*, f. *Orged*, m. *Oriadez*, f.

Ample, adj. *Éc'hon. Larg. Frañk. Founnuz.*

Amplifier, v. a. *Kreski* ou *Kriski. C'houéza, Muia.*

Ampoule, s. f. *Klôgôren*, f. *C'houézigen*, f. *Burbuen*, f.

Amputer, v. a. *Trouc'ha. Skeja.*

Amusement, s. m. *Diverradur*, m. *Diduel*, f. *Divuz*, m.

An, s. m. *Bloaz*, m. *Blizen*, f. — Vann. *Blé.* Corn. *Bloa.* Trég *Bla*, m. (T.)

Amygdale, s. f. *Mézen ar gouzouk*, f.

Analogie, s. f. *Hévélédigez* ou *hévélébédigez*, f.

Anathème, s. m. *Anaoué*, m.

Ancêtres, s. m. pl. *Gour-dadou*, m. pl. *Tadou-kóz*, m. pl.

Anchois, s. m. *Glizik*, m

Ancien, adj. *Kóz. Hen.* — V. m. (T.)

Anciennement, adv. *Gwéach-all. Tró-all.*

Ancolie, s. f. *Brulu* ou *burlu*, m.

Ancre, s. f. *Héór* ou *éór*, m.

Andouille, s. f. *Andul*, m.

Ane, s. m. *Azen*, m.

Anéantir, v. a. *Kas da gét* ou *da nétrá.*

Anémone, s. f. *Diskrab*, m.

Ange, s. m. *Eal* ou *el*, m.

Angine, s. f. *Droug-gouzouk*, m..

Anglais, adj. *Saoz.*

Angle, s. m. *Korn*, m. *Koñ*, m. *Añk*, m.

Angoisse, s. f. *Gwaskaden*, f. *Mac'h*, m. *Gloazou*, f. pl.

Anguille, s. f. *Sili*, m. *Labistr*, m. *Keúruz*, m.

Anicroche, s. f. *Reústl*, m. *Sparl*, m.

Animadversion, s. f. *Tamall*, m. *Rébech*, m.

Animal, s. m. *Anéval*, m. *Loen*, m. *Mil*, m.

Animer, v. a. *Énaouí. Kalounékaat. Nerza. Keñtraoui.* — Vann. *Inéouein.* (T.)

Animosité, s. f. *Kas*, m. *Drouk*, m. *Tanijen*, f. *Kounnar*, f.

Anneau, s. m. *Lagaden*, f. *Gwalen*, f. *Bizou*, m.

Année, s. f. *Bloavez* ou *blavez*, m. *Bloaz*, m. *Léné*, m. — V. m. (T.)

Annexer, v. a. *Embanna. Bruda. Diougani. Diskleria.*

Annoncer, v. a. *Embanna. Staga ouc'h. Framma ouc'h.*

Annoter, v. a. *Arwézi* ou *arouézi. Merka.*

Annuler, v. a, *Terri. Freúza.*

Anomal, adj. *Direiz. Dispar. Digompez.*

Anonyme, adj. *Dishanó* ou *dishanv.*

ANOSMIE, s. f. *Dic'houéz.*

ANSE, s. f. *Dourgen*, f. *Kroummel*, f. *Skouarn*, *Plég-vôr*, m. *Ouf*, m.

ANTAGONISTE, s. m. *Kéférer*, m. *Énébour*, m

ANTÉCÉDENT, adj. *Diageñt. Diaraok. A zia gent. A ziaraok.*

ANTENNE, s. f. *Délez*, f. *Korn*, m.

ANTÉRIEUR, adj. *Diageñt. Diaraok. A ziageñt. A ziaraok.*

ANTICIPATION, s. f. *Inraok*, m. *Diarbennérez*, m *Aloubérez*, m.

ANTIDOTE, s. m. *Louzou-kontamm*, m.

ANTIPATHIE, s. f. *Érez* ou *hérez*, f. *Heûg*, m *Kasoni*, f.

ANTIQUE, adj. *Kôz-brâz. Gwall-gôz.*

ANTRE, s. m. *Kaô* ou *Kâv*, m. *Kéô* ou *Keû*, m *Mougéô*, f. — En Vann. *Groc'h.* (T.)

ANUS, s. m. *Toull ar réor*, m.

ANXIÉTÉ, s. f. *Añken*, f. *Eñkrez* ou *iñkrez*, m

AOÛT, s. m. *Éost*, m. — Hors de Léon *Est*, m. (T.)

APAISER, v. a. *Habaskaat. Péoc'haat. Kuñaat* — Vann. *Distaoucin.* (T.)

APATHIE, s. f. *Môred* ou *morc'hed*, m. *Iénien*,

APERCEVOIR, v. a. *Merzout.*

APÉRITIF, adj. *Staotuz.*

APETISSER, v. a. *Bianaat* ou *bihanaat.*

APITOYER, v. a. *Ober truez.*

APLANIR, v. a. *Kompéza.* — Vann. *Kampoe zein.* (T.)

APLATIR, v. a. *Plada. Kompéza.*

APLOMB, s. m. *Sounder*, m.

APNÉE, s. f. *Dialan*, m.

APOCRYPHE, adj. *Dizanaf* ou *dianaf. Arvarus Kuzet.*

APOLOGIE, s. f. *Diwallidigez*, f. *Gwennidigez*

APOPLEXIE, s. f. *Droug-ar-moug*, m.

Apostème, s. f. *Gôr*, m. *Hesked*, m. *Puñez*, f.
Aposter, v. a. *Lakaad enn évez*, *égéd*.
Apostolique, adj. *Abostolik*.
Apostumer, v. n. *Gôri*. *Gwiri*.
Apothicaire, s. m. *Drammour*, m. — *Néb a a louzou évit ann dúd klañ*. (T.)
Apôtre, s. m. *Abostol*, m.
Apozème, s. m. *Dour-louzou*, m.
Apparaître, v. n. *En em ziskouéza*.
Apparat, s. m. *Fougé*, f.
Appareiller, v. a. *Para*. *Lakaat kévret*. *Unvani*.
Appareilleuse, s. f. *Houliérez*, f.
Apparemment, adv. *Hervez doaré*. *Merrad*. *Émichañs*.
Apparence, s. f. *Doaré*, f. *Mân*, f. *Skeûd*, m. *Koc'hen*, f.
Apparent, adj. *Gwéluz*. *Anat*. *Gwir-héñvel*.
Apparier, v. a. *Para*. *Strolla*. — P. a. *Parat*. (T.)
Appartenance, s. f. *Dalc'h*, m. *Gwîr*, m.
Appartenir, v. n. *Béza da*. *Béza é kers*. *Béza kâr*.
Appas, s. m. pl. *Dudi*, m. *Kaerder*, m. *Kéned* ou *géned*, f.
Appât, s. m. *Boéd*, m. *Paskadur*, m. *Krampinel*, f.
Appauvrir, v. a. *Paouraat*. *Ézommékaat*.
Appeler, v. a. *Gervel*. *Henvel*. — Vann. *Galvein*. *Hanouein*. (T.)
Appendre, v. a. *Skourra ouc'h*. *Krouga ouc'h*.
Appentit, s. m. *Lôp* ou *lâb*, m. *Skiber*, m.
Appesantir, v. a. *Pounnéraat*. *Gwaska*.
Appétit, s. m. *Choañt*, m. *Ioul*, f. *C'hoañt-dibri*, m.
Applaudir, v. a. *Aotréa*. *Grataat*. *Meûli*.
Application, s. f. *Stagadur*, m. *Aked*, m. *Poellad*, m.

Appoint, s. m. *Distol*, m.

Appointement, s. m. *Gôpr* ou *gôbr*, m.

Apporter, v. a. *Dizougen. Digas.*

Apposer, v. a. *Lakaat.*

Apprécier, v. a. *Prizout* ou *Prijout.*

Appréhender, v. a. *Kaoud aoun. Douja. Kregi. Krapa.*

Apprendre, v. a. et n. *Diski* ou *deski. Kélenna. Diskouéza.* — P. a. *Kélenn. Diskouez.* (T.)

Apprenti, s. m. *Paotr-michérour*, m.

Apprêter, v. a. *Aoza. Kempenni Darévi. Farda.*

Apprivoiser, v. a. *Doña* ou *doñva.*

Approbation, s. f. *Aotré*, m. *Grâd* ou *grâdvad*, f.

Approcher, v. a. et n. *Tôstaat. Didôstaat. Nésaat. Dinésaat.*

Approfondir, v. a. *Dounaat. Kleûza. Kévia. Kava.*

Approprier, v. a. *Kempenni. Nétaat. Digaoc'ha. Dizaotra.*

Approuver, v. a. *Aotréa. Kaout-mâd. Kaoud-dâ. Meûli.*

Appui, s. m. *Skoazel*, f. *Skôr* ou *skôl*, m. *Harp*, m.

Apre, adj. *Garô. Pût. Kriz. Tenn.*

Après, adv. et prép. *Goudé. War-lerc'h.*

Apte, adj. *Mâd da.*

Aptitude, s. f. *Danvez*, m.

Aquatique, ad. *Dourek. Leûn* ou *gôlôed a zour.*

Aqueduc, s. m. *Sân*, f. *Kân*, m. *Sân-dour*, f.

Aqueux, adj. *Douruz. Dourek.*

Arable, adj. *Douar tomm*, m. (T.)

Araignée, s. f. *Kefniden* ou *kéôniden* ou *kiniden*, f.

Arbalête, s. f. *Arbalastr*, m. *Gwarek* ou *goarek*, f.

ARBITRAIRE, adj. *Direiz. Diboell.*
ARBRE, s. m. *Gwézen*, f. — Vann. et Trég. *Gwéen*, f. Pl. *Gwé.* (T.)
ARC, s. m. *Gwarek* ou *goarek*, f.
ARC-BOUTANT, s. m. *Skoazel-volz*, f.
ARC-EN-CIEL, s. m. *Kanévéden*, f. *Gwareg-ar-glaô*, f.
ARCADE, s. f. *Bolz*, f. *Baot*, f. *Gwarek*, f.
ARCHANGE, s. m. *Arc'héal* ou *arc'hel*, m.
ARCHE, s. f. *Gwarek*, , f. *Arc'h*, f.
ARCHÉTYPE, s. m. *Penn-keñta*, m. *Skouér*, f.
ARCHEVÊQUE, s. m. *Arc'heskop*, m.
ARCHIDIACRE, s. m. *Arriagon*, m.
ARCHIPRÊTRE, s. m. *Arc'hbélek*, m.
ARCHITECTE, s. m. *Obérour-tiez*, m.
ARCHIVES, s. f. pl. *Diellou*, m. pl. *Teûliou*, m. pl.
ARÇON, s. m. *Kroummellen*, f. *Korbel-zibr*, f.
ARDENT, adj. *Leskidik. Tanuz. Broud. Beô. Griziaz.* — *Birvidik.* (T.)
ARDEUR, s. f. *Grouez*, f. *Fô*, m. *Beôder*, m. *Frouden*, f.
ARDILLON, s. m. *Dréan*, m. *Nadoz*, f.
ARDOISE, s. f. *Skleñten*, f. *Méan-skleñt*, m. *Méan-glâz*, m.
ARDU, adj. *Garó. Tenn.*
ARÊTE, s. f. *Dréan*, m. *Dréan-pesk*, m.
ARÊTIER, s. m. *Péz-ker*, m. *Péz-korn*, m.
ARGENT, s. m. *Arc'hañt*, m.
ARGENTINE, s. f. *Louzaouen-ar-gwazi*, f.
ARGILE, s. f. *Prî*, m.
ARGOT, s. m. *Iéz ar geiz*, m.
ARIDE, adj. *Seac'h* ou *sec'h. Krâz. Krîn. Hesk.*
ARME, s. f. *Arm*, m. *Benvek-brézel*, m.
ARMET, s. m. *Tók-houarn*, m.
ARMISTICE, s. m. *Arzaó-vrézel*, m.
ARMOIRE, s. f. *Armel*, f.

Armoise, s. f. *Huélen-wenn*, f.

Armure, s. f. *Harnez* ou *hernez*, m.

Aroche, s. f *Kaol-gwenn*, m.

Arpent, s. m. *Kéfer* ou *kéñver*, m. *Peñgenn*, m. *Devez-arat*, m.

Arpenter, v. a. *Gwalenna. Gwalennadi.*

Arquebuse, s. f. *Skloped*, m.

Arquer, v. a. *Gwara* ou *goara. Kroumma. Bolza.*

Arracher, v. a. *Diframma. Diskolpa.*

Arranger, v. a. *Aoza. Reiza. Kempenni.* — P. a. *Kempenn.* (T.)

Arrestation, s. f. *Dalc'hidigez*, f. *Bac'hérez*, m. *Eñkadurez*, f.

Arrêt, s. m. *Barn*, f. *Krôg*, m. *Éhan*, m *Poell*, m. *Dalc'h*, m.

Arrêter, v. a. *Harza. Diarbenna. Poella. Derc'hel. Stañka.*

Arrhes, s. f. pl. *Arrez* ou *errez*, m.

Arrière, adv. et prép. *Adré* ou *adréñ. A-gil.*

Arrière, s. m. *Diadré*, m. *Kîl*, m. *Kein*, m.

Arriérer, v. a. *Daléa. Pellaat.*

Arriver, v. n. *Doñt. Arruout* ou *erruout. C'hoarvézout.*

Arrogance, s. f. *Rogoni*, f. *Balc'hder*, m. *Faé*, m. — Vann. *Rañdon*, m. (T.)

Arrondir, v. a. *Krenna.*

Arroser, v. a. *Doura. Glébia.*

Art, s. m. *Skiañt*, f. *Gwiziégez*, f. *Ijin*, m. *Mécher*, f.

Artère, s. f. *Gwazien-vrâz*, f.

Artichaut, s. m. *Askol-zibri*, m. *Aval-askol*, m.

Article, s. m. *Mell*, m.

Articuler, v. a. *Komza fréaz* ou *reiz.*

Artifice, s. m. *Gwénded*, m. *Tróidel*, f. *Tróblég*, f.

Artisan, s. m. *Méchérour*, m. *Penn-abek*, m.

Artison, s. m. *Prév-koad*, m.

As, s. m. *Bíd*, m. *Born*, m.

Ascendant, s. m. *Béli*, f *Lévézoun*, m.

Ascension, s. f. *Piñidigez*, f. *Piñadurez*, f. *'aou-bask*, m.

Asile, s. m. *Digémer*, m. *Bôden*, f. *Skoazel*, *Ménéc'hi*, m.

Aspect, s. m. *Gwél* ou *gwéled*, m. *Sell*, m.

Asperge, s. f. *Louzaouen-ar-sparf*, f.

Asperger, v. a. *Sparfa. Doura. Striñka.*

Aspérité, s. f. *Garvder*, m. *Putter*, m. *Tender*, m,

Aspirer, v. n. *Dic'houéza. Tréc'houéza. Géda. Spia.*

Assaillir, v. a. *Taga. Heskina. Dilammout war.....*

Assainir, v. a. *Iac'haat. Lakaad da veza iac'huz.*

Assaisonner, v. a. *Hilienna.*

Assassin, s. m. *Lazer*, m. *Diskolpez*, m.

Assaut, s. m *Stourm*, m.

Assembler, v. a. *Strolla. Grounna. Dastumi. Daspuñi.* — P. a. *Dastum. Daspuñ.* (T.)

Asséner, v. a. *Darc'haoui. Skei* ou *kanna kré.*

Assentiment, s. m. *Aotré*, m. *Ioul*, f. *Grâd*, f.

Asseoir, v. a. et réfl. *Azéza. Diazéza.* —Vann. *Choukein.* (T.)

Assertion, s. f. *Lavar*, m. *Touidigez*, f.

Asservir, v. a. *Trec'hi. Doña* ou *doñva. Lakaad da bléga.*

Assez, adv. *A-walc'h.*

Assiduité, s. f. *Akct* ou *aked*, m. *Poell* ou *poellad*, m.

Assiéger, v. a. *Grounna. Stroba. Gouriza. Kelc'hia.*

Assiette, s. f. *Diazez*, m. *Stád*, f. *Doaré*, f. *Asied*, m.

Assimiler, v. a. *Hévélébékaat.*

Assise, s. f. *Diazez*, m.

Assises, s. f. pl. *Breûdou*, m. pl. *Breûdou-bràz*, m. pl.

Assister, v. a. *Skoazia. Ken-nerza. Dougen-ménéc'hi. Rei skoaz.* (T.)

Associé, s. m. *Ken-vreûr*, m. *Eil*, m.

Assommer, v. a. *Laza gañd eur pengoat. Bré-va. Mañtra.*

Assomption, s. f. *Gorrôidigez*, f.

Assortir, v. a. *Para. Strolla. Framma.*

Assoupir, v. a. *Môrédi. Habaskaat. Gourzéza. Péoc'haat.*

Assourdir, v. a. *Bouzara.*

Assouvir, v. a. *Gwalc'ha. Leúnia.*

Assujettir, v. a. *Kabestra. Trec'hi. Doña. Starda.*

Assurer, v. a. *Rei da wír. Krétaat. Toui. Testénia. Starda.*

Asthme, s. m. *Berr-alan*, m.

Astre, s. m. *Stéren*, f.

Astreindre, v. a. *Derc'hel da...... Lakaad da.......*

Astuce, s. f. *Barrad*, m. *Bourd*, m.

Atelier, s. m. *Labouradek*, f.

Athlète, s. m. *Gourenner*, m.

Atome, s. m. *Eufl* ou *euvl*, m. *Poultrennik*, f.

Atonie, s. f. *Dinerzded*, m. *Gwander*, m.

Atour, s. m. *Kiñklérez*, m. *Piñférez*, m. *Bragéérez*, m.

Atrabilaire, adj. et s. m. *Ginet. Rec'huz. Prédériuz.*

Atre, s. m. *Oaled*, f.

Atroce, adj. *Direiz. Grisiaz. Dû. Kriz.*

Atrophie, s. f. *Treûtidigez*, f.

Attachant, adj. *Hoaluz. Didennuz. Dudiuz.*

Attache, s. f. *Éré*, m. *Kévré*, m. *Stagel*, f. *Karañtez*, f.

ATTACHEMENT, s. m. *Karañtez*, f. *Kalouniez*, f. — Hors du Léon : *Kaloniez*. (T.)

ATTAQUER, v. a. *Taga*. *Stourmi*. *Dilammout wâr*......

ATTEINDRE, v. a. *Tizout*. *Paka*. *Keida*. *Doñd da*.......

ATTEINTE, s. f. *Taol*, m. *Skô*, m. *Peûk*, m. *Kaouad*, f.

ATTELAGE, s. m. *Stern*, m. *Tenn*, f. *Ave*, f.

ATTELLE, s f. *Skirien*, f. *Sklisen*, f.

ATTENANT, adj. *Stâg*. *A zalc'h*. *Tôst*.

ATTENDRE, v. a. et n. *Gortozi*. *Géda*. *Déporta*. *Spia*. — P. a. *Gédal*. *Déport*. *Gortoz*. (T.)

ATTENDRIR, v. a. *Blôda*. *Boukaat*. *Gwakaat*. *Ténéraat*.

ATTENDU, prép. *Enn abek da*....... *Dré ann abek da*....

ATTENTAT, s. m. *Gwall*, m.

ATTENTION, s. f. *Evez*, m. *Arvest*, m. *Neûz-vâd*, f.

ATTÉNUER, v. a. *Dinerza*. *Disléberi*. *Tanavaat*. *Gwana*.

ATTÉRIR, v. n. *Douara*.

ATTERRER, v. a. *Douara*. *Diskara d'ann douar*. *Mañtra*.

ATTESTER, v. a. *Rei da wîr*. *Testénia*.

ATTIÉDIR, v. a. *Klouaraat*. *Miñglein*.

ATTIFER, v. a. *Kiñkla*. *Piñfa*.

ATTIRER, v. a. *Tenna*. *Didenna*. *Sacha*. *Hoala*.

ATTOUCHEMENT, s. m. *Stok*, m. *Dournatérez*, m. *Embrégérez*, m.

ATTRAIT, s. m. *Likaouérez*, m. *Krampinel*, f. *Dudi*, m.

ATTRAITS, s. m. pl. *Kéned* ou *géned*, f. *Koañtéri*, f.

ATTRAPE, s. f. *Bourd*, m.

ATTRAPER, v. a. *Paka*. *Tizout*. *Bourda*. *Touella*.

Attribuer. v a. *Rei. Taoli wâr..... Staga.*

Attribut, s. m. *Arwéz* ou *arouéz*, f.

Attribution, s. f. *Béli*, f. *Galloud*, m. *Aotré*, m.

Attrister, v. a. *Doania. Glac'hari. Chifa. Rec'hi.*

Attrition, s. f. *Keûz*, m.

Attroupement, s. m. *Bagad*, m.

Au, particule. *D'ar. D'ann. D'al.*

Aubain, s. m. *Divrôad*, m. *Diavésiad*, m.

Aubaine, s. f. *Digwéz eunn divrôad. Gounidic'hédet*, m.

Aube, s. f. *Goulou-deiz*, m. *Tarz-ann-deiz*, m

Aube, s. f. *Kamps*, f.

Aubépin, s. m. ou **Aubépine**, s. f. *Sperngwenn*, m

Auberge, s. f. *Tavarn*, f. *Hostaléri*, f. *Herberc'h*, f.

Aubier, s. m. *Gwenn-goad*, m. *Gwiñen*, f.

Aucun, pron. *Hini. Nikun. Nép* ou *néb.*

Audace, s. f. *Herder*, m. *Hardizder*, m *Balc'hder*, m.

Audience, s. f. *Sélaouidigez*, f. *Breûdou*, m *Léz*, m.

Auge, s. f. *Néô* ou *néf* ou *név*, f. *Laouer*, f. *Komm*, m. — Vann. *Loer*, f. (T.)

Augmenter, v. a. et n. *Kreski. Brasaat. Muia.*

Augure, s. m. *Arouéz*, f. *Diougan*, m.

Auguste, adj. *Brâz. Meûr.*

Aujourd'hui, adv. *Hirió* ou *hisió*. — Vann. *Hiriu. Hiriv. Hidiv.* (T.)

Aumône, s. f. *Aluzen*, f.

Aune, s. m. *Gwern*, m.

Aune, s. f *Gwalen*, f.

Auparavant, adv. *A-raok. Keñt. Diageñt.*

Auprès, prép. *E-kichen. Tóst. Harz. E-harz. Léz. Nés.*

Aurone, s. f. *Afron* ou *Avron*, f. *Louzaouenn-ann-dréan*, f.

AURORE, s. f. *Goulou-deiz*, m. *Tarz-ann-deiz*, m.

AUSSI, conj. et adv. *Ivéz* ou *Ivé. Ker. Ken. Kel.*

AUSSITÔT, adv. *Kerkeñt. Keñta. Keñtré.*

AUSTÈRE, adj. *Fûr-piz. Dihégar. Garô. Pût.*

AUTANT, adv. *Kémeñt. Keit. Kémeñd all. Kouls.*

AUTEL, s. m. *Dolmen*, f. *Méan-azeûlidigez*, m. *Aôter*, f.

AUTEUR, s. m. *Penn-abek*, m.

AUTHENTIQUE, adj. *Anat. Gwir. Gwirion.*

AUTOMNE, s. m. et f. *Diskar-amzer*, m. *Dilóst-hañ*, m.

AUTORISER, v. a. *Rei béli. Kaout-mâd. Skoazia. Grataat.*

AUTOUR, prép. et adv. *War-dró. É-tró. Enn-drô.*

AUTRE, pron. *All. Dishével. Eil. Égilé.*

AUTREFOIS, adv. *Gwéach-all* ou *gwéchall. Trôall. Keñt.*

AUTREMENT, adv. *Enn eur c'hiz all. Aheñd all. Anéz.*.

AUTRUI, s. m. *Heñtez*, m. *Nésa. Eunn all.*

AUVENT, s. m. *Apouel*, m. *Baled*, m. — Corn. *Dislao*, m. (T.)

AVAGE, s. m. *Gwir ar bourréô.*

AVALER, v. a. *Louñka.*

AVANCER, v. a. et n. *Lakaad a-raok. Diaraogi. Moñd a-raok.*— Vann. *Inraokein.* (T.)

AVANIE, s. f. *Disméganis*, f. *Flemm*, m.

AVANT, adv. et prép. *A-raok* ou *araok. Keñt. É-raok. Doun.*

AVANT-DERNIER, adj. et s. m. *Ann divéza néméd unan. Bélóst.*

AVANT-HIER, adv. *Derc'heñt déac'h.*

AVANT-VEILLE, s. f. *Derc'heñt*, m. *Daou zéz keñt.*

AVANTAGE, s. m. *Talvoudégez*, f. *Gounid*, m. *Lévézoun*, m.

Avare, adj. *Piz. Krin. Skarz. Dalc'huz. Pervez.* — Vann. *Pérouec'h.* (T.)

Avec, prép. *Gañt* ou *gañd* ou *gan* ou *gat.* — Corn. *Gat.* Vann. *Gét.* (T.)

Avalanède, s. f. *Besken véz*, f. *Pód-mézen*, m.

Aveline, s. f. *Kraoun kelvez brâz*, m.

Avenant, adj. *Séven. Déréad.*

Avènement, s. m. *Donédigez*, f. *Digwéz*, m. *Gorróðrez*, m.

Avenir, v. n. *C'hoarvézout. Digwézout.*

Avenir, s. m. *Ann amzer da zoñt.*

Aventure, s. f. *Darvoud*, m. *Digwéz*, m.

Avenue, s. f. *Heñt*, m. *Stréat*, f. *Bali*, f. *Rabin*, m.

Avérer, v. a. *Gwiria.*

Averse, s. f. *Bâr* ou *barrad glaó*, m. *Glaw pûl*, m.

Aversion, s. f. *Érez*, f. *Heûg*, m. *Kâs*, m. *Kasoni*, f.

Avertir, v. a. *Kélenna. Keñtelia. Alia. Rei da c'houzout.*

Aveu, s. m. *Añsav*, m. *Testéni*, f. *Lavar*, m. *Grâd*, f.

Aveugle, adj. et s. m. *Dall.*

Avide, adj. *Naonek. Loñtek. Ioulek-brâz.*

Avilir, v. a *Dislébéri. Displétaat. Distéraat.*

Aviner, v. a. *Gwina. Leûnia a win.*

Aviron, s. m. *Roéñv* ou *roév*, f.

Avis, s. m. *Ménoz* ou *ménô*, m. *Mouez*, f. *Ali*, m.

Avives, s. m. pl. *Aviez*, f.

Avocat, s. m. *Breûtaer*, m. *Kuzulier*, m.

Avoine, s. f. *Kerc'h*, m.

Avoir, v. a. *Kaout. Eñdévézout. Piaoua.* Vann. *Kéut. Endévout.* (T.)

Avoisiner, v. a. *Béza tôst. Béza nés.*

Avorter, v. a. et n. *Kolla. Diforc'ha. Stlec'hani. Kouéza.* — P. a. *Koll.* (T.)

Avoué, s. m. *Lézenner*, m. *Breútaer*, m. *Difenner*, m.

Avouer, v. a. *Añsavout*. *Anaout.Kaout-mâd.*

Avril, s. m. *Ébrel*, m.

Axe, s. m. *Ael*, m.

Axiome, s. m. *Lavar anat*, m. *Lavar héb arzar*, m.

Azur, s. m. *Pers*, m. *Liou ann oabl*, m.

Azyme, adj. *Panen. Hép goell.*

B

B, s. m. Lettre consonne, la deuxième de l'alphabet.

Babeure, s. m. *Léaz-ribod*, m.

Babil, s. m. *Fistil*, m. *Laben*, f.

Babine, s. f. *Muzel*, f.

Babiole, s. f. *C'hoariel*, f. *Mibiliez*, f. *Bugaléach*, f.

Babouin, s. m. *Marmouz*, m. *Babouz*, m.

Bac, s. m. *Bâg-treiz*, m.

Bache, s. f. *Pallin* ou *ballin*, f.

Bachot, s. m. *Bagik*, f. *Bagig-ann-treiz*, f

Bacile, s. f. *Skaouarc'h*, m.

Badaud, adj. et s. m. *Bader* ou *badaouer*, m. *Génaouek*, m.

Badin, adj. et s. m *Gwiou. Afflet. Skañbenn.*

Badine, s. f. *Gwialen*, f.

Badinerie, s. f. *Mibiliez*, f. *Arabadiez*, f *C'hoariel*, f.

Bafouer, v. a. *Faéa. Goapaat.*

Bagage, s. m. *Pâk*, m. *Pakad*, m. *Troñs*, m. *Troñsad*, m.

Bagarre, s. f. *Dispac'h*, m. *Diroll*. m. *Reústl*, m.

Bagatelle, s. f. *Distervez*, f. *Farien*. f. *Tradisneüz*, f.

BAGUE, s. f. *Bizou*, m. *Gwalen*, f.
BAGUENAUDER, v. n. *Bargédi*.
BAGUETTE, s. f. *Gwalen*, f. *Gwialen*, f. *Kélastren*, f.
BAHUT, s. m. *Arc'h*, f.
BAI, adj. *Gell*.
BAIE, s. f. *Baé*, m. *Boé*, m. *Belc'h*, m.
BAIGNER, v. a. SE BAIGNER, v. réfl. *Souba*. *Kibella*. *Korroñka*.
BAIGNOIRE, s. f. *Kibel*, f. *Béol*, f.
BAIL, s. m. *Lizer-marc'had*, m.
BÂILLER, v. n. *Dic'hénaoui*. *Dislévi-gén*. — Vann. *Badaléin*, *badalal*. (T.)
BAILLER, v. a. *Rei*
BAÏONNETTE, s. f. *Gourglézé*, m. *Goustil*, m. *Dâg*, m.
BAISER, v. a. *Poki* ou *poka*. *Áfa*. P. a. *Poket*. (T.)
BAISSER, v. a. *Izélaat*. *Gouziza*. *Kouéza*. *Soubla*.
BAL, s. m. *Koroll*, m. *Bâl*, m. *Dañs*, m.
BALADIN, s. m. *Farvel* ou *farouel*, m. *Furlukin*, m.
BALAFRE, s. f. *Trouc'had*, m. *Boulc'hadur*, m. *Kleizen-vrâz*, f.
BALAI, s. m. *Skubélen*, f. *Balaen*, f.
BALANCER, v. a. *Luskella*. *Horella*. *Brañsella*.
BALBUTIER, v. n. *Balbouza* ou *balbouéza*.
BALDAQUIN, s. m. *Déaz* ou *dez*, m.
BALEINE, s. f. *Mór-varc'h*, m.
BALÈVRE, s. f. *Muzel-draoñ*, f. *Muzel-izéla*, f.
BALISTE, f. *Mañgounel*, f
BALIVERNES, s. f. pl. *Sorc'hennou*, f. pl. *Rambréou*, m. pl.
BALLE, s. f. *Bolod*, m. *Pâk*, m. *Pellen*, f. *Horel*, f.
BALLE, s. f. *Pell*, m.
BALLET, s. m. *Barrez*, f.

Ballon, s. m. *Mell*, f.

Balourd, adj. et s. m. *Dizéréad. Pounner. Leûé* ou *leüéad.*

Balustrade, s. f. *Kael*, f. *Kloućden*, f. *Aspléd*, m.

Balustre, s. m. *Gwerzid*, f.

Bambin, s. m. *Bugel*. m.

Ban, s. m. *Embann*, m.

Ban ou Bannissement, s. m. *Divróidigez*, f.

Banal, adj. *Boutin.*

Banc, s. m. *Skaoñ* ou *Skañv*, f. *Bañk*, m.

Bande, s. f. *Liam*, m. *Liénen*, f. *Lurel*, f.

Bande, s. f. *Bagad*, f. *Rummad*, m. *Bañden*, f.

Bandeau, s. m. *Taled*, f. *Taléden*, f. *Talgenn*, m.

Bander, v. a. *Liamma. Steña. Añtella. Moucha.*

Bandit, s. m. *Skraper*, m. *Réder*, m. *Divróad.*

Bandoullière, s. f. *Gouriz-klézé*, m.

Banlieue, s. f. *Ban-léô*, f. *Léô-varn*, f.

Bannière, s. f. *Bannier* ou *banniel*, m.

Bannir, v. a. *Banna. Kas-kuit. Harlua. Divrôi.*

Banquet, s. m. *Banvez*, m. *Fést*, m.

Baptême, s. m. *Badez*, f. *Badisiañt*, f.

Baquet, s. m. *Bâl*, m. *Pélestr*, m. *Baraz*, f.

Baragoin, s. m. *Lavar-tréfoet*, m. *Luc'hach*, m.

Baraque, s. f. *Kôz-ti*, m. *Lôgel*, f.

Baratte, s. f. *Ribot*, m.

Barbacane, s. f. *Tarzel*, f.

Barbare, adj. *Kriz. Gwéz. Amzéré. Tréfoet.*

Barbe, s. f. *Barô*, m.

Barbeau, s. m. *Dreinek* ou *draének*, m. *Blawéola*, m.

Barbet, s. m. *Barbed*, m. *Ki-foutoulek*, m.

Barboter, v. n. *Foutoula.*

Barbouiller, v. a. et n. *Stlabéza. Mastara. Bastroulein.*

Bardane, s. f. *Sérégen*, f. *Saragérez*, f. *Gra-mel*, f.

Barde, s. m. *Barz*, m.

Bardeau, s. m. *Tufen-grenn*, f. *Elf*, m.

Barguigner, v. n. *Marc'hata. Chipota.*

Baril, s. m. *Tonellik*, f. *Barazik*, f.

Barioler, v. a. *Briza* ou *brizella. Marella.*

Barnache, s. f. *Garréli*, f. *Môr-waz*, f.

Baron, s. m. *Baroun*, m.

Barque, s. f. *Bagik*, f. *Bark*, m.

Barbe, s f. *Barren*, f. *Spa*[illegible]*l*, m. *Barn*, *Paol*, f. — *Prenn-dor*, m. (T.)

Barrière, s. f. *Drâf*, m. *Kael*, f. *Kloued*, *Bardel*, f.

Barrique, s. f. *Barriken*, f. *Tonel-vrâz*, f.

Barrot, s. m. *Treûstier*, m.

Bas, adj. *Izel* ou *ijel. Is* ou *íz*, *Disléber. Iski*

Bas, s. m. *Loer*, f.

Bascule, s. f. *Aspoéz*, m. *Brañsigel*, f.

Base, s. f. *Penn-grisien*, m. *Penn-abek*, m. *Troad*, m. — *Traoñ*, m. (T.)

Basilique, s. f. *Iliz-vrâz*, f. *Iliz-veûr*, f.

Basque, s. f. *Pastel*, m. *Pastel-zaé*, m.

Basse-Bretagne, s. f. *Breiz-izel*, f. *Gwélé-vreiz*, f.

Basse-cour, s. f. *Porz-adré*, m. *Porz-izéla*,

Bassesse, s. f. *Izellded*, m. *Distervez*, f. *Di-léberded*, m.

Basset, s. f. *Ki-douar*, m.

Bassin, s. m. *Pillik*, f. *Basin*, f. *Plâd*, m. *Disk*, m. — *Skudel*, f. (T.)

Bassinet, s. m. *Toull-tân*, m. *Oaled*, f.

Bastide, s. f. *Keñkiz*, m.

Bastonnade, s. f. *Bazadou*, f. pl. *Taoliou-bâz*, m. pl.

Bât, s. m. *Bâs*, m.

Bataille, s. f. *Kann*, m. *Emgann*, m. *E-laz*, m.

Bâtard, adj. et s. m. *Bastard.*

Bateau, s. m. *Bâk* ou *bâg*, f.

Bateleur, s. m. *Farvel* ou *Farouel*, m. *Furlukin*, m.

Bâtiment, s. m. *Tî*, m. *Léstr*, m.

Bâtir, v. a. et n. *Sével. Ober. Lakaat.* — Trég. *Séouel.* Vann. *Saouéin.* (T.)

Bâton, s. m. *Bâz*, f.

Battant, s. m. *Bazoul*, m. *Bazoulen*, f.

Batterie, s. f. *Kann*, m. *Emgann*, m.

Battoir, s. m. *Golvaz* ou *golvez*, f. *Bâzkannérez*, f.

Battre, v. a. *Kanna. Skei. Pila. Raouenna. Dourna.* — P. a. *Pilat.* (T.)

Bau, s. m. *Treûstier*. m.

Baudet, s. m. *Azen*, m.

Baudrier, s. m. *Gourîz-klézé*, m.

Bavard, adj. et s. m. *Téôdek. Glaourennek.*

Bave, s. f. *Babouz*, m. *Glaouren*, f.

Bavette, s. f. *Patéled*, m. *Divabouz*, m.

Bayer, v. n. *Génaoui. C'hoañtaat-kré.*

Béant, adj. et part. *Digor.*

Béatitude, s. f. *Gwenvidigez*, f. *Eurusded*, f.

Beau, adj. *Braô. Kaer. Koañt. Kénéduz.*

Beau-fils, s. m. *Mâb-kaer*, m. *Les-vâb*, m. — Vann. *Mabek*, m. (T.) Trég. *Géver*, m. (T.) *Breurek*, m. (T.)

Beau-frère, s. m. *Breûr-kaer*, m. — Vann. *Breûrek.* (T.)

Beau-père, s. m *Tâd-kaer*, m. *Les-tâd*, m. — Vann. *Tadek*, m. (T.)

Beaucoup, adv. *Kalz. É-leiz. Meurbéd. Kaer.*

Bec, s. m. *Bék* ou *bég*, m.

Bécasse, s. f. *Kéfélek* ou *kévélek*, m.

Bécassine, s. f. *Kioc'h*, f.

Beccard, s. m *Bégek*, m.

Bêche, s. f. *Pâl*, f.

Bêcher, v. a. *Trei ann douar. Palat.* (T.)
Bédaine, s. f. *Teûr*, m. *Teûren*, f. — Van *Tôr*, m. (T.)
Bégayer, v. n. *Gagéi. Balbouza. Bestéodi.* Vann. *Hakéin.* (T.)
Bègue, adj. et s. m *Gâk. Bestéod. Gagoul.*
Béguin, s. m. *Kabellik*, m.
Bêler, v. n. *Bégia* ou *béia. Léñva.*
Belette, s. f. *Kaérel*, f. *Koañtik*, f. *Buan*, m
Bélier, s. m. *Maout-tarô*, m. *Tourz*, m.
Bélêtre, s. m. *Mastokin*, m.
Belle-fille, s. f. *Merc'h-kaer*, f. *Les-verc'h*, *Goulicz*, f. — Vann. *Merc'hek*, f. (T.)
Belle-mère, s. f. *Mamm-gaer*, f. *Les-vamm*, f. — Vann. *Mammek*, f. (T.)
Belle-soeur, s. f. *C'hoar-gaer*, f. — Vann *C'hoérek*, f. (T.)
Belliqueux, adj. *Brézéliuz* ou *brézélick.*
Bénédiction, s. f. *Bennôz* ou *Bennaz*, f.
Bénéfice, s. m. *Gounid*, m. *Talvoudégez*, f
Benet, adj et s. m. *Diod. Louad. Génaouek.* — — Corn. *Jaodréer*, m. (T.)
Benin, adj. *Kûñ. Habask. Madek.*
Bénir, v. a. *Binnigen* ou *binnisien. Meûli.*
Bénitier, s. m. *Piñsin*, m. —*Piñsin dour binniget.* (T.)
Béquille, s. f. *Branel*, f. *Flac'h*, f. *Bâzloack*, f.
Bercail, s. m. *Kraou*, m. *Kraou-déñved*, m
Berceau, s. m. *Kavel*, m. *Pratel*, f. *Brañsel*, f
Bercer, v. a. *Luska. Luskella. Brañsella.*
Berger, s. m. *Mesaer*, m. *Paotr-ann-déñved* m. *Bugel*, m. — Vann. *Bugul*, m. (T.)
Bergerie, s. f. *Kraou-déñved*, m.
Bergeronnette, s. f. *Kannérézig-ann-dour*, f. *Bélek*, m.
Besace, s. f. *Ezef*, m. *Bisac'h*, m. *Maléten*, f.

BESOGNE, s. f. *Labour*, m. *Travel* ou *trével*, m.

BESOIN, s. m. *Ézomm*, m. *Diénez*, f. *Tavañtégez*, f. — Vann. *Ec'homm*, m. *Diénec'h*, m. (T.)

BESTIAUX, s. m. pl. *Chatal. Al loéned.*

BÉTAIL, s. m. *Chatal. Al loéned. Ar miled.* — Vann. *Chétal.* (T.)

BÊTE, s. f. *Loen*, s. comm. *Anéval*, m. *Mîl*, m.

BÉTOINE, s. f. *Beñtonik*, f.

BETTE, s. f. *Béótez*, m.

BEUGLER, v. n. *Bléja. Busella. Riñchana. Gwéga.*

BEURRE, s. m. *Amann*, m. — Vann. *Amonen*, m. (T.)

BÉVUE, s. f. *Fazi*, m. *Diévezded*, m.

BIAIS, s. m. *Gwarigel*, f. *Beskel*, f. *Trôidel*, f.

BIBERON, s. m. *Ever*, m. *Mezvier*, m.

BICHE, s. f. *Karvez*, f. *Heizez*, f. — Vann. *Héiez*, f. (T.)

BIDET, s. m. *Marc'hik*, m. *Bided*, m.

BIEN, s. m. *Mâd* ou *mât*, m. *Vâd*, m. *Danvez*, m.

BIEN, adv. *Mâd* ou *mât. Ervâd. Kaer.*

BIENFAISANCE, s. f. *Madélez*, f.

BIENFAIT, s. m. *Mâd-ôber*, m. *Trugarez*, f. *Bévez*, f.

BIENHEUREUX, adj. et s. m. *Euruz. Gwenvidik.*

BIENSÉANCE, s. f. *Déréadégez*, f. *Sévénidigez*, f.

BIENTÔT, adv. *Hép-dalé. Abars-némeûr. E-berr.*

BIENVEILLANCE, s. f. *Grâd-vâd*, f. *Karañtez*, f.

BIENVENUE, s. f. *Donédigez-vâd*, f.

BIÈRE, s. f. *Arched*, m. *Laour*, f.

BIÈVRE, s. m. *Avañk*, m.

BIEZ, s. m. *Kaon*, m. *Kân*, m.

BIFFER, v. a. *Kroaza.*

BIGARREAU, s. m. *Kiñez-brîz*, m.

BIGARRER, v. a. *Briza. Brizella. Marella.* — Vann. *Brichein.* (T.)

Bigler, v. n. *Gwilc'ha. Kilc'ha. Loakr*
Bliñgein. — P. a. *Gwilc'hat. Kilc'hat.* (T.)

Bigot, adj. et s. m. *Pilpouz*, m.

Bijou, s. m. *Brabraô*, m. *Kiñklérez*, m.

Bile, s. f. *Apolum*, m.

Bille, s. f. *Bolod*, m. *Horel*, f. *Stardérez*,

Billet, s. m. *Lizérik*, m.

Billot, s. m. *Pilgoz*, m. *Eskammed*, m.

Bipède, adj. *Daou-droadek.*

Bique, s. f. *Gaour* ou *gavr*, f.

Bis, adj. *Demzu. Asdu. Glaz-wenn.*

Bisaïeul, s. m. *Tâd-kûñ*, m.

Bisaïeule, s. f. *Mamm-gûñ*, f.

Bison, s. m. *Ejenn-gwéz*, m.

Bissac, s. m. *Ezef*, m. Pl. *iou. Malélen*, *Bisac'h*, m. — *Sac'h daoubenneck*, m. (T.)

Bizarre, adj. *Kuladuz. Dizoaré. Kersé. Iski*

Blafard, adj. *Drouk-livet. Glâz. Môrlivet.*

Blaireau, s. m. *Broc'h*, m. *Louz*, m.—Van *Bourboulen*, f. (T.)

Blâme, s. m. *Tamall*, m. *Rébech*, m. *Namm*,

Blanc, adj. et s. m. *Gwenn. Kann. Glá* *Frésk.*

Blanchisseuse, s. f. *Kouézérez*, f. *Kandiérez*,

Blasphême, s. m. *Touadel*, f *Lé-douet*, m

Blatier, s. m. *Marc'hadour-éd*. m.

Blé, s. m. *Éd*, m. *Id*, m.

Blême, adj. *Drouk-livet. Disliv. Distrouñk* *Glâz.*

Blesser, v. a. *Gloaza* ou *glaza. Goulia. P* *tiga.*

Blet, adj. *Pézel. Blôd. Gwâk. Ioust.*

Bleu, adj. *Glâz* ou *glâs. Pers.*

Bloc, s. m. *Kalzen* ou *Kalzaden*, f. *Tolzen*,

Blocage, s. m. *Mein-boéd*. m. pl.

Blond, adj. *Mélen. Mélenneck.*

Bloquer, v. a. *Kelc'hia. Grounna. Gouriza. Stròba.*

Blottir (se), v. réfl. *Pucha. Soucha* ou *choucha. Klucha.*

Bluet, s. m. *Blavéola*, m.

Bluette, s. f. *Elven*, f. *Eliénen*, f. *Fulen*, f.

Bluteau, s. m. *Burutel* ou *brutel*, f. *Tamoez-stañk*, m.

Bobine, s. f. *Béni* ou *bini*, f. *Kanel*, f.

Bobo, s. m. *Boubou*, m.

Bocage, s. m. *Brouskoad* ou *bruskoad*, m. *Bôden-wéz*, f.

Boeuf, s. m. *Ejenn*, m. *Bevin* ou *kik-bevin*, m. —Vann. *Ejonn*. Trég. *Ijenn*. (T.)

Bogue, s. f. *Klosen-gistin*, f.

Boire, v. a. et n. *Eva.* — Vann. *Eoucin*. *ivein*. (T.)

Bois, s. m. *Koad* ou *Koat*, m. *Prenn*, m. *Keûneûd*, m.

Boisseau, s. m. *Boézel*, m.

Boîte, s. f. *Boést* ou *boéstl*, f. *Klosen*, *Kib*, m.

Boite, s. f. *Trô ar gwîn*, f. *Blâz ar gwîn*, f.

Boiter, v. n. *Kamma.*

Bombé, adj. *Gwâr* ou *goâr*. *Kroumm.*

Bon, adj. *Mâd. C'houék. Kûñ. Déréad.*

Bonbon, s. m. *Madigou*, m. pl.

Bond, s. m. *Lamm*, m. *Sâl*, m.

Bonde, s. f. *Laérez*, f.

Bondon, s. m. *Stoufel* ou *Stouvel*, f.

Bonheur, s. m. *Eûr*, f. *Eurusded*, f. *Eûr-vâd*, f.

Bonhomie, s. f. *Madélez*, f.

Bonifier, v. a. *Gwellaat.*

Bonjour, s. m. *Deiz-mâd*, m. *Dématéoc'h.*

Bonne, s. f. *Matez*, f. *Plac'h*, f. — *Plac'h dindan bugalé*, f. (T.)

BONNET, s. m. *Boned*, m.
BONSOIR, s. m. *Nôz-vâd*, f.
BONTÉ, s. f. *Madélez*, f. *Trugarez*, *C'houékder*, m.
BORD, s. m. *Béven*, f. *Lézen*, f. *Gôr*, *Klâñ*, m. *Ribl*, m.
BORDAGE, s. m. *Koaden*, f.
BORGNE, adj. et s. m. *Born*.
BORNE, s. f. *Harz*, m. *Béven*, f. *Bonn*, *Méan-harz*, m.
BOSQUET, s. m. *Bôden*, f. *Brouskoad* ou *bri koad*, m.
BOSSE, s. f. *Tort*, m. *Koenv*, m. *C'houé gen*, f. *Koagen*. f.
BOTTE, s. f. *Horden*, f. *Bôtel*, m. *Tortel*, *Heûz*, m. *Taoul-feûk*, m.
BOUC, s. m. *Bouc'h*, m.
BOUCHE, s. f. *Génou*, m. *Bék*, m.
BOUCHER, v. a. *Stañka*. *Klôza*. *Stoufa*. *Stéfi* —Vann. *Stéuein*. (T.)
BOUCHER, s. m. *Kiger*, m.
BOUCHON, s. m. *Stouf* ou *stouv*, m. *Bâr*, *Bôd*, m.
BOUCLE, s. f. *Lagaden*, f. *Ezcô*, m. *Minouer*, *Minel*, f. — Trég. *Minoc'hel*, f. (T.)
BOUCLIER, s. m. *Tiren*, f
BOUDER, v. n. *Mouza*.
BOUDIN. s. m. *Gwadégen*, f. *Lézégen*, f. Vann. *Gwédigen*, f. (T.)
BOUE, s. f. *Kalar*, m. *Fañk*, m. — Van *Strak*, m. (T.) Corn. *Stroul*, m. (T.)
BOUFFÉE s. f. *Kaouad*, f. *Taolad*, m. *Ba rad*, m.
BOUFFER, v. n. *C'houéza*.
BOUFFETTE, s. f. *Bouchik*, m.
BOUFFIR, v. a. et n. *C'houéza*. *Koenvi*.
BOUFFON, adj. et s. m. *Farvel* ou *Farouc* *Furlukin*. *Bourduz*.

Bouger, v. n. *Fiñva. Flacha. Loc'ha.*
Bougie, s. f. *Goulou-koar*, m.
Bougonner, v. n. *Krôsmôla.*
Bouilli, s. m. *Berô*, m. *Kík-berô*, m.
Bouillie, s. f *Iôd* ou *iót*, m. — Hors du on : *Ioud*, m. (T.)
Bouillir, v. n. *Birvi.*
Boulaie, s. f. *Bézvennek*, f.
Boulanger, s. m. *Baraer*, m. *Pober*, m.
Boule, s. f. *Bolod*, m. *Boul*, f.
Bouleau, s. m. *Bézô*, m.
Boulevart, s. m. *Kré*, m.
Bouleverser, v. a. *Direiza. Diskara.*
Boulimie, s. f. *Diwalc'h*, m. *Naoun-brâz*, m.
Bouquet, s. m. *Bôden-vleûñ*, f. *Boked*, m. uch, m. — *Bokéjou*, m. pl. (T.)
Bouquetin, s. m. *Bouc'h-gwéz*, m.
Bouquin, s. m. *Bouc'h-kôz*, m. — *Kôz*-r, m (T.)
Bourbe, s. f. *Lagen*, f. *Fañkigel*. f
Bourdaine, s. f. *Evl*, m. *Evor*, m.
Bourdon, s. m. *Safronen*, f. *Korn-bôud*, m.
Bourdonner, v. n. *Bouda. Safroni.*
Bourg, s. m. *Bourc'h*, f. *Gwík*, f.—V. m. (T.
Bourgeon, s. m. *Broñs*, m. *Egin*, m. *Kellid*, m.
Bourrache, s. f. *Kaol-garô*, m.
Bourrade, s. f. *Feûk*, m. *Taol-feûk*, m.
Bourrasque, s. f. *Bâr*, m. *Kaouad*, f.
Bourreau, s. m. *Bourreô* ou *bourrev*, m.
Bourrelet, s. m *Kabel-reûnck*, m.
Bourrer, v. a. *Feûka* ou *peûka. Gwall-gas.*
Bourrique, s. f. *Azen*, m.
Bourru, adj. *Ginct. Rec'huz. Kivioul. Frou*-*uz.*
Bourse, s. f. *Ialc'h*, f.
Boursouflé, adj. et part. *Stambouc'het.* *mézet.*

BOUSE, s. f. *Beûzel*, m.

BOUT, s. m. *Penn*, m. *Kâb*, m. *Talbenn*, m —Vann. *Blin*, m. *Kâb*, vieux mot qu'on ne re trouve qu'en construction. (T.)

BOUTADE, s. f. *Frouden*, f. *Pennad*, m.

BOUTE-FEU, s. m. *Eñtaner*, m. *Penn-tân*, m

BOUTEILLE, s. f. *Boutal*, f. *Lagaden*, f. *Kl*ö*gôren*, f.

BOUTIQUE, s. f. *Stâl*, f.

BOUTOIR, s. m. *Parouer*, m. *Groñch*, f.

BOUTON, s. m. *Broñs*, m. *Dréan-kik*, m. *N*ö*zélen*, f.

BOUTON-D'OR, s. m. *Paô-brân*, m.

BOUTURE, s. f. *Koad-réd*, m. *Skoultrik-réd*, n

BOUVILLON, s. m. *Krenn-éjenn*, m. *Kojen*, r

BOUVREUIL, s. m. *Beuf*, m. *Pabaour*, m.

BOYAU, s. m. *Bouzellen*, f.

BRACELET, s. m. *Lagaden-vrëac'h*, f.

BRAI, s. m. *Ter-dû*, m.

BRAILLER, v. n. *Gragala*. *Garmi*. *Safari*.

BRAIRE, v. n. *Breûgi*. *Hinnóa*.—*Gourichal*. (

BRAISE, s. f. *Régez*, m. *Glaou-béô*, m. *Gô*ö*den*, f.

BRANCARD, s. m. *Kravaz*, m. *Karavel*, *Kleûr*, m.

BRANCHE, s. f. *Bâr*, m. *Skourr*, m. *Brañk*,

BRANDILLER, v. a. *Brañsella*. *Horella*.

BRANDON, s. m. *Penn-tân*, m. *Kéf-tân*, *Éteô*, m.

BRANLER, v. a. et n. *Luska*. *Heja*. *Flacha*. P. a. *Flach*. (T.)

BRAS, s. m. *Bréac'h*, f. *Galloud*, m. *T*ö*garez*, f. — Hors du Léon : *Brec'h*, f. *Tru*ö*ré*, f. (T)

BRASSE, s. f. *Goured*, m.

BRAVADE, s. f. *Fougéérez*, m. *Kañfardérez*

BRA

BRAVE, adj. et s. m. *Kalounek*, *Kadarn*. — Hors du Léon : *Kalonek*. (T.)

BREBIS, s. f. *Dañvad*, m. *Dañvadez*, f.

BRÈCHE, s. f. *Odé*, f. *Toull-freüz*, m. *Boulc'h*, m.

BRECHET, s. m. *Lech* ou *leich*, m. *Brennid*, m. *Bruched*, f.

BREDOUILLER, v. n. *Balbouza*. *Besléodi*. *Gagei*.

BREF, adj. *Berr*. *Krenn*. *Krák*.

BRENACHE, s. f. *Garréli*, f. *Houad-gwéz*, m.

BRENEUX, adj. *Kaoc'hek*. *Brennek*.

BRÉSILLER, v. a. *Bruzuna*.

BRETAGNE, s. f. *Breiz*, f.

BRETELLE, s. f. *Sivellen*, f.

BRETTE, s f. *Klézé-hir*.

BREUVAGE, s. m. *Eva*, m. *Evach*, m. *Braoued*, m.

BRIDE, s. f. *Kabestr*, m. *Penvestr*. m. *Brid*, m.

BRIGAND, s. m. *Ribler*, m. *Diskolper*, m. *Laképod*, m.

BRIGUE, s. f. *Dispac'h*, m.

BRILLER, v. n. *Flamma*. *Lugerni*. *Luc'ha*. *Luia*.

BRINBORION, s. m. *Mibiliez*, f. *Distervez*, f.

BRIN, s. m. *Briénen*, f. *Bruzun*, m.

BRIQUET, s. m. *Diren*, f. *Délin*, m. — *Eunn tamm tont hag eur méan tan*. (T.)

BRIS, s. m. *Peñsé*, m. *Pell-kas*, m.

BRISÉES, s. f. pl. *Heûl*, m. *Lerc'h*, m.

BRISER, v. a. *Terri*. *Brévi*. *Mañtra*. *Mac'ha*.

BROC, s. m. *Pód*, m. *Pôd-dour*, m. *Brók*, m.

BROCANTER, v. a. et n. *Eskemma*. *Treki*.

BROCHE, s. f. *Bér*, m. — Vann. *Bir*, m. (T.)

BROCHET, s. m. *Béked*, m.

BROCHETTE, s. f. *Brochen*, f.

BROCOLI, s. m. *Brouskaol*, m.

BRODER, v. a. et n. *Brouda*.

BROIE, s. f. *Braé*, f.

BRONCHER, v. n. *Stréboti*. *Fazia*.

BROSSE, s. f. *Palouer*, m. *Bár-skuber*, m

BROUETTE, s. f. *Karrikel*, f. *Kravaz rodellek*.
BROUILLARD, s. m. *Latar*, m. *Lugen*, f. *Lusen*, f. — Corn. *Stroulen*, f. (T.)
BROUILLER, v. a. *Reûstla*. *Luzia*. *Luia*. *Fula*. *Brella*. — Vann. *Kéjein*. (T.)
BROUIR, v. a. *Skaota*. — Vann. *Skeutein*. (T.)
BROUSSAILLES, s. f. pl. *Strouez*, f. *Broustou*, m. pl.
BROUTER, v. a. *Brousta*.
BROYER, v. a. *Braéa*. *Bréva*. *Frika*.
BRU, s. f. *Merc'h-kaer*, f. *Gouhez*, f. — Vann. *Merc'hek*, f. (T.)
BRUINE, s. f. *Glavik-ién*, m.
BRUIRE, v. n. *Soroc'ha*.
BRUIT, s. m. *Trouz*, m. *Safar*, m. *Brûd*, f. *Krôz*, m.
BRÛLER, v. a. et n. *Devi*. *Leski*. *Poaza*. *Eñtana*.
BRUME, s. f. *Brumen*, f. *Luzen*, f. *Lugen*, f.
BRUN, adj. et s. m. *Demzu*. *Asdu*. *Gell*. *Duard*.
BRUSQUE, adj. *Balc'h*. *Rok*. *Dichek*. *Garô*. — *Rust*. (T.)
BRUTAL, adj. *Rust*. *Kivioul*. *Dichek*.
BRUTE, s. f. *Loen*, m. *Anéval*, m. *Mîl*, m.
BRUYÈRE, s. f. *Brûk*, m.
BUANDERIE, s. f. *Ti-kouez*, m. *Bugadéri*, f.
BUBE, s. f. *Burbuen* ou *bulbuen*, f. *Bourbounen*, f.
BUBON, s. m. *Gwerbl*, f. *Gwagren*, f.
BÛCHE, s. f. *Etéô*, m. *Kéf*, m. *Keûneuden*, f.
BUÉE, s. f. *Kouez*, m. *Lisiou*, m. *Bugad*, m.
BUFFET, s. m. *Kanastel*, f. *Listrier*, m. *Palier*, m.
BUFFLE, s. m. *Bual*, m.
BUGLOSE, s. f. *Téod-éjenn*, m.
BUIRE, s. f. *Pôd*, m. *Pôd-dour*, m.
BUIS, s. m. *Beûz*, m.

Buisson, s. m. *Bôd*, m. *Bôden*, f. *Broust*, m.
Bulle, s. f. *Klôgôren*, f. *C'houézigen*, f.
Burette, s. f. *Bured*, f. *Orsel*, m.
Burlesque, adj. *Farsuz*, *Bourduz.*
Buse, s. f. *Barged*, m.
But, s. m. *Penn*, m. *Gwenn*, m. *Ménoz*, m.
Buter, v. n. *Stréboti.* —Vann. *Strébotein.* (T.)
Butin, s. m. *Preiz*, m. *Diwisk*, m.
Butor, s m. *Boñgors*, m.
Butte, s. f. *Krugel*, f. *Torgen*, f. *Grac'hel*, f.
Buveur, s. m. *Ever*, m.

C

C, s. m. Lettre consonne, la troisième de l'alphabet.
Çà, adv. *Amañ* ou *ama.*
Cabale, s. f. *Dispac'h*, m.
Cabane, s. f. *Lôk*, f. *Ti-soul*, m. *Gôdôer*. m.
Cabaret, s. m. *Tavarn*, f.
Cabinet, s. m. *Kampr-vihan*, f.
Cable, s. m. *Fard*, f. *Rabañk-téô*, m.
Caboche, s. f. *Penn*, m.
Cabrer (se), v. réfl. *Sével war hé lôst.* (T.)
Cabriole, s. f. *Lamm-gavr*, m.
Caca, s. m. *Ac'h* ou *éac'h*, m.
Cacher, v. a. *Kuza.* — P. a. *Kuzet.* (T.)
Cachet, s. m. *Stagel*, f. *Siel*, f.
Cacochyme, adj. *Klañvidik. Klañvuz.*
Cadavre, s. m. *Korf-marô*, m.
Cadet, adj. et s. m. *Iaouaer.*
Cadre, s. m. *Stern* ou *starn*, m.
Cadrer, v. n. *Déréout. Hévélout.*
Caduc, adj. *Kôz. Diners. Toc'hor.*
Cafard, adj. et s. m. *Pilpouz.*

CAGE, s. f. *Kaoued*, f. *Kaouidel*, f.
CAGOT, adj. et s. m. *Pilpouz*.
CAHUTE, s. f. *Lôgik*, f. *Tiik*, m.—*Lochik*, f. (T.)
CAÏEU, s. m *Ivin*, m.
CAILLER, v. a. et n. *Kaoulédi*.
CAILLOU, s. m. *Bilien*, f. *Méan-tân*, m.
CAISSE, s. f. *Mál*, f. *Arc'h*, f. *Boéstl*, f.
CAJOLER. v. a. *Likaoui*. *Flôda*, *Touella*.
CAL, s. m. *Kalédcn*, f. *Porc'hellez*, f.
CALAMITÉ, s. f. *Reûz*, m. *Reûzeúdigez*, f.
CALANDRE, s. f. *Kos*, m. *Skos*, m. *Tartouz*, m.
CALCULER, v. n. *Nivéri*. *Jédi*. — *Teûrel d'ar jéd*. (T.)
CALIBRE, s. m. *Meñt* ou *meñd*, f.
CALICE, s. m. *Kalir* ou *kaler*, m.
CALME, adj. *Sioul*. *Habask*. *Péoc'h*.
CALOMNIE, s. f. *Tamall é gaou*, m.
CALVITIE, s. f. *Moalder*, m. *Moalidigez*, f.
CAMARADE, s. m. *Eil*, m. *Keñseurd*, m.
CAMARD, adj. et s. m. *Touñ*. *Tartouz*.
CAMBOUIS, s. m. *Lard karr*, m. *Lard-kôz*, m.
CAMISOLLE, s. f. *Hivizen*, f.
CAMOMILLE, s. f. *Tró-héol*, f.
CAMP, s. m. *Kamp*, m.
CAMPAGNE, s. f. *Méaz* ou *maez*, m. *Ploué*, m. *Trést*, m.
CANAILLE, s. f. *Haléboted*, m. pl. *Livastred*, m. pl. *Louidien*, m. pl.
CANAL, s. m. *Kân*, m. *Sân*, f. *Froud*, f. *Noed*, m. — Vann. *Huer*, *Huéré*, m. (T.)
CANARD, s. m. *Houad*, m. *Malard*, m. — Vann. *Houed*, m. (T.)
CANCER, s. m. *Kriñ-béô*, m.
CANCRE, s. m. *Krañk*, m. *Kráb*, m.
CANDEUR, s. f. *Glanded*, m. *Dinamded*, m. *Kander*, m.
CANEVAS, s. m. *Leien*, m. *Lien roues*, m.

CANNE, s. f. *Kors*, m. *Raoz*, m. *Bâz*, f.
CANNELLE, s. f. *Tuellen*, f. *Korsen*, f. *Skaven*, f.
CANON, s. m. *Kanol*, m.
CANOT, s. m. *Bâg* ou *bâk*, f.
CANTHARIDE, s. f.. *C'houîl-glâz*, m.
CANTIQUE, s. m. *Gwers*, f. *Kanaouen*, f. — Vann. *Kanen*, f. (T.)
CANTON, s. m. *Pan* ou *pann*, m.
CAP, s. m. *Penn*, m. *Bék*, m. *Bék-douar*, m.
CAPABLE, adj. *Galloudek*, *Gwiziek*. — *Goest da*. (T.)
CAPARAÇON, s. m. *Pallen-varc'h*, f.
CAPE, s. f. *Kâp*, m. *Kapot*, m. *Kabel*, m. *Kougoul*. m.
CAPITAINE, s. m. *Kabitan*, m.
CAPITAL, adj. *Keñta*. *Penn*. *Mammen*.
CAPITALE, s. f. *Penn-kéar*, f.
CAPRICE, s. m. *Frouden*, f. *Pennad*, m.
CAPTIEUX, adj. *Touelluz*.
CAPTIF, adj. *Sklâf*. *Bac'het*. *Kabestred*.
CAPTURE, s. f. *Dalc'h*, m. *Krôk* ou *Krôg*, m. *Kémer*, m.
CAPUCHON, s. m. *Kougoul*, m. *Pichourel*, f.
CAQUET, s. m. *Fistil*, m. *Laben*, f.
CAR, conj. *Râk* ou *râg*.
CARCAN, s. m. *Kelc'hen*, f. *Trô-gouzouk*, f.
CARDE, s. f. *Kribin*, f.
CARDIAQUE, adj. *Kalounuz*. *Héal*.
CARÊME, s. m. *Koraiz*, m.
CARESSE, s. f. *Lîâ* ou *lît*, m. *Karañtez*, f. *Allazik*, m.
CARGAISON, s. f. *Karg*, f.
CARIE, s. f. *Breinadurez*, f.
CARNAGE, s. m. *Lâz*, m. *Lazérez*, m.
CARNASSIER, adj. *Kiguz*.
CARNAVAL, s. m. *Môr-larjez*, m. *Enet*, m. — Vann. *Malardé*, m. (T.)

Carnosité, s. f. *Kigen*, f. *Kik-krésk*, m.

Carogne, s. f. *Fleriaden*, f. *Pelléten*, f.

Carotte, s. f. *Pastounadez*, f.

Carquois, s. m. *Troñs*, m. *Sac'h-birou*, m.

Carré, adj. *Pevar-c'hornek. Pevar-choñek.*

Carrefour, s. m. *Kroas-heñt*, m. *Kroas-ru*, m.

Carrière, s. f. *Meñgleùz*, f.

Carrillon, s. m. *Trouz*, m. *Safar*, m. — *Trouz ar c'hléier*, m. (T.)

Carriole, s f. *Karrik-gôlôet*, m.

Cartilage, s. m. *Migorn*, m. *Grigoñs*, m. *Bouras*, m.

Carton, s. m. *Paper-kaot*, m.

Cas, s. m. *Stád*, f. *Fors*, m. *Darvoud*, m.

Casaque, s. f. *Rokéden*, f. *Jakéden*, f.

Cascade, s. f. *Kouéz-dour*, m.

Case, s. f. *Tí*, m.

Casque, s. m. *Tók-houarn*, m. *Boned-houarn*, m.

Cassant, adj. *Torruz. Bresk* ou *brusk.*

Casse-cou, s. m. *Torrôd*, m.

Casse-pierre, s. f. *Torvéan* ou *torméan*, m. *Méan-tarz*, m.

Casser, v. a. et n. *Terri. Diskara. Dislébéri.*— P. a. *Diskar.* (T.)

Cassette, s. f. *Arc'hik*, f. *Skrín*, m. *Chipôd*, m.

Caste, s. f. *Reñk*, f. *Stád*, f.

Castor, s. m. *Avañk*, m.

Castration, s. f. *Spazadur*, m. *Spazérez*, m.

Casuel, adj. *Darvouduz.*

Catalepsie, s. f. *Kousked-foll*, m.

Cataplasme, s. m. *Palastr*, m.

Catarrhe, s. m. *Dénédéou*, m. pl. — Vann. *Gwéreu*, m. pl. (T.)

Catastrophe, s. f. *Divez-reûzeùdik*, m. *Darvoud-truézuz*, m.

Catégorie, s. f. *Reñk*, f. *Reiz*, f. *Rumm*, m.

Cathédrale, s. f. *Iliz-veür*, f. *Penn-iliz*, f.
Cauchemar, s. m. *Hurliñk*, m. *Mac'hérik*, m. *Moustrérik*, m.
Cause, s. f. *Derou*, m. pl. *Penn-abek*, m. *Abek*, m. *Kiriégez*, f. — Vann. *Déré*, m. (T.)
Causer, v. a. et n. *Béza abek. Digas. Komza. Fistila. Labenna.* — P. a. *Komz*. (T.)
Caustique, adj. *Tanuz. Leskidik. Kriñuz.*
Cauteleux, adj. *Gwén. Gwidréuz. Trôidelluz.*
Caution, s. f. *Kréd*, m. *Gwéstl*, m.
Cavale, s. f. *Kazek*, f.
Cavalier, s. m. *Marc'hek*, m. *Floc'h*, m.
Cave, s. f. *Kaô* ou *kâv*, m. *Kéô* ou *keü*, m.
Caverne, s. f. *Kaô*, m. *Mougéô* ou *mougev*, f. *Groc'h*, m.
Ce, Cet, Cette, Ces, pron. *Ar..... ma. Ann.... ma.*
Ceci, pron. *Ann dra-ma.*
Cécité, s. f. *Dalleñtez*, f. *Dallédigez*, f.
Céder, v. a. *Aotréa. Dilezel. Dizerc'hel.*
Ceinture, s. f. *Gouriz*, m. *Trô*, f. *Dargreiz*, m. — Vann. *Grouiz*. (T.)
Cela, pron. *Ann dra-zé. Ann dra-hoñt.*
Célèbre, adj. *Brudet. Anat.*
Célébrer, v. a. *Meûli-kaer. Lida. Goélia.*
Celer, v. a. *Kuza. Nac'ha.* — P. a. *Kuzat. Nac'h*. (T.)
Célérité, s. f. *Buander*, m. *Err* ou *herr*, m.
Célibataire, adj. et s. m. *Dizémez.*
Celle, pron. *Ann hini.*
Celle-ci, pron. *Hou-ma. Hou-mañ.*
Celle-là, pron. *Houn-nez. Houn-hoñt.*
Celles, pron. *Ar ré.*
Celles-ci, pron. *Ar ré-ma.*
Celles-là, pron. *Ar ré-zé. Ar ré-hoñt.*
Cellule, s. f. *Lôk* ou *lôg*, f.
Celui, pron. *Ann hini.*

CELUI-CI, pron. *Hé-má* ou *hé-mañ*.
CELUI-LÀ, pron. *Hen-nez*. *Hen-hoñt*.
CENDRE, s. f. *Ludu*, m *Stloak*, m.
CÉNELLE, s. f. *Kok*, m.
CENSURE, s. f. *Tamall*, m. *Rébech*, m. *Ké-len*, m.
CENT, adj. numér. *Kañt*.
CENTRE, s. m. *Kreiz*, m. *Kreizen*, f. *Ka-loun*, f.
CEP, s. m. *Kéf-gwini*, m. *Bód-gwini*, m.
CEPENDANT, adv. *É keit-zé*. *Koulskoudé* ou *kouskoudé*. *Padál*. — *Evelato* (T.)
CERCEAU, s. m. *Kelc'h*, m. — Vann. *Kerl*. (T.)
CERCLE, s. m. *Kelc'h*, m. *Kib*, m. *Kañt*, m. *Lagaden*, f. — Vann. *Kerl*. (T.)
CERCUEIL, s. m. *Arched*, m. *Laour*, m.
CÉRÉMONIE, s. f. *Lid* ou *lit*, m. *Sévénidigez*, f. *Orbid*, m.
CERF, s. m. *Karó* ou *Karv*, m.
CERF-VOLANT, s. m. *C'houil-kornek*, m.
CERISE, s. f. *Kérez*, m.
CERNER, v. a. *Kelc'hia*. *Kilia*. *Stróba*.
CERTAIN, adj. *Gwîr*. *Gwirion*.
CERTIFIER, v. a. *Testénia*. *Testénia dré skrid*.
CERVEAU, s. m. *Empenn*, m. *Boéden-benn*, f.
CERVELAS, s. m. *Pensac'hen*, f.
CERVELET, s. m. *Ilpenn*, m.
CERVOISE, s. f. *Biorc'h*, m.
CESSER, v. a. et n. *Ehana* ou *éana*. *Paouéza*. *Spanaat*. — P. a. *Paouez*. (T.)
CESSION, s. f. *Aotré*, m. *Dilez*, m. *Dizalc'h*, m.
CEUX, pron. *Ar ré*.
CEUX-CI, pron. *Ar ré-ma*.
CEUX-LÀ, pron. *Ar ré-zé*. *Ar ré-hoñt*.
CHABOT, s. m. *Pendók*, m.
CHACUN, pron. *Pép-hini*. *Péb-unan*. *Gwitibu-nan*.

CHAGRIN, s. m. *Doan*, f. *Glac'har*, f. *Añken*, f. *Rec'h*, f. — Corn. *Melré*, m. (T.)

CHAÎNE, s. f. *Chaden*, f. *Stroll*, m. *Poell*, m. *Steúen*, f.

CHAIR, s. f. *Kik*, m.

CHAIRE, s. f. *Kador*, f. — Vann. *Kadoer*. (T.) *Kador da brézek*. (T.)

CHAISE, s. f. *Kador*, f. — Vann. *Kadoer*. (T.)

CHALEUR, s. f. *Tomder*, f. *Groez*, f. *Gôr*, m. *Béôder*, m.

CHALIT, s. m. *Stern-gwélé*, m. *Koad-gwélé*, m.

CHALOUPE, s. f. *Bâg*, f.

CHALUMEAU, s. m. *Korsen*, f. *Sutel-gors*, f. *Levriad*, m.

CHAMAILLER, v. n. *Stourmi*. *Striva*. — P. a. *Stourm*. (T.)

CHAMBRE, s. f. *Kampr* ou *kambr*, f. *Kembot*, m. *Skiber*, m.

CHAMBRIÈRE, s. f. *Matourc'h*, f.

CHAMEAU, s. m. *Kañval*, m.

CHAMOIS, s. m. *Gaour-gwéz*, f.

CHAMP, s. m. *Park*, m. *Méaz* ou *maez*, m. *Trést*, m. — *Tamm lévé*, m. (T.)

CHAMPART, s. m. *Enébarz*, m.

CHAMPIGNON, s. m. *Kabel-dousek*, m.

CHAMPION, s. m. *Kévézer*, m.

CHANCE, s. f. *Eúr*, f.

CHANCELER, v. n. *Horella*. *Brañsella*. *Trabidella*.

CHANCIR, v. n. *Louédi*.

CHANDELLE, s. f. *Goulou*, m. *Goulaouen*, f. *Kañtol*, f. — Trég. *Golo*, m. Vann. *Goleu*, m. (T.)

CHANGER, v. a. et n. *Kemma*. *Treki*. *Dishévélébi*. *Trei*.

CHANSON, s. f. *Kanaouen*, f. *Gwerséen*, f. *Soun*, m.

CHANT, s. m. *Kân*, m.

CHANTIER, s. m. *Kañt*, m. *Heskémen*, f. *Marc'h-koad*, m.

CHANVRE, s. m. *Kanab*, m. *Koarc'h*, m.

CHAPEAU, s. m. *Tôk*, m.

CHAPERON, s. m. *Kabel*, m.

CHAPITEAU, s. m. *Gôlôen*, f.

CHAPITRE, s. m. *Pennad*, m. *Kuzul*, m.

CHAPITRER, v. a. *Kélenna*. *Teñsa*. *Krôza*.

CHAPON, s. m. *Kilek-spâz*, m.

CHAQUE, pron. *Pép* ou *péb*.

CHAR, s. m. *Karr*, m.

CHARANÇON, s. m. *Kos* ou *skos*, m.

CHARBON, s. m. *Glaou*, m. *Burbuen*, f. *Duan* ou *duod*, m. — Vann. *Gleu*. (T.)

CHARCUTIER, s. m. *Kiger-môc'h*, m.

CHARDON, s. m. *Askol*, m. — *Kaol-garô*, m. (T.)

CHARDONNERET, s. m. *Pabaour*, m. *Kanaber*, m.

CHARGE, s. f. *Béac'h*, m. *Karg*, f. *Samm*, m. *Horden*, f.

CHARITÉ, s. f. *Karañtez*, f. *Aluzen*, f.

CHARLATAN, s. m. *Farvel*, m. *Toueller*, m.

CHARMANT, adj. *Kaer-meûrbéd*.

CHARME, s. m. *Strobînel*, m. *Bréou*, m. pl. *Dudi*, m.

CHARME, s. m. *Faô-pût*, m.

CHARNEL, adj. *Kiguz*. *Lík*.

CHAROGNE, s. f. *Kâñ* ou *gâñ*, f. — Vann. *Goann*, f. (T.)

CHARPENTIER, s. m. *Kalvez*, m. — Hors du Léon : *Kalvé*. (T.)

CHARPIE, s. f. *Pilpouz*, m.

CHARRÉE, s. f. *Stloak*, m. — Vann. *Koéred*, *kouéred*, m. — Corn. *Kouarad*, m. (T.)

CHARRETTE, s. f. *Karr*, m.

CHARRIER, s. m. *Sîl-drouérez*, f.

CHARRON, s. m. *Karrer*, m.

Charrue, s. f. *Arar* ou *alar*, m.

Chartre, s. f. *Bâc'h*, f. *Diel*, m. *Teûl*, m.

Chas, s. m. *Kraouen-nadoz*, f.

Chasser, v. a. et n. *Kas-kuit*. *Harlua*. *Hémol-c'hi*. — Vann. *Boutein*. *Hañdéin*. (T.)

Chassie, s. f. *Pikouz*, m. *Pikouzen*, f.

Châssis, s. m. *Stern*, m.

Chaste, adj. *Glân* ou *glañ*. *Dinam*. *Diañtek*.

Chat, s. m. *Kâz*, m. — *Targâz*, m. Vann. *Targac'h*. (T.)

Chat-huant, s. m. *Kaouen*, f.

Châtaigne, s. f. *Kistin*, m. *Kistinen*, f. — Corn. et Vann. *Kesten*. (T.)

Château, s. m. *Kastel*, m. *Maner*, m.

Châtier, v. a. *Kastiza*. *Gwana*. *Eñkrézi*.

Chatouiller, v. a. *Hilliga*. *Hikcin*. *Héta*. — P. a. *Hilligat*. (T.)

Châtrer, v. a. *Spazã*. —Vann. *Spac'hein*. (T.)

Chatte, s. f. *Kazez*, f.

Chaud, adj. *Tomm*.

Chaudière, s. f. *Kaoter*, f.

Chaudron, s. m. *Kaoter*, f. *Pillik*, f.

Chaume, s. m. *Soul*, m. —Vann. *Séul*, m. (T.)

Chaumière, s. f. *Tí-soul*, m.

Chaussée, s. f. *Saô-douar*, m.

Chausson, s. m. *Kofiñon*, m.

Chaussure, s. f. *Botez*, f.

Chauve, adj. *Moal*.

Chauve-souris, s. f. *Azkel-groc'hen*, f. *Lógó-den-zall*, f.

Chaux, s. f. *Râz*, m.

Chavirer, v. n. *Kouéza*.

Chef, s. m. *Penn*, m. *Kéf*, m.

Chemin, s. m. *Heñt*. m. *Stréat*, f.

Cheminer, v. n. *Baléa*. *Kerzout*. — P. a. *Balé*. *Kerzet*. (T.)

Chemise, s. f. *Krés*, m. *Roched*, f. *Hiviz*, f.

Chêne, s. m. *Deró*, m. *Tann*, m.
Chenevière, s. *Kanabek*, f. *Koarc'hek*, f.
Chenille, s. f. *Biskoul*, f. *Raouenner*, m.
Cher, adj. *Kér*. *Kéaz*.
Chercher, v. a. *Klaskout*. *Kerc'hout*. — P. a. *Klask*. *Kerc'hat*. (T.)
Chère, s. f. *Tinel*, f. *Kegin*, f.
Chérir, v. a. *Karout-stard*. — P. a. *Karet-stard*. (T.)
Chétif, adj. *Distér*. *Astut*. *Displéd*. *Fall*.
Cheval, s. m. *Marc'h*, m. *Ronsé*, m.
Chevalet, s. m. *Kañt*, m. *Marc'h-koad*, m. *Heskémen*, f. — Corn. *Tiñt*, m. (T.)
Chevalier, s. m. *Marc'hek*, m. *Maréger*, m. *Floc'h*, m.
Chevet, s. m. *Penn-wélé*, m.
Cheveu, s. m. *Bleó*, m. *Bleó-penn*, m. — Vann. et Trég., au sing. *Bléouen*. (T.)
Cheville, s. f. *Ibil* ou *Hibil*, m.
Chèvre, s. f. *Gaour* ou *gavr*, f.
Chèvre-feuille, s. m. *Iliavrez*, m. *Gwivoud* ou *gwézvoud*, m.
Chevreuil, s. m. *Iourc'h*, m. *Demm*, m.
Chevron, s. m. *Kébr*, m. *Gwifl*, m. *Sourin*, m.
Chez, prép. *É-ti*. *Da-di*. *É-toucz*.
Chicaner, v. a. et n. *Héga*. *Heskina*. *Breútaat*.
Chiche, adj. *Píz*. *Pervez*. *Skarz*. *Dalc'huz*.
Chicot, s. m. *Skód*, m. *Kéf*, m.
Chien, s. m. *Ki*, m.
Chiendent, s. m. *Treúz-c'héot*, m.
Chienne, s. f. *Kiez*, f.
Chier, v. n. *Kac'ha* ou *kac'hout*. — P. a. *Kac'het*. (T.)
Chiffon, s. m. *Píl*, m. *Trúl*, m.
Chiffonner, v. a. *Roufenna*. *Bresa*. *Moustra*. — Vann. *Damouchein*. (T.)
Chignon, s. m. *Chouk* ou *souk*, m.

CHIQUENAUDE, s. f. *Friad*, m. *Chifróden*, f.

CHIRURGIE, s. f. *Mézekniez*, f. *Mézégiez*, f.

CHOC, s. m. *Stok*, m.

CHOIR, v. n. *Kouéza*.

CHOISIR, v. a. *Dilenna. Dibaba. C'houenna.*— P. a. *Dilenn. Dibab. C'houennat.* (T.)

CHÔMER, v. a. *Lida. Goélia. Berza.*

CHOQUER, v. a. *Steki. Brouda. Flemma.*

CHOSE, s. f. *Trâ*.

CHOU, s. m. *Kaol*, m. — Hors de Léon : *Kol.* (T.)

CHOUETTE, s. f. *Kaouen*, f. — Vann. *Koc'han.* (T.)

CHRÉTIEN, adj. et s. m. *Kristen.*

CHUT, particule, *Péoc'h. Grik.*

CHUTE, s. f. *Koués*, m. *Diskar*, m. *Lamm*, m. — Vann. *Kouec'h*, m. (T.)

CI, adv. *Ma* ou *mañ*.

CICATRICE, s. f. *Kleizen*, f.

CIDRE, s. m. *Sistr*, m.

CIEL, s. m. *Éñ* ou *éñv*, m. *Oabl*, m.

CIERGE, s. m. *Goulaouen-goar*, f. *Piled*, m.

CIGALE, s. f. *Gríl-zouar*, f. *Kilek-raden*, m.

CIGUË, s. f. *Kegit*, m. *Pempiz*, f.

CIL, s. m. *Malven*, f.

CILICE, s. m. *Gouriz-reûn*, m. *Saé-reûn*, f.

CIME, s. f. *Bâr*, m. *Lein*, m. *Kribel*, f. — — Vann. *Blein*, m. *Klipen*, f. (T.)

CIMENT, s. m. *Pri-briken*, m.

CIMETIÈRE, s. m. *Béred*, f.

CIMIER, s. m. *Mell-kein*, m.

CINQ, adj. numéral, *Pemp.*

CINQUANTE, adj. numéral. *Hañter-kañt.*

CINTRE, s. m. *Gwarek* ou *goarek*, f.

CIRCONFÉRENCE, s. f. *Trô*, f. *Kelc'h*, m. *Kañt*, m.

CIRCONSCRIRE, v. a. *Bévenni. Lézenni.*

Circonspect, adj. *Fûr. Évésiek. Prédériuz.*

Circonstance, s. f. *Darvoud*, m.

Circonvoisin, adj. *Diwar-drô. Enn-drô.*

Circuit, s. m. *Kelc'h*, m. *Trô*, f. *Gouriz*, m.

Cire, s. f. *Koar*, m. — Vann. *Koer*, m. (T.)

Ciron, s. m. *Grec'h*, m.

Ciseau, s. m. *Kizel*, f. *Sizal*, f. *Gweltré* ou *gweñtlé*, f.

Citadelle, s. f. *Kré*, m. *Gwikadel*, f. *Kastel*, m.

Cité, s. f. *Kéar* ou *ker*, f. *Gwîk*, f. *Bourc'h*, f.

Citer, v. a. *Gervel. Lavarout. Henvel.* — P. a. *Lavaret.* (T.)

Citerne, s. f. *Puñs-glaô*, m.

Civière, s. f. *Kravaz*, m. *Karavel*, f.

Civilité, s. f. *Déréadégez*, f. *Sévénidigez*, f.

Claie, s. f. *Kloued*, f. *Kael*, f. *Drâf*, m.

Clair, adj. *Skléar. Splann. Boull. Tanaô.* *Roues. Anat.* — Hors du Léon : *Skler.* (T.)

Clameur, s. f. *Garm*, f. *Safar*, m. *Trouz*, m.

Clandestin, adj. *Kûz. Kuzet. É-kûz.*

Claque, s. f. *Palfad*, m. *Stafad*, f. *Stlakaden*, f.

Classe, s. f. *Reiz*, f. *Reñk*, f.

Clause, s. f. *Reiz*, f. *Diviz*, m.

Clef ou Clé, s. f. *Alc'houéz*, f. — Hors du Léon : *Alc'houé.* (T.)

Clémence, s. f. *Kuñvélez*, f. *Habaskded*, m. *Hégaradded*, m.

Clerc, s. m. *Kloarek*, m. *Dén-a-iliz*, m.

Cligner, v. n. *Gwilc'ha. Kilc'ha.*—P. a. *Gwilc'hat. Kilc'hat.* (T.) Vann. *Bliñgein.* (T).

Cliquetis, s. m. *Strâp*, m. *Stlakérez*, m.

Cloaque, s. m. *Lagen*, f. *Geûn*, f. *Poull-brein*, m. — *Poull-lagennek*, m. (T.)

Cloche, s. f. *Klôc'h*, m. *Klôgôren*, f.

Cloison, s. f. *Speûr*, f. *Kel* ou *kell*, m. *Ba*

m. *Dalvez*, f. — Vann. *Distrémen*, m. *Stiv*
tivach, m. (T.)
LOPORTE, s. m. *Laouen-dar*, f.
LORRE, v. a. *Klóza. Serra. Prenna. Peûr-*
.
LOU, s m. *Tach*, m. *Broud*, m. *Heskédik*, m.
ézik, m.
LYSTÈRE, s. m. *Gwalc'h*, m.
OAGULER, v. a. *Kaoulédi.*
OASSER, v. n. *Graka. Raka.*—P.a. *Grakal.*(T.)
OCHE, s. f. *Ask*, m. *Trouc'h*, m. *Gwiz-gôz*, f.
OCHON, s. m *Penn-môc'h* ou *pémôc'h*, m.
uc'h, m.
OCTION, s. f. *Poazadur*, m. *Darévadur*, m.
OCU, s. m. *Daougan* ou *dogan*, m.
OEUR, s. m. *Kaloun*, f. *Kalounen*, f.—Hors
Léon : *Kalon*, *kalonen*. (T.)
OFFRE, s. m. *Arc'h*, f. *Koufr*, m. *Griñol*, f.
pód, m.
OGNÉE, s. f. *Bouc'hal*, f.
OGNER, v. a. *Skei. Pigosa.*
OIFFE, s. f. *Koéf*, m. *Kabel*, m. *Kouricher*, m.
OIN, s. m. *Koñ*, m. *Korn*, m. *Genn*, m.
al-stoup, m.
COL, s. m. *Trô-gouzouk*, f. *Kelc'hen*, f. *Gou-*
gen, f.
COLÈRE, s. f. *Buanégez*, f. *Broez*, f. *Drouk*, m.
COLIFICHET, s. m. *Distervez*, f. *C'hoariel*, f.
COLIQUE, s. f. *Drouk-kôf*, m. *Gweñtr* ou
eñtl, m.
COLLATION, s. f. *Méren*, f. *Gortozen*, f. *As-*
an, m.
COLLE, s. f. *Kaot*, m. *Pask*, m. — Hors du
éon : *Kot*, m. (T.)
COLLECTION, s. f. *Dastum*, m. *Kutul*, m.
COLLERETTE, s. f. *Gouzougen*, f. *Daléléen*, f.
COLLET, s. m. *Trô-gouzouk*, f. *Lindâg*, m.

Collier, s. m. *Kelc'hen* ou *Kerc'hen*, f. *Gwe*
kol, m.

Colline, s. f. *Kréac'h*, m. *Torgen*, f. *Tûn*,
Rûn, f.

Colombe, s. f. *Koulm*, f.

Colombier, s. m. *Kouldri*, m

Colonne, s. f. *Post*, m. *Peûl*, m.

Colorer, v. a. *Liva. Digarézi.*

Colossal, adj. *Brâz direiz.*

Combat, s. m. *Kann*, m. *Emgann*, m. *Stourm*, m

Combien, adv. *Péd. Pégémeñt. Pégeit. Péger.*

Comble, adj. *Bâr. Leûn-tenn.*

Comble, s. m. *Lein*, m. *Bâr*, m.

Combustion, s. f. *Devadur*, m. *Loskadur*, m

Comète, s. f. *Stérédcn-lóstek*, f.

Comique, adj. *Farsuz. Bourduz.*

Commander, v. a. *Kémenna. Digémenna*
Gourc'hémenni. — P. a. *Kémenn. Digémen*
Gourc'hémenn. (T.)

Comme, adv. et conj. *Évcl. É-gîz. Diouc'h*
Hervez.

Commencer, v. a. *Déraoui. Arnodi. Boulc'h*
— *Doñt da* (T.)

Comment, adv. *Pénaoz.* — Hors du Léon
Pénoz. (T.)

Commerce, s. m. *Gwerz*, f. *Gwerzidigez*,
Darempred, m.

Commisération, s. f. *Truez*, f.

Commission, s. f. *Kéfridi*, f. *Kannadur*,
Urs, f.

Commode, adj. *Eaz. Diboan. Déréad.* —Hors
du Léon : *Ez* au lieu de *Eaz.* (T.)

Commotion, s. f. *Lusk*, m. *Kéflusk. Hej*,

Commuer, v. a. *Kemma. Treí.*

Commun, adj. *Boutin. Paot. Dister.*

Communément, adv. *Peûrvuia. Peûrliesa. Di*
holl.

Compacte. *Fétiz. Téô. Tuzum.* — *Gwall bounner.* (T.)

Compagnie, s. f. *Strollad*, m. *Bagad*, f. *Bañlen*, f.

Compagnon, s. m. *Eil*, m. *Heûlier*, m. *Kenvreûr*, m.

Comparer, v. a. *Kemma. Hévélébekaat.*

Compassion, s. f. *Truez*, f. — Hors du Léon : *Trué.* (T.)

Compatriote, s. m. *Kenvrôad*, m.

Compensation, s. f. *Digoll*, m. *Dic'haou*, m. *Digoust*, m.

Compétiteur, s. m. *Kéférer*, m.

Complainte, s. f. *Klemvan*, m. *Keinvan*, m.

Complaisance, s. f. *Madélez*, f. *Gwénded*, m.

Complet, adj. *Krenn. Leûñ. Klók.*

Complexion, s. f. *Temps*, m. *Kigen*, f.

Complication, s. f. *Kemmesk*, m. *Kemmeskadur*, m.

Complice, adj. et s. m. *Kiriek. Ken-waller*, m.

Compliment, s. m. *Gourc'hémenn*, m. *Orbid*, m.

Compliqué, adj. *Kemmesket. Luziet. Reûstlet.*

Complot, s. m. *Dispac'h*, m. *Irien*, f.

Composition, s. f. *Aozidigez*, f. *Marc'had*, m. *Reiz*, f.

Comprendre, v. a. *Derc'hel. Lakaat. Klevout. Poella.* — P. a. *Klevet* (T.)

Compresse, s. f. *Liénen-c'houli*, f.

Comprimer, v. a. *Gwaska. Moustra. Starda kaer.*

Comptant, adj. *Gwír. Dizóló.*

Compte, s. m. *Niver*, m. *Nivérérez*, m. *Jéd*, m. *Kouñt*, f.

Concasser, v. a. *Bréva. Braéa. Frika.*

Concave, adj. *Kleûz. Kéô.*

Concéder, v. a. *Aotréa.* — P. a. *Aotren.* (T.) Hors du Léon : *Otréa.* (T.)

CONCERNANT, prép. *Diwar-benn. É-kéñver.*

CONCERT, s. m. *Kévrédigez*, f. *Unvaniez*, f.

CONCEVOIR, v. a. et n. *Eñgéheñta. Spéria* *Poella.*

CONCILIER, v. a. *Unvani.*

CONCIS, adj. *Berr.*

CONCITOYEN, s. m. *Kenvourc'hiz*, m. *Ken* *wikad*, m.

CONCLURE, v. a. *Peûr-ôber. Klôza.*

CONCORDANCE, s. f. *Hévélébédigez*, f. *Déréa* *dégez*, f.

CONCORDE, s. f. *Unvaniez*, f. *Ken-garañtez.* *Péoc'h*, m

CONCOURIR, v. n. *Ken-ôber.*

CONCUBINAGE, s. f. *Ribôdérez*, m. *Serc'hérez*, m

CONCURRENCE, s. f. *Kévérérez*, m. *Keñdamouez*,

CONCUSSION, s. f. *Gwall-wir*, m. *Laéroñsi*,

CONDAMNER, v. a. *Barna* ou *barnout.* — P. *Barn.* (T.)

CONDISCIPLE, s. m. *Ken-skôlaer*, m.

CONDITION, s. f. *Stâd*, f. *Doaré*, f. *Reñk*, *Reiz*, f.

CONDOLÉANCE, s. f. *Ken-gañv*, m.

CONDUIRE, v. a. *Blénia* ou *bléña. Réna. Mén* *Sturia.* — *Kas.* (T.)

CONDUIT, s. m. *Kân*, m. *Sân*, f. *Noed*, m. Vann. *Huéré*, m. (T.)

CONFÉDÉRATION, s. f. *Kévrédigez*, f.

CONFESSER, v. a. *Añsavout.* — P. a. *Añsav* *añsaô.* (T.)

CONFIANCE, s. f. *Fisiañs*, m. *Kréd*, m. Vann. *Fiañs*, m. (T.)

CONFIDENCE, s. f. *Kuzul*, m.

CONFINS, s. m. pl. *Lézen*, f. *Marz*, m. *Hê* *zou*, m. pl.

CONFIRMER, v. a. *Starda. Krétaat. Kouzoumen*

CONFLUENT, s. m. *Aber*, f. *Kember*, f. *Forc'h*

Confondre, v. a. *Meski. Kemmeski. Mézékaat.* *eiza.*
Conforme, adj. *Héñvel. Hévélep. Pâr.*
Conformément, adv. *Diouc'h. Hervez.*
Conforter, v. a. *Nerza. Fréalzi. Kréaat.*
Confrère, s. m. *Kenvreûr*, m.
Confronter, v. a. *Kemma. Hévélébékaat.*
Confusion, s. f. *Mesk*, m. *Direiz*, m. *Méz.*
Congédier, v. a. *Kas-kuit.*
Conglomérer, v. a. *Lakaat kévret.*
Congre, s. m. *Silien-vôr*, f.
Congrégation, s. f. *Breûriez*, f.
Conjecture, s. f. *Arvar*, m.
Conjonction, s. f. *Kévrédigez*, f. *Strolladur*, m.
Conjoncture, s. f. *Darvoud*, m.
Conjurer, v. a. et n. *Pidi-stard. Dispac'ha.*
Connaissance, s. f. *Anaoudégez*, f. *Gwizié-*, f.
Conque, s. f. *Krogen-vrâz*, f.
Consacrer, v. a. *Rei. Gwestla.*
Consécutif, adj. *Diouc'h-tû.*
Conseil, s. m. *Ali*, m. *Kuzul*, m. *Atiz*, m.
Consentir, v. n. *Aotréa. Grataat.* — P. a. *ren.* (T.)
Conséquence, s. f. *Mennoz* ou *ménoz*, m. *Del-brâz*, m. *Heûl*, m.
Conserver, v. a. *Mirout. Keñderc'hel.* — P. *Miret.* (T.)
Considérable, adj. *Brâz. Talvoudek. Arwézuz.*
Considération, s. f. *Prédéridigez*, f. *Abek*, m. *, f. *Stâd*, f.
Consistance, s. f. *Fétisded*, m. *Stardder*, m.
Consoler, v. a. *Dizoania. Dic'hlac'hari. alzi.*
Consolider, v. a. *Starda.*
Consommer, v. a. *Peûr-ôber. Koaza. Dismañ-Teûzi.*

Consort, s. m. *Lôdek*, m. *Eil*, m.
Conspirer, v. n. *Dispac'ha. Irienna.* (Corn.)
Constance, s. f. *Poell*, m. *Keñdalc'h*, m. *Starâder*, m.
Constellation, s. f. *Stérédcn*, f.
Consternation, s. f. *Saouzan*, f. *Digaloun*, m. *Asrec'h*, m.
Constitution, s. f. *Aozidigez*, f. *Lézen*, *Kigen*, f.
Construire, v. a. *Ober. Sével.*— Trég. *Séou*. Vann. *Saoucin*. (T.)
Consultation, s. f. *Kuzul*, m. *Ali*, m.
Consumer, v. a. *Bévézi. Tréza. Gwasta. Peùrzé*...
Contact, s. m. *Stok*, m. *Hévélédigez*, f.
Conte, s. m. *Danével*, f. *Môjen*, f. *Sorc'hen* ... — Corn. *Tariel*, f. (T.)
Contempler, v. a. *Arvesti. Sellout-píz. E*... *saat.* — P. a. *Sellet-píz.* (T.)
Contemporain, adj. et s. m. *Kempréd*, m.
Contenance, s. f. *Dalc'h*, m. *Meñt*, f. *Neûz*... *Keñdalc'h*, m.
Content, adj. *Maô. Euruz. Laouen. Dréô.*
Contention, s. f. *Strîf*, m. *Dael*, f. *Poell*... *brâz*, m.
Contestation, s. f. *Strîf*, m. *Riot*, m. *Krôz*...
Contigu, adj. *A stok. Harz-ouc'h-harz.*
Continent, s. m. *Douar-brâz*, m.
Contingent, s. m. *Lôden*, f.
Continuel, adj. *Peûr-baduz. Héb éhan.* ... *préd.*
Continuer, v. a. *Heûlia. Astenna. Keñd*... *c'hel.* — P. a. *Astenn.* (T.)
Contour, s. m. *Trô*, f. *Kelc'h*, m.
Contradiction, s. f. *Enébiez*, f. *Dael*, ... *Hék*, m.
Contraindre, v. a. *Rédia. Héga.*
Contraire, adj. *Énep. Gín. Gwalluz. Noa*...

CONTRASTE, s. m. *Dishévélédigez*, f. *Kemm*, m.
CONTRAT, s. m. *Marc'had dré skrid*, m.
CONTRE, prép. *Enép* ou *énep*. *Ouc'h*. *Harz*.
CONTRE-COUP, s. m. *Astaol*, m.
CONTRE-JOUR, s. m. *Amc'houlou*, m. *Disc'hou-*, m.
CONTRE-MARQUE, s. f. *Asverk*, m. *Eil-verk*, m.
CONTRE-MUR, s. m. *Asvôger*, f.
CONTRE-ORDRE, s. m. *Diskémenn*, m.
CONTRE-POIDS, s. m. *Aspoéz*, m.
CONTRE-POISON, s. m. *Louzou-koñtamm*, m.
CONTRE-PORTE, s. f. *Eil-zôr*, f.
CONTRE-TEMPS, s. m. *Dibréd*, m. *Gwall-am-*, f.
CONTREBANDE, s. f. *Tuaden*, f. *Marc'hadou- berzet*, f.
CONTREDIRE, v. a. *Énébi dré gomz*. *Dislava-ut*. — P. a. *Dislavaret*. (T.)
CONTRÉE, s. f. *Brô*, f. *Pân* ou *pann*, m.
CONTREFAIRE, v. a. *Difréza*. *Abcki*. *Dishévélébi*. *forc'ha*. — P. a. *Difréz*. *Diforc'h*. (T.)
CONTREMANDEMENT, s. m. *Diskémenn*, m.
CONTRIBUTION, s. f. *Tell*, f.
CONTRISTER, v. a. *Doania*. *Glac'hari*. *Rec'hi*.
CONTRITION, s. f. *Keûzeûdigez*, f. *Gwir-gla-har*, m.
CONTRÔLE, s. m. *Évez*, m. *Kélen*, m.
CONTUSION, s. f. *Bloñs* ou *bloñsadur*, m. *Bron-*, m. — Vann. *Blosérec'h*, m. (T.)
CONVAINCRE, v. a. *Keñdrec'hi*. *Féaza*. *Trec'hi*. - Vann. *Feic'hein*. (T.)
CONVENABLE, adj. *Déré* ou *déréad*. *Séven*. — *-zoaré*. (T.)
CONVENTION, s. f. *Marc'had*, m. *Grâ*, m.
CONVERSATION, s. f. *Prézégen*, f. *Diviz*, m.
CONVERSION, s. f. *Trô*, f. *Distrô*, m. *Kemma-r*, m.

CONVEXE, adj. *Keinck. Baotek. Kroumm.*

CONVOITISE, s. f. *Drouk-c'hoañt*, m. *Droug-ioul*, f.

CONVOQUER, v. a. *Gervel.*

CONVULSION. s. f. *Glizi*, m. *Glizien*, f.

COOPÉRER, v. n. *Ken-ôber.*

COORDONNER, v. a. *Reiza.*

COPEAU, s. m. *Skolp*, m.

COPIEUX, adj. *Founn. Púl. Paot.*

COPTER, v. a. et n. *Gôbédi. Diñsa.* — P. a. *Diñsal.* (T.)

COQ, s. m. *Kilek* ou *kilok*, m.

COQUE, s. f. *Klosen*, f. *Kloren*, f. *Plusken*, f.

COQUELICOT, s. m. *Roz-aer*, m.

COQUELOURDE, s. f. *Diskrab*, m.

COQUELUCHE, s. f. *Dréô*, m. *Pâz-moug*, m. — Corn. *Páz-iudérez*, m. (T.)

COQUETTERIE, s. f. *Gadélez* ou *gadalez*, f. *Ged*, m.

COQUILLE, s. f. *Krogen*, f. *Klosen*, f.

COQUIN, s. m. *Fallakr*, m. *Mastokin*, m.

COR, s. m. *Kalédcn*, f. *Korn-boud*, m.

CORBEAU, s. m. *Brân*, f. *Malvran*, f.

CORBEILLE, s. f. *Késl*, f. *Kavel*, m. *Boutek*, m. *Paner*, f.

CORDE, s. f. *Korden*, f. *Súg*, f. *Raô*, f. *Fublen*, f. *Nask*, m.

CORDIAL, adj. *Kalounuz. Héal. Karañtek.*

CORDIER, s. m. *Kordenner*, m. *Kakouz*, m.

CORDONNIER, s. m. *Kéré* ou *kéréour*, m.

CORIACE, adj. *Lerck. Grigoñsuz.*

CORME, s. f. *Hilibér*, m.

CORMORAN, s. m. *Môr-vran*, f. *Môr-vaout*, m.

CORNE, s. f. *Korn*, m. *Karn*, m. — *Korn-bual*, m. *Korn-boud*, m. (T.)

CORNEILLE, s. f. *Kavan*, f. *Fraó*, m.

CORNEMUSE, s. f. *Biniou*, m.

ORNICHE, s. f. *Rizen*, f. *Déaz*, m.
ORNOUAILLES, s. f. *Kerné* ou *Kerneô*, m.
ORPS, s. m. *Korf*, m,
ORRIDOR, s. m. *Palier*, m. *Poñdalez*, f.
ORRIGER, v. a. *Kélenna. Difazia. Kastiza.* *askaat.* — P. a. *Kélenn.* (T.)
ORROBORER, v. a. *Nerza. Krévaat.*
ORRODER, v. a. *Kriña. Daskriña.* — P. a. *ñat. Daskriñat.* (T.)
ORROI, s. m. *Kourrez*, m.
ORROMPRE, v. a. *Gwasta. Saotra. Gwalla.* *nid.* — Vann. *Lorbein.* (T.)
ORSAIRE, s. m. *Preizer*, m.
ORSET, s. m. *Korf-kenn*, m. *Korf-brôz*, m.
ORTÈGE, s. m. *Heûl*, m.
ORVÉE, s. f. *Aner*, m.
OSSE, s. f. *Kosen*, f. *Klosen*, f. *Plusken*, f. *Bolc'h*, m. (T.)
OSSER, v. n. *Tourta.*
OSSON, s. m. *Kos*, m. *Skos*, m. *Minouc'h*, m.
OSTUME. s. m. *Gwisk*, m. *Gwiskad*, m.
ÔTE, s. f. *Kostézen*, f. *Kréac'h*, m. *Aot*, m. *ôr*, m.
ÔTÉ, s. m. *Kostez*, m. *Tû*, m. *Léac'h*, m. *z*, f.
OTER, v. a. *Merka. Arouézi.*
OTILLON, s. m. *Lósten*, f. *Gwéléden*, f. — *ten vihan*, f. (T.)
OTTE, s. f. *Brôz*, f. *Lósten*, f. *Gwéléden*, f. *Vann. Broc'h*, f. (T.)
OU, s. m. *Gouzouk* ou *gouk*, m. *Kerc'hen*, m.
OUCHE, s. f. *Gwélé*, m. *Gwéléad*, m. *Gwisk*, m. *lioud*, m. — Vann. *Gulvoud*, m. (T.)
OUCHER, v. a. *Kouska. Léda. Gourvéza. Kosté-* — P. a. *Kousket. Gourvez.* (T.)
OUCOU, s. m. *Koukou* ou *koukoug*, f.
OUDE, s. m. *Ilin* ou *élin*, m.

Coudre, v. a. et n. *Gria.* — P. a. *Griat.* (T.)

Coudrier, s. m. *Kelvez*, m. — Vann. *Kel c'houé.* Trég. et Corn. *Keloué.* (T.)

Couenne, s. f. *Tonnen*, f.

Couette, s. f. *Golc'hed*, f.

Couler, v. n. *Béra. Divéra. Rédek.*

Couleur, s. f. *Liou* ou *liv*, m. — Vann. *Liu.* (T

Couleuvre, s. f. *Aer*, f.

Couloir, s. m. *Sil*, f.

Coup, s. m. *Taol*, m. *Skô*, m. *Tarz*, r. *Tenn*, m. *Banné*, m. — Hors du Léon : *Tôl*, n (T.)

Coup-d'oeil, s. m. *Lagadad*, m. *Sellad*, m.

Coupe, s. f. *Kôp*, m. *Skôp*, m. *Hanaf*, f.

Couper, v. a. et n. *Trouc'ha. Midi. Spaza.* — Trég. *Troc'hañ.* (T.)

Couple, s. f. *Ré*, m. *Koubl*, m. *Stroll*, m..

Cour, s. f. *Pors* ou *porz*, m. *Léz*, m. *Barn*,.

Courage, s. m. *Kaloun*, f. *Béôder*, m. Hors du Léon : *Kalon.* (T.)

Courbature, s. f. *Kîk-torr*, m. *Terridigez*:

Courbe, s. f. *Gour-ivin*, m.

Courber, v. a. et n. *Kroumma. Gwara. Soubl*

Courbette, s. f. *Lamm-marc'h*, m.

Courir, v. n. *Rédek. Béra. Skara. Kañtréa.*

Courlis ou Courlieu, s. m. *Kéfélek-vôr*, n

Couronne, s. f. *Kurun*, f. *Kurunen.* f. *Kern*

Courroie, s. f. *Leren*, f. *Korréen*, f. *Louan*

Courroux, s. m. *Buanégez*, f.

Cours, s. m. *Réd*, m. *Trô*, f. *Pâd*, m. *Feûr* — Vann. *Rid*, m. (T.)

Court, adj. *Berr. Krenn. Krâk. Berrek.*

Courtil, s. m. *Liors*, f.

Courtisane, s. f. *Strôden*, f. *Loudouren*, *Gast*, f. — Trég. *Serc'h*, f. (T.)

Courtois, adj. *Séven. Déré* ou *déréad.*

COUSIN, s. m. *Kenderf*, m. *Kévenderf*, m. *Kef-añt*, m.
COUSSIN, s. m. *Penn-wélé*, m. *Torchen*, f.
COUSSINET, s. m. *Asdibr*, m.
COUTEAU, s. m. *Koñtel* ou *Kouñtel*, f. *Aoten*, f.
COÛTER, v. a. et n. *Kousta*. *Talvézout*.
COUTRE, s. m. *Koultr*, m.
COUTUME, s. f. *Boaz*, m. *Tech*, m. *Kiz*, f. *'ustum*, m.— Corn. *Tozel*, f. (T.)
COUTURIÈRE, s. f. *Griérez*, f. *Kéménérez*, f.
COUVÉE, s. f. *Gôrad*, m.
COUVENT, s m. *Léandi*, m. *Manati*, m.
COUVER, v. a. et n. *Gwiri*. *Gôlei*.
COUVERCLE, s. m. *Goulc'her*, f.
COUVERTURE, s. f. *Gôlô*, m. *Pallen*, f. *Tôen*, f.
COUVRIR, v. a. *Gôlei*. *Gwiska*. *Kuza*. *Tei*. — '. a. *Kuzat*. (T.)
CRACHER, v. a. et n. *Tufa*. *Skôpa*.
CRAIE, s. f. *Kleiz* ou *kreiz*, m.
CRAINDRE, v. a. *Kaoud-aoun*. *Douja*. —Vann. *'ñdévout eûn*. *Doujein*. (T.)
CRAMPE, s. f. *Glâz*, f. *Glizien*, f. *Gâr-wask*, m.
CRAMPON, s. m. *Krâp* ou *Skrâp*, m.
CRAN, s. m. *Krân*, m. *Ask*, m.
CRÂNE, s. m. *Klôpen*, m. *Krogenn ar penn*, f.
CRAPAUD, s. m. *Tousek*, m.
CRAQUER, v. n. *Straka* ou *strakla*.
CRASSE, s. f. *Koc'hien*, f. *Vilgenn*, m. *Kaézour*, m.
CRAVATE, s. f. *Trô-gouzouk*, f. *Froñden*, f.
CRÉANCIER, s. m. *Krédour*, m.
CRÉATEUR, s. m. *Krouer*, m. *Penn-abek*, m.
CRÉCELLE, s. f. *Stlakérez* ou *strakérez*, f.
CRÈCHE, s. f. *Rastel*, f. *Néô*, f. *Laouer*, f. — *Vann*. *Louer*, *loer*, f. (T.)
CRÉDIT, s. m. *Brûd-vâd*, f. *Galloud*, m. *Am-zer*, f.
CRÉER, v. a. *Kroui*. *Ober*.

2*

Crémaillère, s. f. *Drézen* ou *dreizen*, f.
Crême, s. f. *Dienn*, m. *Koaven*, m.
Créneau, s. m. *Kranel*, m. *Tarzel*, f.
Crêpe, s. f. *Krampoez*, m.
Crêper, v. a. *Rodella. Fula. Tortiza.*
Crépir, v. a. *Fula.*
Crépitation, s. f. *Strâk*, m. *Tarz*, m.
Crépuscule, s. m. *Goulou-deiz*, m. *Tarz-ann-deiz*, m.
Cresson, s. m. *Béler*, m
Crête, s. f. *Kribel* ou *Kriben*, f. *Bâr*, m. *Lein*, m.
Creuser, v. a. *Kleûza* ou *kleûsia. Kava. Turia.*
Crevasse, s. f. *Skarr*, m. *Frâl*, m. *Bolzen*, f. *Spinac'h*, f.
Crever, v. a. et n. *Tarza. Didarza.*
Cri, s. m. *Kri*, m. *Garm*, m. *Léñv*, m. *Iou-c'haden*, f.
Crible, s. m. *Krouer*, m. *Ridel*, m. *Gourner*, m.
Criblure, s. f. *Usien*, f. *Boskoun*, m. *Usmol*, m.
Crime, s. m. *Gwall*, m. *Drouk*, m. *Torfed*, m.
Crin, s. m. *Reûn*, m.
Crinière, s. f. *Moué*, f.
Crise, s. f. *C'houézen*, f.
Crisper, v. a. *Diverraat. Kriza.*
Cristal, s. m. *Striñk*, m.
Critiquer, v. a. *Kélenna. Tamaillout. Gogéa.* — P. a. *Kélenn. Tamall.* (T.)
Croasser, v. a. *Koaga. Gwac'ha. Króza.*
Croc, s. m. *Krók*, m. *Bâc'h*, f. *Divac'h*, f.
Crochu, adj. *Krôgek. Kamm.*
Croire, v. a. et n. *Krédi* ou *kridi. Menna.*
Croître, v. n. *Kreski* ou *kriski. Krévaat.*
Croix, s. f. *Kroaz*, f. — Vann. *Kroez.* (T.)
Crosse, s. f. *Kammel*, f. *Bâz-dotu*, f.
Crotte, s. f. *Fañk*, m. *Kalar*, m. *Kagal*, m.

Corn. *Stroul*, m. Trég. *Kampoulen*, f. Vann. *râk*, m. (T.)

CROÛLER, v. n. *Dizac'ha. Kouéza.*

CROUPE, s. f. *Talbenn*, m. *Talier*, m. *Bâr*, m. *ein*, m.

CROUPIÈRE, s. f. *Bélóst* ou *bilóst*, m.

CROUPION, s. m. *Lóst*, m. *Bélôst*, m.

CROUPIR, v. n. *Sac'ha. Chaga. Morza. Kinvia.*

CROÛTE, s. f. *Kreunn* ou *kreûñ*, m. *Tonnen*, f. *rousken*, f.

CROYANCE, s. f. *Kréden*, f. *Ménoz*, m. — Hors Léon: *Ménó.* (T.)

CRU, adj. *Kriz.*

CRUAUTÉ, s. f. *Krisder*, m. *Féroni*, f. *Divadéz*, f.

CRUCHE, s. f. *Brôk*, m.

CRUE, s. f. *Kresk*, m.

CRUEL, adj. *Kriz. Garô. Didruez. Divad. Reûûdik.*

CRUSTACÉ, adj. *Skañtek. Krogennek.*

CUEILLIR, v. a. *Kutula. Dastumi.*— P. a. *Kul. Dastum.* (T.)

CUILLER, s. f. *Loa*, f. —Vann. *Loé.* (T.)

CUIR, s. m. *Kroc'hen*, m. *Ler*, m. *Kenn*, m.

CUIRASSE, s. f. *Harnez* ou *hernez*, m. *Hobréon*, m.

CUIRE, v. a. et n. *Poaza. Darévi. Leski.* —Vann. *poéc'hein. Pobein* (T.)

CUISINE, s. f. *Kegin*, f. *Tinel*, f. *Kaoter*, f.

CUISSE, s. f. *Morzed* ou *morzad*, f. — Vann. *Morc'hed.* (T.)

CUIVRE, s. m. *Kouévr*, m.

CUL ou CU, s. m. *Réor* ou *revur*, m. *Diadré*, m.

CULBUTE, s. f. *Lamm*, m. *Bann*, m.

CULER, v. n. *Kila. Argila*

CULOT, s. m. *Gwidoroc'h*, m.

CULOTTE, s. f. *Bragez*, m. *Lavrek*, m.

CULTIVATEUR, s.m. *Labourer douar*, m. *Tiek*, m. (T.)

CULTIVER, v. a. et n. *Gounid. Laboura. Sével. Heülia.* — P. a. *Labourat* (T.)

CUMULER, v. a. *Berna. Grounna. Strolla.*

CUPIDITÉ, s. f. *C'hoañt-direiz*, m. *Droug-ioul*, f.

CURE, s. f. *Parédigez*, f. *Gwelladurez*, f.

CURÉ, s. m. *Person* ou *persoun*, m.

CURER, v. a. *Skarza, Riñsa. Nétaat.*

CUVE, s. f. *Béol*, f. *Kibel*, f. *Pélestr*, m.

CYLINDRE, s. m. *Kân*, m. *Rulen*, f. *Krân*, m.

D

D, s. m. Lettre consonne, la quatrième de l'alphabet.

DADAIS, s. m. *Abaf. Génaouek*, m. *Louad*, m.

DAGUE, s. f. *Goustil*, m. *Dâg*, m *Gourglézé*, m.

DAIGNER, v. n *Teurvézout. Eûteurvout. Prizout.*

DAIM, s. m. *Demm*, m.

DAINE, s. f. *Demmez*, f.

DAIS, s. m. *Stél*, m. *Déaz* ou *dez*, m.

DALLE, s. f. *Dár*, f.

DAME, s. f. *Itrôn* ou *itroun*, f.

DAMNER, v. a. *Daoni* ou *daouni. Kolla.* — P. a. *Koll.* (T.)

DANGER, s. m. *Risk* ou *riskl*, m. *Gwall*, m. *Tal*, m.

DANS, prép. *É. En. Er. El. Ébarz. Eñtré.* ... *benn.*

DANSE, s. f. *Dañs*, m. *Koroll*, m. *Bál*, m. *Barrez*, f.

Dard, s. m. *Dared*, m. *Spék*, m. *Bír*, f. *Flemm*, m. *Darz*, m.

Dartre, s. f. *Darvoéden* ou *daroućden*, f. *Tanijen*, f. —. Vann. *Derc'houiden.* (T.)

Davantage, adv. *Mui* ou *muioc'h. Oc'h penn. C'hoaz.*

Davier, s. m. *Gével*, m.

De, prép. *A. Eûz. Diwar. Da. Gañt. É-pâd. Adalek.*

Dé, s. m *Béskcn*, f. *Dîs*, m. —Vann. *Diñs.* (T.)

Déballer, v. a. *Dispaka. Displéga.*

Débander, v. a. *Diañtella. Disteña. Diliama. Divoucha.* —P. a. *Diañtell.* (T.)

Débarbouiller, v. a. *Divalbouza. Dizaotra.*

Débarquer, v. n. *Douara.*

Débarrasser, v. a. *Dieûbi. Dishuala.*

Débarrer, v. a. *Disparla. Divarrenna.*

Débat, s. m. *Dael*, f. *Strif*, m. *Nagen*, f.

Débâter, v. a. *Divasa.*

Débauche, s. f. *Gadélez* ou *gadalez*, f. *Buezdireiz*, f.

Débile, adj. *Gwân. Dinerz. Sempl. Tôc'hor.*

Débillarder, v. a. *Divrasa. Digoc'henna.*

Débiter, v. a. *Gwerza. Distaga. Brudi.*

Débiteur, s. m. *Dléour*, m.

Déblayer, v. a. *Diatrédi. Dieûbi.*

Débloquer, v. a. *Digelc'hia. Dic'hrounna. Dic'houriza.*

Déboire, s. m. *Divlaz*, f. *Blâz-fall*, f. *Doan*, f. *Dismégañs*, f.

Déboîter, v. a. *Dilec'hi* ou *dislec'hi. Dihompra.*

Débonder, v. a. et n. *Distañka. Dilammout. Striñka.* — P. a. *Dilammet.* (T.)

Débondonner, v. a. *Distouvella.*

Débonnaire, adj. *Kûñ. Habask. Hégarad.*

Débord, s. m. *Skiñadur*, m. *Droug-ar-gór*. m.

Débordement, s. m. *Dic'hlann*, m. *Argaden*, f. *Diroll*, m.

Débotter, v. a. *Diheüza*.

Déboucher, v. a. *Distouva. Distañka. Diskarga.*

Déboucler, v. a. *Dilagadenna. Divinouéra. Dirodella.*

Débouquer, v. n. *Difourka*.

Débourber, v. a. *Difañka. Dilagenna.*

Débourrer, v. a. *Divourella. Diabafi. Dilouadi.*

Débourser, v. a. *Dizialc'ha*.

Debout, adv. *War zaô. Sounn. A-benn.*

Débouter, v. a. *Diarbenna.*—P. a. *Diarbenn*. (T.)

Déboutonner, v. a. *Dinozéla* ou *dinozellenna*.

Débrider, v. a. *Digabestra. Divrida.*

Débris, m. *Darz*, f. *Kôz-tiez*, m. pl. *Peñsé*, m. *Pell-kas*, m.

Débrouiller, v. a. *Diluia. Diroestla.*

Débrutir, v. a. *Divrasa. Digoc'henna.*

Débusquer, v. a. *Diloc'ha. Harlua.*

Débuter, v. n. *C'hoari da geñta. Arnodi. Deraoui.*

Décacheter, v. a. *Distagella. Diziella.*

Décadence, s. f. *Kouéz*, m. *Diskar*, m. *Distrô*, m.

Décagone, adj. et s. m. *Dék-koñek* ou *dék-kornek*.

Décalogue, s. m. *Gourc'hémennou Doué*.

Décapiter, v. a. *Dibenna*.

Décéder, v. n. *Mervel. Tréménout.* — P. a. *Trémen*. (T.)

Déceler, v. a. *Disklêria. Diskulia. Dizôlei*

Décembre, s. m. *Kerdu* ou *kerzu*, m.— Vann. *Kéverdu*, m. (T.)

Décent, adj. *Déré* ou *déréad. Séven. Kempenn.*

Décevoir, v. a. *Touella. Trôidella. Korvigella.*

Déchaîner, v. a. *Dichadenna. Dishuala.*

Déchanter, v, n. *Diskana.*

Décharger, v. a. *Diskarga. Divec'hia. Dizamna. Tenna.*

Décharmer, v. a. *Distrobinella. Divézévelli.*

Décharné, adj. *Treût. Disléber. Skarn.*

Déchausser, v. a. *Diarc'henna. Divoutaoui.*

Déchet, s. m. *Diskar*, m. *Koll*, m.

Déchiqueter, v. a. *Didrouc'ha. Dispenna. Discolpa.*

Déchirer, v. a. *Regi. Diframma. Flemma. Diroga.*

Déchoir, v. n. *Kouéza. Distéraat. Fallaat.* — Vann. *Kouéc'hein.* (T.)

Décision, s. f. *Ratoz*, f. *Dézô*, m. *Barn*, f. *Diskoulm*, m.

Déclarer. v. a. *Diskleria. Añsavout. Diskula.* — P. a. *Añsav*, *añsaô.* (T.)

Décliner, v. n. *Kouéza. Diskara. Dielc'ha. Dizeria.* — Vann. *Dic'houigein.* (T.)

Déclore, v. a. *Diglôza. Diskaéa.*

Déclouer, v. a. *Didacha.*

Décoiffer, v. a. *Digoéfa. Diskabella.*

Décoller, v. a. *Dic'houzouga. Dibenna. Digaota. Dibéga.* — Hors du Léon : *Digota.* (T.)

Décolorer, v. a. *Disliva. Distrouñka.*

Décombres, s. m. pl. *Atred*, m. — *Atréjou.* Sing. peu usité. (T.)

Décomposer, v. a. *Diforc'ha. Dizôber. Freûza. Dispenna.*

Déconcerter, v. a. *Divarc'ha. Saouzani. Abaf.* — Vann. *Bac'hein.* (T.)

Déconforter. v. a. *Digalounékaat. Asrec'hi.*

Déconseiller, v. a. *Dizalia. Diguzulia.*

Décontenancer, v. a. *Divarc'ha. Saouzani. Abafi.* — Vann. *Bammein.* (T.)

DÉCONVENUE, s. f. *Reûz*, m. *Dizeûr*, m. *Drouk-eûr*, f.

DÉCORER, v. a. *Kempenni. Kiñkla. Biñfa.* — P. a. *Kempenn.* (T.)

DÉCOUCHER, v. a. et n. *Digouska.* — P. a. *Di-gousket.* (T.)

DÉCOUDRE, v. a. *Disgria.* — P. a. *Disgriat.* (T.)

DÉCOULER, v. n. *Divéra. Strila. Dinaoui.*

DÉCOUPER, v. a. *Trouc'ha. Didrouc'ha. Dis-penna. Distamma.*

DÉCOUPLER, v. a. *Distrolla. Distaga.*

DÉCOURAGER, v. a. *Digalounékaat.*

DÉCOURS, s. m. *Diskar*, m. *Diskar-loar*, m.

DÉCOUVRIR, v. a. *Dizôlei. Distei. Merzout. Kavout.*

DÉCRASSER, v. a. *Digaoc'ha. Dilouzaat.*

DÉCRÉPIT, adj. *Hir-hoalet. Kôz-meurbéd.*

DÉCRET, s. m. *Urs*, f. *Gourc'hemenn*, m. *Lézen*, f.

DÉCRIER, v. a. *Gwall-vruda.*

DÉCRIRE, v. a. *Danévella. Disrévella.* — P. a. *Danévell. Disrévell.* (T.)

DÉCROCHER, v a. *Diskregi. Distaga.*

DÉCROÎTRE, v. n. *Digreski. Koaza.*

DÉCROTTER, v. a. *Difañka. Digalara. Dibr...* — Vann. *Distrakein.* (T.)

DÉCUIRE, v. a. *Diboaza. Dibarédi.*

DÉCULOTTER, v. a. *Divragéza. Dilavréga.*

DÉDAIN, s. m. *Faé*, m. *Dispriz*, m, *Rogoni...*

DEDANS, adv. et prép. *Ébarz. Trés.* — Vann. *Abarc'h.*

DÉDIRE, v. a. *Dislavarout. Diañsavout.* — P. a. *Dislavaret. Diañsav.* (T.)

DÉDOMMAGER, v. a. *Digolla. Dic'haoui. ...gousta.* — P. a. *Digoll.* (T.)

DÉDUIRE, v. a. *Tenna. Diskara. Izélaat. Di-névella. Menna.* — P. a. *Diskar.* (T.)

Déesse, s. f. *Douéez*, f.

Défaillance, s. f. *Fallaen*, f. *Semplaen*, f. *'atadur*, m.

Défaire, v. a. *Dizóber*. *Diaoza*. *Freúza*. *Dis-enna*.

Défaite, s. f. *Drouzivez*, m. *Digarez*, m. *Twerz*, f.

Défalquer, v. a. *Tenna*. *Diskara*.—P. a. *Dis-ar*. (T.)

Défaut, s. m. *Nam* ou *namm*, m. *Gwall*, m.

Défection, s. f. *Dilez*, m. *Dizalc'hidigez*, f.

Défendre, v. a. *Difenni*. *Diwallout*. *Berza*. —P. a. *Difenn*, *diwall*. (T.)

Déferrer, v. a. *Dishouarna*. Part. et *Divar-'ha*.

Défeuiller, v. a. *Dizelia*.

Défi, s. m. *Daé*, m. *Hég*, m.

Défiance, s. f. *Diskréd*, m. *Disfisiañs*, m. *Arvar*, m.

Défigurer, v. a. *Dislébéri*. *Dic'hénédi*. *Difor-'ha*. —P. a. *Diforc'h*. (T.)

Défiler, v. a. *Disneúdi*. *Dirolla*. *Distróba*.

Définir, v. a. *Merka*. *Lakaat*. *Diskouéza*.—P. a. *Diskouez*. (T.)

Définitivement, ad. *Évit mâd*. *Évit bépréd*. *Goudé-holl*.

Défleurir, v. a. et n. *Divleúñi* ou *Divleúñvi*.

Déflorer, v. a. *Difloura*. *Gwalla*.

Défoncer, v. a. *Diwélédi*. Part. et. *Didala*. *Distrada*.

Déformer, v. a. *Diforc'ha*. *Dizóber*. *Diaoza*. *Dizoaréa*.

Défourner, v. a. *Difornia* ou *dizifornia*.

Défricher, v. a. *Difraosta*. *Distrouéza*. *Dilé-oni*. *Skidi*. — *Digéri ann douar*. (T.)

Défriser, v. a. *Dirodella*. *Difula*. *Didortisa*.

Défroncer, v. a. *Diroufenna*. *Digriza*.

DÉFUNT, adj. *Marô. Tréménet.*

DÉGAGER, v. a. *Diwestla. Distaga. Diéréa. Dieûbi.* — P. a. *Diéren.* (T.)

DÉGAINER, v. a. *Dic'houina. Disfeûri.*

DÉGANTER, v. a. *Divanéga.*

DÉGAT, s. m. *Gwastadûr*, m. *Dismañt*, m. *Koazérez*, m.

DÉGAUCHIR, v. a. *Ecuna. Digamma. Diwara.*

DÉGEL, s. m. *Diskourn*, m. — Vannes, *Diloc'h*, m. (T.)

DÉGÉNÉRER, v. n. *Distéraat. Fallaat. Gwasaat. Kouéza.* — *Moñt da fall.* (T.)

DÉGLUER, v. a. *Dic'hluda.*

DÉGONFLER, v. a. *Dic'houéza.*

DÉGORGER, v. a. *Distañka. Diskarga.*

DÉGOURDIR, v. a. *Divava. Divorza. Diabafi.*

DÉGOÛT, s. m. *Divlaz*, m. *Heûg*, m. *Érez* ou *hérez*, f. — Corn. *Balek*, m. (T.)

DÉGOUTTER, v. n. *Divéra. Strila.*

DÉGRAISSER, v. a. *Dilarda. Dizruza.*

DEGRÉ, s. m. *Dérez* ou *délez*, m. *Diri*, m. *Daez* ou *dez*, m. — Vann. *Pazenn*, m. (T.)

DÉGROSSIR, v. a. *Divrasa. Digoc'henna. Keiza* ou *kéza.*

DÉGUENILLÉ, adj. et s. m. *Pilek. Trulek.*

DÉGUERPIR, v. a. et n. *Tec'hout. Didec'hout. Moñt-kuit.* — P. a. *Tec'het. Didec'het.* (T.)

DÉGUISER, v. a. *Dic'hiza. Kuza. Gôlei. Dinac'ha.* — P. a. *Kuzat. Dinac'h.* (T.)

DÉHANCHÉ, adj. *Léspoz* ou *lézpoz. Dilézet.*

DÉHARNACHER, v. a. *Diharnézi. Disterna* ou *distarna.*

DÉHONTÉ, adj. *Divéz. Divézet.*

DEHORS, adv. et s. m. *Er-méaz* ou *é-méaz. Diavéaz*, m.

DÉJÀ, ad. *A-vréma. Dijâ.* — *Ken abred.* (T.)

Déjoindre, v. a. *Difromma. Distrolla. Di-c'hi.*

Déjucher, v. a. *Digluda.*

Délabrer, v. a. *Diframma. Dispenna. Direiza.*

Délacer, v. a. *Diéréa. Diliamma. Distaga.* — . a. *Diéren.* (T.)

Délai, s. m. *Dalé*, m. *Gourzéz*, m. *Amzer*, f.

Délaisser, v. a. *Dilezel. Dileûskel. Dizer-hel.*

Délasser, v. a. *Diskuiza. Divorza.* — Vann. *iskouic'hein* (T.)

Délateur, s. m. *Diskulier*, m. *Flatrer*, m. *'ibouder*, m.

Délatter, v. a. *Dic'houlaza.*

Délayer, v. a *Glec'hi. Diveski.*

Délectable, adj. *Dudiuz. Hétuz. Lévénuz.*

Déléguer, v. a. *Leûri. Dileûri. Kannada.*

Délester, v. a. *Dilastra.*

Délétère, adj. *Lazuz. Marvel. A lâz.*

Délibérer, v. n. *Eñvori* ou *évori. En em gu-lia.*

Délicat, adj. *C'houék. Figuz. Gwân. Gwi-dik. Kizidik.* — *Flour.* (T.)

Délices, s. f. pl. *Dudi*, m. *Hét*, m.

Délié, adj. *Moan. Munud. Gwén. Distak.* — ann. *Moen.* (T.)

Délier, v. a. *Diéréa. Diliamma. Distaga.* — a. *Diéren.* (T.)

Délinquer, v. n. *Fazia. Fallout.*

Délire, s. m. *Alter*, f. *Alfô*, m. *Ambren*, f.

Délit, s. m. *Drouk*, m. *Gwall*, m.

Délivrer, v. a. *Dieûbi. Diéréa. Dasprêna. Dis-ala.* — P. a. *Diéren.* (T.)

Déloger, v. a. et n. *Dilec'hi. Diannéza. Moñt-it. Kas-kuit.*

Déloyal, adj. *Disgwirion. Disléal. Fallagr.*

Déluge, s. m. *Livaden*, f. *Dic'hlann*, m.

Délostrer, v. a. *Dilufra.*
Démaillotter, v. a. *Divaluri.*
Demain, adv. *War-c'hoaz* ou *warc'hoaz.*
Démancher, v. a. *Didroada. Difusta.*
Demander, v. a et n. *Goulenni* ou *goulenn.*
Démangeaison, s. f. *Debron*, m. *Tanijen*, f. *C'hoañt-brâz*, m.
Démarcation, s. f. *Lézen*, f. *Béven*, f.
Démarche, s. f. *Kamm* ou *Kammed*, m. *Ker* ou *kerzed*, m.
Démarier, v. a. *Dizimizi*, m.
Démâter, v. a. *Diwerna* ou *diwernia.*
Démêlé, s. m. *Striv*, m. *Dael*, f. *Riot*, m.
Démêler, v. a. *Diveski. Dibaba. Diluia. Di-roestla.* — P. a. *Dibab.* (T.)
Démembrer, v. a. *Dizizilia. Diframma. Ranna*
Déménager, v. a. et n. *Dianneza. Dilec'hi.*
Démence, s. f. *Folleñtez*, f. *Diboell*, m.
Démenti, s. m. *Dilavar*, m.
Démériter, v. n. *Didalvézout. Didalvoudékaat*
Démesuré, adj. *Diveñt. Direiz. Dic'hiz.*
Démettre, v. a. *Dilec'hi* ou *dislec'hi. Lémel garg.*
Démeubler, v. a. *Dianneza.*
Demeure, s. f. *Ti*, m. *Kéar* ou *ker*, f.
Demeurer, v. n. *Choum. Ménel.* — Vannes *Choukein.* (T.)
Demi, adj. *Hañter* ou *añter. Bríz. Peûz.*
Démission, s. f. *Dizalc'h*, m. *Dilez*, m. *I-laosk*, m.
Demoiselle, s. f. *Démézel* ou *dimézel*, f. *N-doz-aer*, f.
Démolir, v. a. *Diskara. Freûza. Dispenn.* — P. a. *Diskar.* (T.)
Démon, s. m. *Aéraouañt*, m. *Diaoul*, m.
Démonter, v. a. *Divarc'ha. Diskara. Difra-ma.* — P. a. *Diskar.* (T.)

Démordre

DÉMORDRE, v. a. *Diskregi. Dilezel. Kuitaat.*
DÉMURER v. a. *Divôgeria.*
DÉNATTER, v. a. *Diblañsona. Disgwéa.*
DÉNATURÉ, adj. *Digar. Kriz.*
DÉNATURER, v. a. *Gwasta. Distéraat.*
DÉNÉGATION, s. f. *Nac'h*, m. *Dinac'h*, m. *Diañzô*, m.
DÉNIAISER, v. a. *Diabafi. Dilouadi.*
DÉNICHER, v. a. *Dineiza.*
DÉNIER, s. m. *Diner*, m.
DÉNOMBRER, v. a. *Nivéra* ou *nivéri.*
DÉNONCER, v. a. *Diskleria. Diskula. Disrévella. latra.* — P. a. *Disrévell.* (T.)
DÉNOUER, v. a. *Diskoulma. Displéga.*
DENSE, adj. *Téô. Fétiz. Tuzum.*
DENT, s. m. *Dañt*, m. *Bíz*, m. *Béz*, m.
DÉNUER, v. a. *Diouéri. Diwiska.* — P. a. *Diouet.* (T.)
DÉPAQUETER, v. a. *Dispaka. Displéga.*
DÉPAREILLER, v. a. *Dispara.*
DÉPART, s. m. *Dilec'hérez*, m.
DÉPARTIR, v. a. *Ranna. Lôda. Lôdenna.*
DÉPASSER, v. a. *Distréménout. Moñd é-biou. iaraogi.* — P. a. *Distrémenn.* (T.)
DÉPAYSER, v. a. *Divrôi. Dihiñcha. Distrei.*
DÉPÉCER, v. a. *Dispenna. Diskolpa. Distamma.*
DÉPÊCHER, v. a. *Difréa. Hasta.*
DÉPEINDRE, v. a. *Danévella. Disrévella.*—P. a. *anévell. Disrévell.* (T.)
DÉPENAILLÉ, adj. *Pilek. Trulek.*
DÉPENDANCE s. f. *Gwazoniez*, f. *Plég*, m. *Kaestr*, m.
DÉPENDRE, v. a. *Diskrouga. Diskourra.*
DÉPENS, s. m. pl. *Míz*, m. *Koust*, m.
DÉPENSER, v. a. et n. *Dispiña. Bévézi. Tréza.* — P. a. *Dispiñ.* (T.

Dépérir, v. n. *Koaza. Distéraat. Fallaat.* *l*
zeria. — *Mont gwâz-oc'h-wâz.* (T.)

Dépêtrer, v. a. *Dishuala. Diheûda. Dicûl*

Dépeupler, v. a. *Divrôada. Diduda. Dibobl*

Dépiécer, v. a. *Diframma. Dispenna. Dista*
a.

Dépiler, v. a. *Divlevi. Pelia.*

Dépit, s. m. *Rec'h*, f. *Chíf*, m. *Drouk*, m

Déplacer, v. a. *Dilec'hi. Diloc'ha.*

Déplaire, v. n. *Dihéta. Dic'hrataat. Displijo*

Déplaisir, s. m. *Dihét*, m. *Doan*, f. *G*
c'har, f.

Déplanter, v. a. *Dizouara. Diskogella.*

Déplier, v. a. *Displéga.*

Déplisser, v. a. *Diroufenna. Digriza.*

Déplorable, adj. *Truézuz. Gwélvanuz. Ki*
vanuz. — Hors du Léon : *Truéuz.* (T.)

Déployer, v. a. *Distenna. Steña. Displéga*

Déplumer, v. a. *Diblua. Distuc'hia.*

Dépolir, v. a. *Digompéza. Diliñtra.*

Déporter, v. a. *Banna. Kas-kuit.*

Déposséder, v. a. *Diberc'henna* ou *diberc'he*

Dépôt, s. m. *Miridigez*, f. *Pensac'h*, m. *(*
lézen, f. *Lec'hid*, m.

Dépouiller, v. a. *Digroc'henna. Diwiska.*
bourc'ha. — *Diframma.* (T.)

Dépraver, v. a. *Gwalla. Touella. Direiz*

Déprécier, v. a. *Disprijout. Diztéraat.*
lébéri.

Déprédation, s. f. *Preiz*, m. *Gwastadur*

Déprier, v. a. *Dibédi* ou *dibidi*

Déprimer, v. a. *Izélaat. Distéraat.*

Depuis, adv. ou prép. *Aba* ou *abaoé. Adc*
adalek.

Dépurer, v. a. *Karza. Skarza. Nétaat.*

Députer, v. a. *Kannada. Leûri. Dileûri.*

Déraciner, v. a. *Dic'hrisienna.*

Déraison, s. f. *Direiz*, m. *Direisted*, m. *Dioell*, m.

Déranger, v. a. *Direiza. Direñka. Digempenni.* — P. a. *Digempenn.* (T.)

Derechef, adv. *A nevez. Adarré. C'hoaz.*

Dérégler, v. a. *Direiza. Dirolla.*

Dérider, v. a. *Diroufenna. Digriza.*

Dérision, s. f. *Goap*, m. *Goapérez*, m. *Golisérez.*

Dernier, adj. *Divéza.*

Dérober, v. a. *Laéra* ou *laérez. Tuð. Skraba. Distrei.*

Déroidir, v. a. *Disteña. Distarda. Dizounna.*

Dérougir, v. a. *Dirusia.*

Dérouiller, v. a. *Divergla.*

Dérouler, v. a. *Dirolla. Dirodella. Displéga.*

Déroute, s. f. *Drouzivez*, m. *Droug-aired*, m. *Distrôb*, m.

Derrière, adv. et prép. *Adré. War-lerc'h. Goudé.* — Vann. *Ardrañ.* (T.)

Derrière, s. m. *Diadré*, m. *Penn-adré*, m. *Réor*, m. — Vann. *Diardrañ*, m. (T.)

Des, particule. *Eúz a.*

Dès, prép. *Abaoé. Keñta. Kerkeñt.*

Désabuser, v. a. *Difazia. Didouella. Dizaouzani.*

Désaccoupler, v. a. *Distrolla. Distaga.*

Désaccoutumer, v. a. *Divoaza. Digustumi.*

Désagréable, adj. *Dihétuz. Dizudiuz. Displijuz.*

Désaltérer, v. a. *Dizec'hédi.*

Désapprendre, v. a. et n. *Diziski. Dic'houzout.*

Désapprouver, v. a. *Kaout-fall. Dic'hrataat. Divcúli.*

Désarçonner, v. a. *Divarc'ha.*

Désassembler, v. a. *Distrolla. Diframma.*

Désastre, s. m. *Reúz-brâz*, m. *Droug-eúr*, f.

DÉSAVANTAGE, s. m. *Didalvoudégez*, f. *Koll*, m. *Gaou*, m.

DÉSAVEU, s. m. *Nac'h*, m. *Dinac'h*, m. *Diañsaô*, m.

DÉSAVEUGLER, v. a. *Dizalla. Dizaouzani.*

DESCELLER, v. a. *Diziella. Distaga.*

DESCENDRE, v. n. *Diskenni.* — P. a. *Diskenn.* (T.)

DESCRIPTION, s. f. *Danével* ou *dianével*, f.

DÉSEMBALLER, v. a. *Dispaka.*

DÉSEMPLIR, v. a. *Goullôi. Skarza.*

DÉSENCHAÎNER, v. a. *Dichadenna.*

DÉSENCHANTER, v. a. *Distrobinella. Didouella.*

DÉSENFLER, v. a. et n. *Digoenvi.*

DÉSENIVRER, v. a. et n. *Divezvi.*

DÉSENNUYER, v. a. *Dizoania. Dizénoui.*

DÉSENRHUMER, v. a. *Diziferni.*

DÉSENROUER, v. a. *Diraoula* ou *diraouia.*

DÉSENSEVELIR, v. a. *Diliéna.*

DÉSENSORCELER, v. a. *Distrobinella.*

DÉSENTÊTER, v. a. *Dibennadi. Diempenni.*

DÉSENTORTILLER, v. a. *Disgwéa. Dinéza.*

DÉSERT, adj. et s. m. *Distrô.* — *Gwélec'h*, m (T.)

DÉSERTER, v. a. et n. *Dilezel. Kuitaat. Tec'hout kuit.* — P. a. *Tec'het-kuit.* (T.)

DÉSESPOIR, s. m. *Dic'héd*, m. *Diskréd*, m. *Mañtr*, m. — Vann. *Dispi*, m. (T.)

DÉSHABILLER, v. a. *Diwiska. Dibourc'ha.*

DÉSHABITUER, v. a. *Divoaza. Digustumi.*

DÉSHÉRITER, v. a. *Dizhéra* ou *dizhéria.*

DÉSHONNÊTE, adj. *Louz. Hudur. Amzéré. Ougéduz.*

DÉSHONNEUR, s. m. *Mézégez*, f. *Dismégañs*, f. *Gwall*, m.

DÉSIGNER, v. a. *Arouézi. Merka. Diskouéza.* — P. a. *Diskouez.* (T.)

Désinfecter, v. a. *Difleria.*

Désintéresser, v. a. *Digolla. Dic'haoui.* — P. a. *Digoll.* (T.)

Désir, s. m. *C'hoañt*, m. *Ioul*, f. *Ménoz*, m. — Hors du Léon : *Ménô*, m. (T.)

Désobéir, v. n. *Dizeñti.*

Désobliger, v. a. *Dihéta. Dic'hrataat. Displijout.*

Désobstruer, v. a. *Distañka.*

Désoccupé, adj. *Dibréder. Diôber. Dilabour.*

Désoler, v. a. *Gwasta. Glac'hari. Mañtra.*

Désordre, s. m. *Direiz*, m. *Diboell*, m. *Dismañt*, m.

Désorganiser, v. a. *Direiza. Freûza. Diforc'ha.*

Désormais, adv. *A-vréma. Hivizikcn. Pelloc'h.*

Désosser, v. a. *Diaskourna.*

Dessaler, v. a. *Dizalla* ou *dizhala.*

Dessaouler, v. a. *Divezvi.*

Dessécher, v. a. *Sec'ha. Dizec'ha. Krina. Heska.*

Dessein, s. m. *Rât* ou *ratoz*, f. *Dézô*, m. *Ménoz*. m

Desseller, v. a. *Dizibra.*

Desserrer, v. a. *Distarda. Distriza. Laoska.*

Dessouder, v. a. *Diframma.*

Dessous, adv. *Dindân* ou *didân. A-îz.*

Dessus, adv. *War-c'horré. A-ûz.*

Destin, s. m. *Toñkadur*, m. *Darvoud*, m.

Destiner, v. a. *Leûri. Dileûri.*

Destituer, v. a. *Lémel a garg.*

Désunir, v. a. *Distrolla. Diframma. Dizunvani.*

Détacher, v. a. *Distaga. Diéréa. Diskolpa.* — P. a. *Diéren.* (T.)

Détaler, v. a. et n. *Distalia. Moñt-kuit.*

Déteindre, v. a. *Disliva.*

DÉTELER, v. a. *Disterna* ou *distarna*.

DÉTENDRE, v. a. *Distarda*. *Disteña*. *Diañtella*. — P. a. *Diañtell*. (T.)

DÉTÉRIORER, v. a. *Fallaat*. *Dislébéri*.

DÉTERMINER, v. a. *Menna*. *Merka*.

DÉTERRER, v. a. *Dizouara*. *Divésia*.

DÉTESTABLE, adj. *Argarzuz*. *Eûzuz*.

DÉTIRER, v. a. *Distenna*. *Difréta*.

DÉTORDRE, v. a. *Disgwéa*. *Dinéza*. *Distrei*.

DÉTOUR, s. m. *Distrô*, m. *Ouf*, m. *Digarez*, m.

DÉTRACTER, v. n. *Drouk-komza*. *Labenna*. — P. a. *Drouk-komz*. (T.)

DÉTRESSE, s. f. *Añken*, f. *Eñkrez*, m. *Gloazou*, f. pl.

DÉTRIMENT, s. m. *Koll*, m. *Gaou*, m.

DÉTROIT, s. m. *Strîz*, m. *Strîz-vôr*, m. *Râz*, m

DÉTROMPER, v. a. *Didouella*. *Dizaouzani*.

DÉTROUSSER, v. a. *Didroñsa*.

DÉTRUIRE, v. a. *Freûza*. *Dispenna*. *Gwasta*. — Vann. *Dizalbadein*. (T.)

DETTE, s. f. *Dlé*, m.

DEUIL, s. m. *Kañv* ou *kaoñ*, m.

DEUX, nom de nombre cardinal. *Daou* (masc.) *Diou* (fém.). — Vann. *Deu*. *Div*. (T.)

DEVANT, prép. et adv. *Dirâk*. *A-raok*. *Diaraok*.

DÉVASTER, v. a. *Gwasta*. *Dismañta*.

DÉVELOPPER, v. a. *Dizôlei*. *Displéga*. *Diskleria*.

DEVENIR, v. n. *Doñt*. *Moñt*.

DEVERS, prép. *Étrézé*. *War-zû*.

DÉVERSER, v. a. et n. *Kostéza*. *Pléga*. *Skula*.

DÉVÊTIR, v. a. *Diwiska*.

DEVIDER, v. a. *Dibuna*.

DEVIDOIR, s. m. *Estel*, m. *Kaladur*, m. *Traouil*, m. — Corn. *Kos*, m. (T.)

DEVIN, s. m. *Diouganer*, m.

DÉVOIEMENT, s. m. *Réd*, m. *Réd-kôf*, m.

DÉVOILER, v. a. *Diwélia. Dizôlei. Diskleria.*
DEVOIR, v. a. et n. *Dléout. Reñkout. Fellout.*
DÉVORER, v. a. *Dispenna. Taga. Bévézi. Brifa.*
DÉVOUER, v. a. *Gwéstla. Mennout. Rei.*
DÉVOYER, v. a. *Dihiñcha. Divarc'ha.*
DEXTÉRITÉ, s. f. *Gwénded*, m. *Mibiliez*, f. *Gwidré*, m.
DIABLE, s. m. *Aéraouañt*, f. *Diaoul*, m.
DIACRE, s. m. *Diagon*, m. *Aviéler*, m.
DIADÈME, s. m. *Taled* ou *talgenn*, m. *Kuruen*, f.
DIALECTE, s. m. *Iéz*, m.
DIAPHANE, adj. *Boull. Splann. Skléar.* — Hors du Léon : *Skler.* (T.)
DIARRHÉE, s. f. *Réd*, m. *Réd-kóf*, m.
DIEU, s. m. *Doué*, m.
DIFFAMER, v. a. *Gwall-vruda. Mézékaat.*
DIFFÉRENCE, s. f. *Kemm*, m. *Dishévélédigez*, f.
DIFFÉREND, s. m. *Strif*, m. *Dael*, f. *Riot*, m.
DIFFÉRER, v. a. et n. *Daléa. Pellaat. Dishévéout.* — P. a. *Dalé.* (T.)
DIFFICILE, adj. *Diez. Tenn. Poaniuz. Figuz. Rec'huz.*
DIFFORME, adj. *Diforc'h. Divalô. Iskiz. Dislébcr.*
DIFFUS, adj. *Ré hir. Stambouc'hel.*
DIGNE, adj. *Talvoudek. Dellézek.*
DILACÉRER, v. a. *Diframma. Diskolpa.*
DILAPIDER, v. a. *Bévézi. Tréza.*
DILATER, v. a. *Astenna. Lédanaat. Laoska.* — P. p. *Astenn.* (T.) *Leúskel.* (T.)
DILIGENCE, s. f. *Hast*, m. *Difraé*, m. *Préder*, m.
DIMANCHE, s. m. *Sûl*, m. *Disûl*, m.
DÎME, s. f. *Déok*, m. *Énébarz*, m.
DIMENSION, s. f. *Meñt*, f.
DIMINUER, v. a. et n. *Bianaat. Digreski. Disléraat.*
DÎNER, v. n. *Leina.* — Corn. *Mernia.* (T.)

Diocèse, s. m. *Eskopti*, m.

Dire, v. a. *Lavaroul.* — P. a. *Lavaret.* (T.) Vann. *Larein.* Corn. et Trég. *Laret.* (T.)

Direct, adj. *Ecun* ou *eun.*

Diriger, v. a. *Réna. Bléña. Reiza. Hiñcha.* — P. a. *Rén.* (T.)

Discerner, v. a. *Kemma. Dibaba. Dilenna.* — P. a. *Dibab. Dilenn.* (T.)

Discipline, s. f. *Kélennadurez*, f. *Reiz*, f. *Skourjez*, f.

Discontinuer, v. a. *Éana. Paouéza. Spanaat* — P. a. *Paouez.* (T.)

Disconvenir, v. n. *Amzéréout.*

Discorde, s. f. *Reûstl*, m. *Drouk-rañs*, m. *Dizunvaniez*, f.

Discourir, v. n. *Komza. Prézégi. Fistila.* — P. a. *Komz. Prézek.* (T.)

Discours, s. m. *Komz*, f. *Lavar*, m. *Prézek*, m — Vann. *Prédek*, m.

Discret, adj. *Fûr. Poellek. Évézek. Tavédek.*

Disculper, v. a. *Didammallout. Gwenna.* — — P. a. *Didamall.* (T.)

Discussion, s. f. *Eñklask-pîz*, m. *Strîf*, m *Dael*, f.

Disert, adj. *Élavar* ou *kélavar. Fréaz.*

Disette, s. f. *Diénez*, f. *Ézomm*, m. *Tavañtégez*, f.

Disgrace. s. f. *Drouk-lamm*, m. *Reûz*, m.

Disjoindre, v. a. *Ranna. Diframma. Diskolpa*

Disloquer, v. a. *Dilec'hi* ou *dislec'hi. Dihompra.*

Disparaître, v. n. *Steûzia. Diaéza.* — *Moñi kuit.* (T.)

Disparité, s. f. *Disparadur*, m. *Kemm*, m.

Dispendieux, adj. *Mizuz. Dispiñuz. Koustuz.*

Dispenser, v. a. *Divec'hia. Diskarga. Dannaoui.*

Disperser, v. a. *Skiña. Dismañla.*

Dispos, adj. *Skañ. Iac'h. Dréô. Drañt.* — Trég. *Blîm.* (T.)

Disposer, v. a. et n. *Reiza. Aoza. Terki.*

Disproportion, s. f. *Kemm*, m. *Dishévélédigez*, f.

Dispute, s. f. *Strif*, m. *Dael*, f. *Riot*, m. *Króz*, m.

Dissemblable, adj. *Dishével. Dispar. Dishévécp.*

Disséminer, v. a. *Skiña. Bruda. Diskulia.*

Dissension, s. f. *Reûstl*, m. *Droulañs*, m. *Disunvaniez*, f.

Disséquer, v. a. *Dispenna.*—P. a. *Dispenn. Diçéri eur c'horf marô.* (T.)

Dissimulation, s. f. *Gôlôadur*, m. *Kuzérez*, m. *Trôidellérez*, m.

Dissiper, v. a. *Skiña. Tréza. Bévézi. Habastaol.* — *Kas da nétra.* (T.)

Dissolution, s. f. *Diforc'hidigez*, f. *Freûz*, m. *Diroll*, m.

Dissuader, v. a. *Dizalia. Diguzulia.*

Distance, s. f. *Keit*, f. *Hed*, m. *Kemm*, m.

Distiller, v. a. et n. *Srila. Skula. Divéra.*

Distinct, adj. *Dishével. Skléar. Skiltr. Fréaz.* —Hors du Léon : *Skler. Fréz* (T.)

Distinguer, v. a. *Kemma. Dibaba. Ranna. Merzout.* — P. a. *Dibab.* (T.)

Distraire, v a. *Diframma. Distrei.*

Distribuer, v. a. *Darnaoui. Kévrenna. Lôlenna.*

Dit, s. m. *Lavar*, m. *Gér*, m.

Diurétique, adj. *Staotuz. Troazuz.*

Diurne, adj. *Deisiad.*

Divaguer, v. n. *Kañtréa. Breskenna.* — P. a. *Kañtréal.* (T.)

Divers, adj. *Dishével. Kalz. Meûr.*

Divertir, v. a. *Distrei. Dizoania. Diduella.*
Divin, adj. *A Zoué. C'houék.*
Divinité, s. f. *Douélez*, f. *Doué*, m.
Diviser, v. a. *Darnaoui. Lóda. Lôdenna. Ranna.* —Vann. *Darnein.* (T.)
Divulguer, v. a. *Diskulia. Diskleria. Bruda* — Vann. *Diambrézein.* (T.)
Dix, adj. numéral. *Dék.* ou *dég.*
Dix-huit, adj. numéral. *Triouec'h. Triouac'h*
Dix-neuf, adj. numéral. *Naoñték.*
Dix-sept, adj. numéral. *Seiték.*
Docile, adj. *Deskidik. Doujuz. Doñ. Reiz.*
Docte, adj. *Gwiziek. Lennek.*
Dodu, adj. *Kûl. Kiguz.*
Doigt, s. m. *Bíz* ou *béz*, m.
Doléance, s. f. *Klem*, m. *Klemvan*, m. *Keinvan*, m.
Doloire, s. f. *Taladur*, m. *Nézé*, m.
Domaine, s. m. *Dalc'h*, m.
Domestique, s. m. *Mével*, m. *Paotr*, m. *Gwâz*, m.
Domestique, s. f. *Matez*, f. *Plac'h*, f. — Vann. *Matec'h*, f. (T.)
Domicile, s. m. *Tí*, m. *Kéar* ou *ker*, f.
Dominer, v. n. *Gourc'hémenni. Aotrounia. Tréc'hi.* — P. a. *Gourc'hémen.* (T.)
Dommage, s. m. *Gaou*, m. *Gwall*, m. *Koll*, m.
Dompter, v. a. *Trec'hi. Kabestra. Doña.*
Don, s. m. *Ró*, m. *Galloud*, m. *Talvoudegez*, f.
Donc, particule. *Éta* ou *'ta. Râk-sé. Ével-sé. Dré-zé.* — Vann. *Eñta.* (T.)
Donner, v. a. *Rei. Aotréa.* —P. a. *Aotren.* (T.) Vann. *Tapein.* (T.)
Dont, particule. *A béhini.*
Dorade, s. f. *Skolaé*, m. *Spék*, m. *Lagadek*, m.

Dorénavant, adv. *Hiviziken. A-vréma. Pel-loc'h.*

Dorer, v. a. *Alaouri.*

Dormir, v. n. *Kouska. Huna* ou *hunia.* — P. a. *Kousket.* (T.)

Dos, s. m. *Kein*, m.

Dot, s. f. *Argourou* ou *argoulou*, m. pl. — Vann. *Argouvreu*, m. (T.)

Douaire, s. m. *Énébarz*, m. *Énep-gwerc'h*, m. — Vann. *Trédérann*, f. (T.)

Double, adj. et s. m. *Daou-c'hément. Daou-bléget. Ganaz.*

Douillet, adj. *Bouk. Gwák. Kizidik. Gwiri-dik.*

Douleur, s. f. *Drouk*, m. *Poan*, f. *Glac'har*, f. *Keûz*, f.

Doute, s. m. *Már*, m. *Arvar*, f. *Dis-kréd*, m.

Douve, s. f. *Tufen* ou *dufen*, f.

Doux, adj. *C'houék. Goular. Kûñ.*— *Habask. Flour.* (T.)

Douze, adj. numéral. *Daouzék.*

Doyen, s. m. *Déan*, m. *Ar c'hósa.*

Dragon, s. m. *Aéraouañt*, f.

Drague, s. f. *Ravanel*, f.

Drap, s. m. *Mézer*, m. *Liser*, f.

Drapeau, s. m. *Pilen*, f. *Trézen* ou *drézen*, f. *Bannier*, m.

Dresser, v. a. *Sével. Sounna. Aoza. Kélenna.* — P. a. *Kélenn.* (T.)

Drogue, s. f. *Louzou*, m.

Droit, adj. et s. m. *Eeun. Sounn. Déou. Gwir*, m. *Galloud*, m.

Drole, adj. et s. m. *Farsuz. Bourduz. Halé-bod*, m.

Dromadaire, s. m. *Drémédal*, m.

Dru, adj. *Stañk. Pûl. Paot.*

DUNE, s. f. *Tévenn*, m. *Tün*, f. — *Tucher tréaz*, f. (T.)

DUPER, v. a. *Touella. Houpériga.*

DUR, adj. *Kalet. Garô. Kriz. Didruez.*

DURANT, prép. *É-pâd. A-zoug. É-keit.*

DURÉE, s. f. *Pâd*, m. *Padélez*, f. *Doug*, m.

DURILLON, s. m. *Kaléden*. f. *Porc'hellez*, f.

DUVET, s. m. *Asbleô*, m. *Marbleô*, m. *Eufl*, m. *Stouben*, f.

E

E, s. m. Lettre voyelle, la cinquième de l'alphabet.

EAU, s. f. *Dour*, m.

ÉBARBER, v. a. *Divarva.*

ÉBAT, s. m. *Diduel*, f. *Trémen-amzer*, m.

ÉBAUCHE, s. f. *Divraz*, m. *Digoc'hen*, f.

ÉBLOUIR, v. a. *Mézévelli. Sébéza.*

ÉBOULER (s'), v. réfl. *Dizac'ha. Kouéza.*

ÉBOURGEONNER, v. a. *Divoñsa.* Part. *et.*

ÉBRANCHER, v. a. *Diskourra. Divarra. Diskoultra.*

ÉBRANLER, v. a. *Heja. Horella. Kéflusk. Souéza.*

ÉBRÉCHER, v. a. *Boulc'ha. Darna. Dañta.*

ÉBRENER, v. a. *Digaoc'ha.*

ÉBRUITER, v. a. *Bruda. Diskulia.*

ÉBULLITION, s. f. *Berv*, m. *Bourbounen*, *Burbuen*, f.

ÉCAILLE, s. f. *Skañt*, m. *Krogen*, f.

ÉCALE, s. f. *Klosen*, f. *Plusken*, f.

ÉCARLATE, s. f. *Tané*, m. *Skarlek*, m.

ÉCARTER, v. a. *Pellaat. Kas-kuit. Distro. Skiña. Tui.*

ÉCCLÉSIASTIQUE, s. m. *Dén-a-iliz*, m. *Kloarek*, m.

ÉCERVELÉ, adj. et s. m. *Diempenn. Dibenn. Skañbenn.*

ÉCHALAS, s. m. *Peûl-gwini*, m. *Harp-gwini*, m. *Paluc'hen*, f.

ÉCHANGE, s. m. *Kemm*, m. *Eskemm*, m. *Trok*, m.

ÉCHANTILLON, s. m. *Dralen*, f.

ÉCHAPPATOIRE, s. f. *Digarez*, m. *Dizôber*, m. — Hors du Léon : *Digaré.* (T.)

ÉCHAPPÉE, s. f. *Trô-fall*, f. *Bourd-fall*, m. *Gwall-drô*, f.

ÉCHAPPER, v. n. *Tec'hout. Moñt-kuit. Dibouf̃a.* — P. a. *Tec'het.* (T.)

ÉCHARNER, v. a. *Digiga.*

ÉCHARPE, s. f. *Skerb* ou *eskerb*, f. *Matez-vréac'h*, f.

ÉCHARPER, v. a. *Distrôba. Diframma. Diskolpa.*

ÉCHASSE, s. f. *Brancl-treid*, f.

ÉCHAUBOULURE, s. f. *Bourbounen*, f. *Burbuen*, f.

ÉCHAUDÉ, s. m. *Skaoten*, f. — Hors du Léon: *Skôten*, f. (T.)

ÉCHAUDER, v. a. *Skaota.* — Hors du Léon : *Skôta.* (T.)

ÉCHAUFFER, v. a. *Tomma. Tana. Leski.*

ÉCHAUGUETTE, s. f. *Gwéré*, f. *Gédik*, m.

ÉCHÉANCE, s. f. *Digouéz* ou *digwéz*, m.

ÉCHEC, s. m. *Koll*, m. *Gaou*, m. *Gwall*, m. *Reûz*, m.

ÉCHELLE, s. f. *Skeûl*. f.

ÉCHEVEAU, s. m. *Kuden*, f. *Kosad*, m.

ÉCHEVELÉ, adj. *Diskabel.*

ÉCHINE, s. f. *Mell-chaden*, f. *Liven ar c'hein*, f.

ÉCHO, s. m. *Hégleó*, m. *Énep-kleó*, m.

ÉCHOIR, v. n. *C'hoarvézout. Darvézout. Digwé-*

zout. —Hors du Léon : *C'hoarvout. Darvout.* (T.

ÉCHOPPE, s. f. *Stalik*, f. *Skiber*, m. *Lâp* o *lâb*, m.

ÉCLAIR, s. m. *Luc'héden*. f. *Daréden*, f. *Ta ran*, m. — Vann. *Brogonen*, f. (T.)

ÉCLAIRER, v. a. *Skleria. Luc'ha. Goulaoui Évésaat. Lugerni.*

ÉCLAT, s. m. *Tarz*, m. *Skolpen*, f. *Skirien*, f *Lufr*, m.

ÉCLIPSE, s. f. *Gwaskaden*, f. *Fallaen*, f. *Mou gaden*, f.

ÉCLISSE, s. f. *Sklisen*, f. *Skirien*, f.

ÉCLORE, v. n. *Diglora. Nodi. Tarza.*

ÉCOLE, s. f. *Skôl*, f. — *Ti-skôl*, m. (T.)

ÉCONOME, adj. et s. m. *Piz. Mérer*, m. *Tick*, m — Corn. *Arboeller*, m. (T.)

ÉCORCE, s. f. *Rusk*, m. *Koc'hen*, f. *Kîñ*, m *Tonnen*, f.

ÉCORCHER, v. a. *Kiña. Digroc'henna.*

ÉCORNIFLER, v. a. et n. *Lipa. Musa. Toupinc* — P. a. *Lipat.* (T.)

ÉCOSSER, v. a. *Digosa. Diglosa. Dibluska.*

ÉCOULER (s'), v. réfl. *Béra. Divéra. Dinaou Tréménout.* —P. a. *Trémen.* (T.)

ÉCOURTÉ, adj. et part. *Besk Touñ. Krenn.*

ÉCOUTER, v. a. *Sélaoui.* — P. a. *Sélaou.* (T.

ÉCOUVILLON, s. m. *Balaen-fourn*, f. *Patoul*, r

ÉCRASER, v. a. *Frika. Brévi. Flastra. Mac'h.*

ÉCRÊMER, v. a. *Dienna.* — Trég. *Digoave niñ.* (T.)

ÉCREVISSE, s. f. *Géoren*, f. *Kefniden-zour*, f

ÉCRIRE, v. a. et n. *Skriva.*

ÉCROUELLES, s. f. pl. *Droug-ar-roué*, m.

ÉCROULER (s'), v. réfl. *Dizac'ha.*

ÉCROUTER, v. a. *Diskréûenna. Pala.* — P. *Palat.* (T.)

ÉCU, s. m. *Tiren skâñ*, f. *Skoéd* ou *skoued*,

Écueil, s. m. *Karrek*, f.
Écuelle, s. f. *Skudel*, f.
Écume, s. f. *Éon*, m. *Éonen*, f. *Spoum*, m. *'kañt*, m.
Écurer, v. a. *Pura. Skuria. Skarza.*
Écureuil, s. m. *Gwiber*, m. *Koañtik*, m.
Écurie, s. f. *Marchosi*, m.
Écuyer, s. m. *Skoéder*, m. *Marc'hek*, m. *'loc'h*, m.
Édenté, adj. et part. *Dizañt. Ratouz.*
Édifiant, adj. *Skouériuz. Kélennuz. Keñteiuz.*
Édifice, s. m. *Ti brâz*, m.
Éducation, s. f. *Magadur*, m. *Diorroadur*, m. *)eskadurez*, f. — Vann. *Désaô.* (T.)
Édulcorer, v. a. *C'houékaat.*
Effacer, v. a. *Diverka. Lémel.*
Effarer, v. a. *Trubula. Strafila.*
Effaroucher, v. a. *Spouñta. Eúzi.*
Effectuer, v. a. *Sévéni.*
Effervescence, s. f. *Gôadur*, m. *Gôidigez*, f. *Broutac'h*, m.
Effet, s. m. *Ober*, m. *Galloud*, m. *Doaré*, f.
Effeuiller, v. a. *Dizelia.*
Efficace, adj. *Nerzuz. Gallouduz.*
Effigie, s. f. *Skeúd*, m. *Skouér*, f. *Hévélédigez*, f.
Effiler, v. a. *Disneúdenna.*
Effleurer, v. a. *Spina. Klisia.*
Effondrer, v. a. *Difreûza. Divouzella. Palara.* — P. a. *Palarat.* (T.)
Effort, s. m. *Ners*, m. *Strív*, m. *Poell*, m. *Bré*, m. — *Taol-ners*, m.
Effréné, adj. *Direiz. Diroll. Diboell. Divarc'hel.*
Effroi, s. m. *Spouñt*, m. *Aoun*, m. *Eúz*, m. *Estlamm*, m. — Vann. *Spoñt. Skoñt*, m. (T.)

EFFRONTÉ, adj. *Divez* ou *divézet. Her.*

EFFUSION, s. f. *Skûl*, m. *Réd*, m. *Diskarg*, m

ÉGAL, adj. *Hévélep. Kévatal. Pår. Unvan Kompez.* — *Kément ha kément.* (T.)

ÉGARD, s. m. *Kéfer*, m. *Azaouez*, f. *Stâd*, 1 *Neûz-vâd*, f.

ÉGARÉ, adj. *Balc'h. Her. Ferô* ou *ferv.* — *Diankel.* (T.)

ÉGARER, v. a. *Dihiñcha. Divarc'ha. Diañke* — Vann. *Diheñtein.* (T.)

ÉGAYER, v. a. *Laouénaat.*

ÉGLANTINE, s. f. *Rôz-ki*, m. *Rôz-gwéz*, m.

ÉGLISE, s. f. *Iliz*, f.

ÉGOUT, s. m. *Dâr*, m. *Distroul*, m. *Lager kéar*, f.

ÉGOUTTOIR, s. m. *Kanastel*. f. *Listrier*, m.

ÉGRATIGNER, v. a. *Krafa. Krabisa. Skraba.*

ÉGRENER, v. a. *Dic'hreûnia. Dirañva.*—Vann *Dihadein.* (T.)

ÉGRILLARD, adj. *Béô. Dréô. Drañt. Maô.*

EH, interj. *Hâ. Ac'hâ. Oc'hô.*

ÉLABORER, v. a. *Aoza. Gwellaat.*

ÉLAGUER, v. a. *Divarra. Diskoultra. Diskou tra. Skeja.*

ÉLAN, s. m. *Err* ou *herr*, m. *Lañs*, m.

ÉLANCEMENT, s. m. *Pistik* ou *pistig*, m *Broud*, m. *Bér*, m.

ÉLARGIR, v. a. *Lédanaat. Frañkaat. Divac'ha*

ÉLÉGANT, adj. et s. m. *Élavar. Fréaz. Ker penn. Kañfart.*

ÉLÉMENT, s. m. *Elfen*, f. *Penn-abek*, m. *Du di*, m.

ÉLÉVATION, s. f. *Gorréérez*, m. *Saô*, m. *Tor gen*, f.

ÉLEVER, v. a. *Gorréa. Sével. Gwiñta. Mago Kélenna.* — P. a. *Kélenn. Gorren.* (T.)

ÉLIMINER, v. a. *Skeja. Ranna. Harlua.*

ÉLIRE, v. a. *Dilenna. Dibaba. C'houenna. Diu-*
— P. a. *Dilenn, Dibab. C'hoennat.* (T.)
ELLE, pron. pers. *Hí. Hé. Ézhi. Anézhi.*
ELLÉBORE, s. m. *Évor*, m.
ÉLOGE, s. m. *Meûleûdi*, f. *Meûleûdigez*, f. —
nn. *Mélodi. Mellach*, m. (T.)
ÉLOIGNER, v. a. *Pellaat. Distrei. Harlua. Gour-*
a.
ÉLOQUENT, adj. et s. m. *Élavar* ou *kélavar.*
spléger, m. *Fréaz.*
ÉMANER, v. n. *Doñt. Sével.*
EMBALLER, v. a. *Paka. Grounna.*
EMBARQUER, v. a. *Baga. Lestra.*
EMBARRAS, s. m. *Harz*, m. *Sparl*, m. *Eúb*, m.
ikrez, m. — Corn. *Melré*, m. (T.)
EMBELLIR, v. a. et n. *Kouñtaat. Kaéraat. Kiñ-*
a,
EMBONPOINT, s. m. *Kulder*, m. *Kikder*, m.
EMBOUCHURE, s. f. *Aber*, f. *Diskarg*, m. *Gé-*
u, m.
EMBOURBER, v. a. *Lagenna.*
EMBOURSER, v. a. *Ialc'ha. Ialc'haat.* — P. a.
ikaat enn hé ialc'h. (T.)
EMBRASEMENT, s. m. *Eñtan*, m. *Eñtanadur*, m.
ân-gwall, m.
EMBRASSER, v. a. *Briata. Striza. Gouriza.*
róba. — Vann. *Bréc'hataat. Stréc'hein.* (T.)
EMBRASURE, s. f. *Tarzel*, f. *Kranel*, m.
EMBROCHER, v. a. *Béria.*
EMBROUILLER, v. a. *Reústla. Luia.* — Vann.
astroulein. (T.)
EMBÛCHE, s. f. *Spí*, m. *Lindag*, m. *Pâr*, m.
EMERVEILLER, v. a. *Estlammi. Souéza.*
ÉMETTRE, v. a *Bruda. Lavarout. Diskouéza.* —
. a. *Lavarel. Diskouez.* (T.)
ÉMEUTE, s. f. *Dispac'h*, m. *Kéflusk*, m. *Di-*
sis, m.

Émier, v. a. *Bruzuna.*—Vann. *Bréc'honcein.*(T
Éminence, s. f. *Kréac'h*, m. *Krec'hen*,
Torgen, f. *Tûn*, m.
Émissaire, s. m. *Kannad*, m. *Géder*, n
Spier, m.
Emmailloter, v. a. *Maluri.* —Vann. *Groi*
ncin. (T.)
Emmancher, v. a. *Troada. Fusta.* —Vanı
Troédcin. (T.)
Emmener, v. a. *Kas.*
Emmieller, v. a. *Méla.*
Émollient, adj. *Boukauz. Gwakauz. Blodu:*
Émolument, s. m. *Gounid*, m. *Lévézoun*, ı
Gôpr, m.
Émonder, v. a. *Diskourra. Divarra. Diskou*
tra. — Vann. *Diorblein.* (T.)
Émotion, s. f. *Kemmesk*, m. *Daskrén*, ı
Dispac'h, m.
Émotter, v. a. *Dibouloudenna. Divoudenna*
Émoucher, v. a. *Digeliéna.*
Émouchet, s. m. *Splaouer*, m. *Lôgôtaer*, ı
Émoudre, v. a. *Bréolima.* — P. a. *Blérima.* (T
Émousser, v. a. *Dalla. Kiza. Tallouza. I*
véga. Diginvia. — Corn. *Toézella.* (T.)
Émouvoir, v. a. *Luska. Heja. Horella. Di*
pac'ha.
Empailler, v. a. *Plouza.*
Empaler, v. a. *Peûlia. Béria.*
Empan, s. m. *Raouen*, f. — Vann. *Roa*
roc'han, f. (T.)
Empanacher, v. a. *Kabella. Kribella. Bouc'h*
Empaqueter, v. a. *Paka. Stròba. Grounn*
Empâter, v. a. *Toaza. Toazenna.*
Empêcher, v. a. *Harza. Eûbi. Sparla. Hua*
Mirout. — P. a. *Herzel. Mirel.* (T.)
Empeigne, s. f. *Énep*, m. *Éneb-botez*, m.
Empereur, s. m. *Impalaer*, m.

mpêtrer, v. a. *Huala. Heûda. Pennaska.* — n. *Heûda.* Trég. *Lufrañ.* (T.)
mphase, s. f. *Stambouc'h*, m. *C'houézadur*, m.
mpiéter, v. a. *Aloubi. Mac'homi. Gounid.*
mpiler, v. a. *Berna* ou *bernia. Krugella.* *unna.* — Vann. *Joc'hein.* (T.)
mpire, s. m. *Gourc'hémenn*, m. *Béli*, f. *añtélez*, f.
mpirer, v. a. et. n. *Fallaat. Gwasaat. To-raat.*
mpirique, s. m. *Farvel*, m. *Furlukin*, m. *zaouer*, m. — Vann. *Bamour*, m. (T.)
mplacement, s. m. *Léac'h*, m.
mplâtre, s. f. *Palastr*, m. *Telten*, f. (T.)
mplette, s. f. *Prén*, m.
mplir, v. a. *Leûnia. Karga.*
mploi, s. m. *Préder*, m. *Karg*, f.
mplumer, v. a. *Stuc'hia. Plua.*
mpoigner, v. a. *Dournata. Paka. Skrapa.*
mpoisonner, v. a. *Koñtammi. Pistria. Fleria.*
mportement, s. m. *Broez*, f. *Buanégez*, f. Vann. *Distalm.* (T.)
mporter, v. a. *Dizougen. Kâs. Lémel. Stleja.* *el.*
Empreinte, s. f. *Merk*, m. *Arouez*, f. *Louc'h*, m.
Empressement, s. m. *Hast*, m. *Mall*, m. *rr*, m. *Despal*, m.
Emprisonner, v. a. *Bac'ha. Eñka. Prizounia.*
Émulation, s. f. *Kéférérez*, m. *Elbik*, m. *Keñmouez*, f.
En, prép. *É. Enn. Er. El. Ébarz. É-pâd.* *el. O. Oc'h.*
Encadrer, v. a. *Sterna* ou *sternia.*
Encager, v. a. *Kaouédi.*
Encaisser, v. a. *Arc'hia. Boéstla.*
Encan, s. m. *Ékan* ou *ékañt*, m. *Embann*, m. Vann. *Sañtol*, m. (T.)

ENCAVER, v. a. *Kaôia* ou *kavia. Eñkava.*

ENCEINDRE, v. a. *Kelc'hia. Gouriza. Strôba* Vann. *Kerlein.* (T.)

ENCHAÎNER, v. a. *Chadenna. Huala. Kabest*

ENCHANTER, v. a. *Strobinella. Touella. Estl*
mi. — Vann. *Lorbein. Bamein.* (T.)

ENCHÉRIR, v. a. et n. *Kéraat.*

ENCHEVÊTRER, v. a. *Kabestra. Penvestra.*

ENCHIFRENER, v. a. *Siferni. Anouédi.*

ENCLAVER, v. a. *Klôza. Serra. Eñklaoui.*

ENCLIN, adj. *Doujed da. Teched da.*

ENCLORE, v. a. *Klôza. Kaéa. Môgeria.* Hors du Léon : *Kéa.* Vann. *Kéein.* (T.)

ENCLUME, s. f. *Annéô* ou *annev*, f.

ENCOIGNURE, s. f. *Koñ*, m. *Korn*, m.

ENCOLURE, s. f. *Gouzouk*, m. *Doaré*, *Neûz*, f.

ENCOMBRER, v. a. *Sparla. Eûbi.*

ENCORE, adv. *C'hoaz. Ouc'h-penn. Adarré.*

ENCORNER, v. a. *Kornia. Kernia.*

ENCOURAGER, v. a. *Kalounékaat. Brouda. K*
traoui.

ENCRASSER, v. a. *Koc'hienna. Kaézoura.*

ENCRE, s. f. *Liou*, m. *Liou-dû*, m.

ENCROÛTER, v. a. *Kreûenna. Lifra. Trousken*

ENCUVER, v. a. *Béolia. Kibella. Pélestra.*

ENDOCTRINER, v. a. *Keñtélia. Kélenna.* — P
Kélenn. (T.)

ENDOMMAGER, v. a. *Gaoui. Gwalla.*

ENDORMIR, v. a. *Lakaad da gouska. Mor*
Kropa. Saouzani.

ENDOSSE, s. f. *Béac'h*, f. *Karg*, f.

ENDROIT, s. m. *Léac'h*, m. *Tû*, m. —*Mann*
V. m. (T.)

ENDUIRE, v. a. *Gwiska. Lifra.*

ENDURCIR, v. a. *Kalédi. Kalétaat. Nerza.*

ENDURER, v. a. *Gouzañvi.* — P. a. *Gouzañv.*

ɪNERGIE, s. f. *Ners*, f. *Galloud*, m.
ɪNERVER, v. a. *Dinerza.*
ɪNFANT, s. m. *Bugel*, m. *Krouadur*, m.
ɪNFANTER, v. a. et n. *Génel. Gwilioudi. Ober.*
ɪNFARINER, v. a. *Bleûda.*
ɪNFER, s. m. *Ifern* ou *ivern*, m.
ɪNFERMER, v. a. *Serra. Derc'hel. Dougen.*
ɪNFILER, v. a. *Neúdenni. Stróba. Strolla.* ûzi.
ɪNFIN, adv. *Enn-divez. Goudé-holl.*
ɪNFLAMMER, v. a. *Tana. Eñtana. Tomma. Héga.*
ɪNFLER, v. a. et n. *C'houéza. Stambouc'ha.* *envi.* — Vann. *Fouanoucin.* (T.)
ɪNFONCER, v. a. et n. *Gwélédi. Sañka. Moñd-* *in.* — *Terri.* (T.)
ENFORCIR, v. a. *Kréaat* ou *krévaat. Nerza.*
ENFOUIR, v. a. *Kuza enn douar.* — P. a. *Ku-* .(T.)
ENFOURNER, v. a. *Fornia. Ifornia.*
ENFUIR (s'), v. n. *Tec'hout. Didec'hout. Béra.* *éménout.* — P. a. *Tec'het. Didec'het. Trémen.* (T.)
ENFUMER, v. a. *Mógédi.*
ENGAGER, v. a. *Gwéstla. Pidi. Alia.*
ENGAINER, v. a. *Gouina* ou *gouhina. Feûria.*
ENGEANCE, s. f. *Górad*, m. *Gwenn*, f.
ENGELURE, s. f. *Goañven* f. — Vann. *Aouid*, m. *inac'h*, m. (T.)
ENGENDRER, v. a. et n. *Génel. Eñgeheñta. Spé-* *a.* — D'après M. Le Gonidec, le verbe *Génel* ne dit pas des hommes. (T.)
ENGERBER, v. a. *Eñdramma. Malan.* — Vann. *énalein.* (T.)
ENGIN, s. m. *Benvek*, m. *Ijin*, m.
ENGLOBER, v. a. *Framma. Strolla. Unani.*
ENGLUER, v. a. *Gluda.*
ENGORGER, v. a. *Stañka.*
ENGOUER, v. a. *Tarlouñka.*

ENGOURDIR, v. a. *Morza. Kropa. Bava.*
ENGRAIS, s. m. *Peùrvann zrùz*, f. *Teil*, n
ENGRAISSER, v. a. *Larda. Teila. Druza Gwellaat ar zaout lard.* (T.)
ENGRAVER, v. a. *Tréaza.*
ENGROSSER, v. a. *Brazézi. Gwalla.*
ENGRUMELER (s'), v. réfl. *Pouloudenna. Ke lédenni.*
ENGUENILLER, v.a. *Trulenna. Pilenna.*
ENHARDIR, v. a. *Dizaouzani Kalounékaat.*
ENIVRER, v. a. *Mezvi.*
ENJAMBER, v. n. *Stampa. Skara. Aloubi.*
ENJAVELER, v. a. *Eñdramma.*
ENJOINDRE, v. a. *Kémenna. Gourc'hémenni.* P. a. *Kémenn. Gourc'hémenn.* (T.)
ENJÔLER, v. a. *Likaoui. Dorlôta. Touella.*
ENJOLIVER, v. a. *Bravaat. Koañtaat. Kaér*
ENJOUÉ, adj. *Laouen. Dréô. Maô. Drañt.*
ENLACER, v. a. *Strolla. Strôba. Eûbi.*
ENLAIDIR, v. a. et n. *Vilaat. Dic'hénédi. I lébéri.*
ENLEVER, v. a. *Gorréa* ou *gorrôi. Skrapa. mel. Diverka.* — P. a. *Gorren.* (T.)
ENLIGNER, v. a. *Roudenna. Linenna.*
ENLUMINER, v. a. *Liva.*
ENNEMI, adj. et s. m. *Énébour*, m.
ENNUI, s. m. *Doan*, f. *Énoé*, m.
ÉNONCER (s'), v. réfl. *Komza. Prézégi.* — P *Komz. Prézek.* (T.)
ENORGUEILLIR (s'), v. réfl. *Fougéa. Stamb c'ha. C'houéza.*
ÉNORME, adj. *Brâz-meûrbéd. Diveñt. Dir Grisiaz.*
ENQUÊTE, s. f. *Eñklask*, m.
ENRACINER (s'), v. réfl. *Grisia* ou *grisien Kinvia.* — Hors du Léon : *Grienna, groui na.* (T.)

NRAGER, v. n. *Kounnari. Glaza. Gwiñka.*
NRAYER, v. a. *Emprenna. Emproui. Skôra.*
rla. — Vann. *Skurzein.* (T.)
NRHUMER, v. a. *Siferni. Anouédi*
NRICHIR, v. a. *Pinvidikaat. Stuc'hia.*
NRÔLER, v. a. *Eñgwéstla.*
NROUER, v. a. *Raoula* ou *raouia. Gouraoui.*
NROUILLER, v. a. *Merckla* ou *mergla.*
NSABLER, v. a. *Tréaza.*
NSACHER, v. a. *Sac'ha.*
NSANGLANTER, v. a. *Gwada* ou *eñgwada.*
NSEIGNE, s. f. *Aroućz*, f. *Merk*, m. *Bâr-*
m. *Bannier*, m.
NSEIGNER, v. a. *Kélenna. Keñtélia. Diski.*
lia. — P. a. *Kélenn.* (T.)
NSEMBLE, adv. *Kévret.* — *War-eunn-*
. (T.)
ENSEMENCER, v. a. *Hada.*
ENSEVELIR, v. a. *Liéna* ou *liana.*
ENSORCELER, v. a. *Strobinella. Touella.* —
nn. *Lorbein. Bamein.* (T.)
ENSUITE, adv. et prép. *Goudé. Goudé-hen.*
udé-zé.
ENTACHER, v. a. *Saotra. Mastara. Nama* ou
nma.
ENTAILLE, s. f. *Ask*, m. *Trouc'h*, m. *Krân*, m.
ENTAMER, v. a. *Boulc'ha.*
ENTASSER, v. a. *Berna* ou *bernia. Grounna.*
ac'hella. — Vann. *Ioc'hein. Tésein.* (T.)
ENTE, s. f. *Embouden* ou *ibouden*, f.
ENTENDEMENT, s. m. *Skiañt-vâd*, f. *Poell*, m.
ENTENDRE, v. a. *Klevout. Poella. Grataat. Teur-*
zout. — P. a. *Klevet.*
ENTERRER, v. a. *Bésia. Douara.*
ENTÊTER, v. a. *Pennadi. Empenni.*
ENTIER, adj. *Krenn. Klôk. Kellek* ou *kalloc'h.*
nam.

ENTONNOIR, s. m. *Fournil* ou *fournil*, m. *zer*, m.

ENTORSE, s. f. *Gwéaden*, f. *Gwaskaden* *Trô*, f.

ENTORTILLER, v. a. *Gwéa. Rodella. Reûstla*

ENTOUR, s. m. *Trô*, f. *Kelc'h*, m. *Gouriz*

ENTOURER, v. a. *Stróba. Kelc'hia.*

ENTRAILLES, s. f. pl. *Bouzellou*, m. pl. *Ka niez*, f. *Kreiz*, m.

ENTRAÎNER, v. a. *Tenna. Didenna. Stleja.*

ENTRAVES, s. f. pl. *Hual*, m. *Heûd*, m. *Spéo* *Potal*, f.

ENTRE, prép. *Eñtré* ou *étré. É-kreiz. É-to*

ENTREBAILLER, v. a. *Dam-zigéri.*

ENTRECOUPER, v. a. *Didrouc'ha.*

ENTRELARDER, v. a. *Daslarda.*

ENTREMÊLER, v. a. *Kemmeski.*

ENTREMETTEUR, s. m. *Hañtérour*, m. *B valan*, m. *Oujen*, m. —Trég. *Rouinel*, m. (T

ENTREPRISE, s. f. *Rât* ou *ratoz*, f. *Dézô*,

ENTRER, v. n. *Mond* ou *doñd-ébarz.*

ENTRETIEN, s. m. *Keñdalc'h*, m. *Komz* *Diviz*, m.

ENTREVOIR, v. a. *Dam-wélout.* — P. a. *D wélet.* (T.)

ENTREVUE, s. f. *Emwél*, m. *Gwéladen*, f

ENTR'OUÏR, v. a. *Dam-glevout. Hañter-glev* — P. a. *Dam-glevet.* (T.)

ENTR'OUVRIR, v. a. *Dam-zigéri. Hañter-zi*

ÉNUMÉRER, v. a. *Nivéra* ou *nivéri.*

ENVAHIR, v. a. *Aloubi. Mac'homi.*

ENVELOPPER, v. a. *Gôlei. Stróba. Kelc'* *Kuza.* — P. a. *Kuzat.* (T.)

ENVENIMER, v. a. *Koñtammi. Heskina.*

ENVERS, prép. *É-Kéñver. É-kéver.*

ENVIE, s. f. *Érez*, f. *Gwarizi*, f. *C'hoañt* *Plustren*, f.

ENVIRON, prép. *War-dró. É-tró.*
ENVIRONNER, v. a. *Stróba. Briata.*
ENVOLER (s'), v. réfl. *Nicha* ou *nija.*
ENVOYÉ, s. m. *Kannad*, m.
ENVOYER, v. a. *Kás. Leûri.*
ÉPAIS, adj. *Téó* ou *tev. Fétiz. Stañk. Tuzum.*
ÉPANCHER, v. a. *Skula. Fenna. Dinaoui.*
ÉPANDRE, v. a. *Skiña. Feltra. Striñka.* — nn. *Stréaouein.* (T.)
ÉPANOUIR (s'), v. réfl. *Digeri. Trida* ou *drida.* P. a. *Tridal.* (T.)
ÉPARGNER, v. a. *Espernout. Arboella.* — P. a. *pern.* (T.)
ÉPARPILLER, v. a. *Skiña. Feltra. Dismañta.* — nn. *Stréaouein.* (T.)
ÉPAULE, s. f. *Skoaz*, f. — Hors du Léon : *oa.* (T.)
ÉPÉE, s. f. *Klézé,* m. — Vann. *Kléañ*, m. (T.)
ÉPELER, v. a. et n. *Digeiza* ou *digiza.*
ÉPERON, s. m. *Keñtr*, f.
ÉPERVIER, s. m. *Sparfel,* f. *Kidel*, f. — Vann. *arouel. Splaouer*, m. (T.)
ÉPHÉMÈRE, adj. *Deisiad.* — Hors du Léon : *siad.* (T.)
ÉPI, s. m. *Penn-éd*, m. *Tamoézen*, f. — Corn. *haden*, f. Trég. *Terkaouen*, f. Vann. *Toé-n*, f. (T.)
ÉPIER, v. a. *Spia. Géda. Musa.* — P. a. *Gé-l.* (T.)
ÉPIERRER, v. a. *Diveina.*
ÉPIEU, s. m. *Gouzifiad*, m.
ÉPIGLOTTE, s. f. *Hugen* ou *ugen*, f. *Añ-é*, f.
ÉPILEPSIE, s. f. *Drouk-sañt*, m. *Droug-huel*, m.
ÉPINE, s. f. *Spern*, m. *Dréan*, m.
ÉPINGLE, s. f. *Spilen*, f.
ÉPISCOPAT, s. m. *Eskopded*, m. *Eskobiach*. m.

Épitre, s. f. *Lizer*, m. *Abostol*, m. — Vann *Lic'her*, m. (T.)

Éplucher, v. a. *Dibaba. Dilenna. Dibluska.* — P. a. *Dibab. Dilenn.* (T.)

Épointer, v. a. *Divéga.*

Éponge, s. f. *Spoué*, f.

Époque, s. f. *Amzer*, f. *Préd*, m.

Épouiller, v. a. *Dilaoui.*

Épousailles, s. f. pl. *Eûred* ou *eûreûd*, m.

Épouse, s. f. *Pried.* Comm. *Grék* ou *grég*, f.

Épouser, v. a. *Dimézi* ou *dimizi. Priétaat. Eûreûdi* ou *eûreûji.*

Époussettes, s. f. pl. *Palouer*, m. *Bar-skuber*, m

Épouvante, s. f. *Spouñt*, m. *Aoun*, m. *Eûz* ou *heûz*, m. — Vann. *Lorc'h*, *m.* (T.)

Époux, s. m. *Pried.* Comm. *Ozac'h*, m. *Gwâz*, m — Trég. *Oac'h.* Vann. *Oec'h.* (T.)

Épreuve, s. f. *Arnod*, m. *Ésa* ou *ésaé*, m.

Épucer, v. a. *Dic'hoenna.*

Épuiser, v. a. *Dizec'ha. Heska. Skuiza.*

Épurer, v. a. *Dinamma. Dilastéza. Nétaa Flamma.*

Épurge, s. f. *Flamoad*, m.

Équerre, s. f. *Skouér*, f.

Équestre, adj. *War varc'h.*

Équinoxe, s. f. *Kédez* ou *kéded*, f. — Hors-d Léon : *Keidel*, f. (T.)

Équipée. s. f. *Trô fall*, f. *Gwall-vourd*, m.

Équitation, s. f. *Marc'hégiez* ou *marc'hégez*, f.

Équité, s. f. *Eeunder*, m. *Gwirionez*, f. *Léaded*, m.

Équivalent, adj. *Kévatal.*

Équivoque, adj. *Gôlóet. Arvaruz. Gwidiluz Dizanaf.*

Érable, s. m. *Skaô-grac'h*, m.

Érafler, v. a. *Spina. Klisia.*

Érater, v. a. *Difelc'ha.*
Ergot, s. m. *Keñtr*, f. *Ell*, m. *Pliger*, m.
Ergoter, v. a. *Héga. Heskina.*
Ériger, v. a. *Sével* — Vann. *Saoucin.* Trég. *éouel.* (T.)
Ermitage, s. m. *Léandi*, m. *Lók* ou *lóg*, f. *istró*, m.
Erre, s. f. *Err* ou *herr*, m. *Kâs*, m. *Hast*, m.
Errements, s. m. pl. *Rénadur*, m. *Doaré*, f. *lénoz*, m.
Errer, v. n. *Kildrei. Kañtréa. Fazia.* —P. a. *kañtréal.* (T.)
Erreur, s. f. *Fazi*, m. *Dallentez*, m. *Diveiz*, m.
Érudit, adj. et s. m *Gwiziek. Lennek.*
Éruption, s. f. *Dilammidigez*, f. *Didarzidiez*, f.
Érysipèle, s. m. *Drouk-sant-Añton*, m.
Escabeau, s. m. *Skabel*, f. *Based*, m. *Bréhed*, m. — *Déz*, m. (T.)
Escache, s. f. *Gwesken*, f.
Escalader, v. a. *Skeûlia.*
Escalier, s. m. *Dérez* ou *délez*, m. *Diri*, m. *Skalier*, m.
Escamoter, v. a. et n *Sigota* ou *chigota.*
Escarbot, s. m. *C'houîl*, m. *Safronen*, f.
Escare, s. f. *Trousken* ou *trusken*, f. *Tarz*, m. *Skarr*, m.
Escargot, s. m. *Melc'houéden-krogennek*, f.
Escarpé, adj. *Tenn. Garó.*
Escarpolette, s. f. *Bransigel*, f.
Esclave, s. m. *Gwâz*, m. *Sklaf* ou *Sklav*, m, *Paotr*, m.
Escorter, v. a. *Heûlia.*
Escroc, s. m. *Skraper*, m.
Espace, s. m. *Héd*, m. *Pâd*, m. *Padélez*, f.
Espèce, s. f. *Gwenn*, f. *Rumm*, m.

Espérance, s. f. *Géd*, m. *Gorloz*, m. *Spi*,
Espiègle, adj. et s. m. *Gwidréuz*. *Sigoter*,
Espion, s. m. *Spier*, m. *Muser*, m.
Espoir, s. m. *Géd*, m. *Gorloz*, m.
Esprit, s. m. *Skiañt*, f. *Poell*, m. *Spéred*,
Esprit-follet, s. m. *Añkelc'her*, m. *Bu* *nôz*, m.
Esquif, s. m. *Bagik*, f. *Skâf*, m. *Koked*,
Esquille, s. f. *Sklisen-askourn*, f.
Esquinancie, s. f. *Koenv-gouzouk*, m. *Tág*,
Esquipot, s. m. *Bionen*, f.
Esquisse, s. f. *Divraz*, m. *Digoc'hen*, f.
Essai, s. m. *Ésa* ou *ésaé*, m. *Arnod*, m. *T* *va*, m.
Essaim, s. m. *Héd*, m. *Bâr* ou *barr*, m.
Essarter, v. a. *Distrouéza*. *Difraosta*. *L* *reina*.
Essence, s. f. *Béza*, m. *Douren*, f. *Sûn*,
Essieu, s. m. *Ael*, m.
Essor, s. m. *Nich* ou *Nij*, m.
Essouffler, v. a. *Dialana*. *Dielc'ha*.
Essuyer, v. a. *Torcha*. *Dic'houézi*. *Sec* *Dizec'ha*.
Est, s. m. *Sao-héol*, m. *Avel-huel*, f. *ter*, m.
Estime, s. f. *Priz*, m. *Stâd*, f. *Brûd*, f. *noz*, m.— Hors du Léon : *Ménô*.
Estomac, s. m. *Poull-galoun*, m. *Kôf-bihan*
Estropier, v. a. *Mac'haña*. *Nama*. *Murturi*
Et, conj. *Ha* ou *hag*.
Étable, s. f. *Kraou*, m. *Staol*, f. *Kel* ou *kell*, — Vann. *Kréu*, m. (T.)
Établir, v. a. *Starda*. *Staga*. *Sével*. *Diazé* *Henvel*.
Étage, s. m. *Kembot* ou *Kombot*, m.
Étai, s. m. *Skôr* ou *Skôl*, m. *Speûrel*, f Corn. *Tiñt*, m.

Étain, s. m. *Stéan*, m. — Hors du Léon : *Sten*, m. (T.)

Étaler, v. a. *Stalia*.

Étalon, s. m. *Marc'h-kalloc'h*, m. *Marc'h-saler*, m.

Étancher, v. a. *Stañka*. — Vann. *Stéucin*. (T.)

Étançon, s. m. *Skór* ou *skól*, m. *Speûrel*, f. — Corn. *Tiñt*, m. (T.)

Étang, s. m. *Lenn*, f. *Stañk*, f. *Poull*, m. *Louc'h*, f. — Hors du Léon. *Loc'h*, f. (T.)

État, s. m. *Aoz*, f. *Stád*, f. *Doaré*, f. *Micher*, f. *Karg*, f. — Hors du Léon : *Oz*, f. (T.)

Étau, s. m. *Gwaskel* ou *gwaskérel*, f. *Gével*, m.

Été, s. m. *Hañ* ou *hañv*, m.

Éteindre, v. a. *Mouga*. *Laza*. *Didana*. *Habaskaat*.

Étendard, s. m. *Bannier*, m. *Arouéz*. f.

Étendre, v. a. *Astenna*. *Distenna*. *Skiña*. — P. a. *Astenn*. *Distenn*. (T.)

Étendue, s. f. *Éc'honder*, m. *Héd*, m. *Meñt*, f. *Doug*, m.

Éternel, adj. *Peûr-baduz*.

Éternuer, v. n. *Stréfia*. *Distréfia*. — Vann. *Strioucin*. (T.)

Étêter, v. a. *Dibenna*. *Divéga*.

Éteuf, s. m. *Bolod*, m. *Pellen*, f.

Éteule, s. f. *Taol*, m.

Étier, s. m. *Poull-vôr*, m. *Kân-vôr*, m.

Étinceler, v. n. *Elvenni*. *Stérédenni*. *Lugerni*. *Skéda*. — Vann. *Fulennein*. (T.)

Étique, adj. *Treûd*. *Distrouñket*. *Disléber*.

Étiquette, s. f. *Ardamez*, f. *Skritel*, m. *Likétén*, f.

Étirer, v. a. *Astenna*. *Distenna*. — P. a. *Astenn*. *Distenn*. (T.)

Étoffe, s. f. *Mézer*, m. *Danvez*, m.

Étoile, s. f. *Stéren* ou *Stéréden*, f. — Van *Stiren*, f. (T.)

Étole, s. f. *Stól*, f.

Étonner, v. a. *Souéza. Saouzani. Estlamm* — Vann. *Souéc'hein.* (T.)

Étouffer, v. a. *Mouga.* Part. et.

Étoupe, s. f. *Stoup* ou *stoub*, m.

Étourdi, adj. *Skañbenn. Dibenn. Diévez. Fa vel.*

Étourdissement, s. m. *Sébézadurez*, f. *Méz vellidigez*, f. *Bâd*, m.

Étourneau, s. m. *Dréd* ou *tréd*, m.

Étrange, adj. *Kersé. Iskiz. Dic'hiz. Souézu*

Étranger, adj. et s. m. *Diavésiad. Ermésia Divróad.* — *A ziavéaz bró.* (T.)

Étrangler, v. a. *Taga. Starda. Striza.*

Étrape, s. f. *Iñglod*, m. *Béon*, m. *Strep*, i

Étrave, s. f. *Staoñ*, f.

Être, v. n. *Béza.* — Trég. *Béañ.* Corn. *Bou bézout.* Vann. *Bout.* (T.)

Étrécir, v. a. *Eñka. Striza.* — Vann. *St c'hein.* (T.)

Étreindre, v. a. *Gwaska. Moustra. Mac'h Starda.*

Étrenne, s. f. *Kalanna* ou *kalannad*, m. *L rou-mâd*, m. pl.

Étrier, s. m. *Stleûk* ou *stleûg*, m. *Stlév*, n

Étrille, s. f. *Skrivel*, f. — Vann. *Skriouel*, (T.)

Étriper, v. a. *Divouzella. Distripa.*

Étrivière, s. f. *Leren-stleûk*, f.

Étroit, adj. *Eñk. Stríz. Moan. Stard.* — Van *Moen*, f. (T.)

Étude, s. f. *Poellad*, m. *Studi*, f.

Étui, s. m. *Boéstl*, f. *Klosen*, f. *Karitel*, f

Étuve, s. f. *Stoufal*, m. *Kibellec'h*, m.

Eufraise, s. f. *Sivi-réd*, m.

Eunuque, adj. et s. m. *Spáz.* — Vannes, *ac'h*, m. (T.)

Eux, pron. pers. *Hi. Hó. Ézhó.*

Évacuer, v. a. *Dikarga. Goullói. Skarza.*

Évader (s'), v. réfl. *Tec'houd é-kúz. Diboufa.* — *a. Tec'het é-kúz.* (T.)

Évaluer, v. a. *Prizout* ou *prijout.*

Évangile, s. m. *Aviel*, m.

Évanouissement, s. m. *Fatadur*, m. *Fallaen*, f. *mplaen*, f. — Vann. *Vaganérec'h*, m. (T.)

Évaporer (s'), v. réfl. *Diaéza. Mogédenni.*

Évaser, v. a. *Lédanaat.*

Évêché, s. m. *Eskopti*, m.

Éveiller, v. a. *Dihuna.* — Vann. *Digous-in.* (T.)

Événement, s. m. *Darvoud*, m. *Digwéz* ou *jouéz*, m.

Éventer, v. a. *Avéli. Gweñta. Diskula.*

Éventrer, v. a. *Divouzella.*

Évêque, s. m. *Eskop*, m.

Évident, adj. *Anat. Splann.*

Évider, v. a. *Digaota. Difréta. Divoéda.*

Évier, s. m. *Dár*, f. *Distroul*, m.

Éviter, v. a. *Tec'hout* ou *tec'hi.* — P. a. *Te-:et* (T.)

Ex, prép. *Diaraok. Diageñt. A ziaraok. Gwé-all.*

Exact, adj. *Strivuz. Akétuz. Reiz. Évésiek. virion.*

Exaction, s. f. *Gwall-wir*, m. *Preizérez*, m. *léroñsi*, f.

Exagérer, v. a. *Kreski* ou *kriski. C'houéza. uia.*

Exalter, v. a. *Uc'hélaat-meúrbéd.*

Examiner, v. a. *Eñklaskout. Ardamézi. Diba-:.* — P. a. *Eñklask. Dibab.* (T.)

Exaucer, v. a. *Klevout. Sélaoui. Aotréa.* - a. *Klevet. Sélaou. Aotren.* (T.)

Excavation, s. f. *Kaô* ou *kâv*, m. *Toull*, *Poull*, m.

Excéder, v. a. *Tréménout. Mond-dreist.* S *za.* — P. a. *Trémen.* (T.)

Excellent, adj. *C'houék.*

Excepté, prép. *Némét.* — Vann. *Nameit.*

Excepter, v. a. *Mirout. Distaga.* — P. a. *ret.* (T.)

Excès, s. m. *Direiz* ou *direisted*, m. *Diroll* *Diboell*, m.

Exciter, v. a. *Argadi. Héga. Heskina.* ou *hisa.*

Exclamation, s. f. *Kriaden*, f. *Garm*, m.

Exclure, v. a. *Pellaat. Banna. Kâs-kuit.*

Excorier, v. a. *Kiña. Digroc'henna.*

Excrément, s. m. *Kac'h* ou *kaoc'h*, m. ou *éac'h*, m. — Hors du Léon : *Koe'h.* Van *Mours*, m. (T.)

Excroissance, s. f. *Kresken*, f. *Kigen*, f.

Excursion, s. f. *Argaden*, f.

Excuse, s. f. *Didamall*, m. *Digarez*, m.

Exécrable, adj. *Argarzuz. Eûzuz. Gwall-*

Exécuter, v. a *Ober. Sévéni. Lakaad* *marô.*

Exemple, s. m. et f. *Skouér*, f. *Keñtel*, f

Exempter, v. a. *Diskarga. Divec'hia. Kui*

Exercer, v. a. *Doaréa. Deski. Ober. Préd*

Exhalaison, s. f. *Aézen* ou *ézen*, f. *Mógéd* *Moren*, f.

Exhausser, v. a. *Gorréa. Huélaat.Séve* P. a. *Gorren.* (T.)

Exhéréder, v. a. *Dizhéra* ou *dizkéria.*

Exhiber, v. a. *Diskouéza.*—P. a. *Diskouéz*

Exhorter, v. a. *Erbédi. Alia. Kuzulia.*

Exhumer, v. a. *Dizouara. Divésia*,

Exiler, v. a. *Harlua. Banna. Divrôi.*
Exister, v. n. *Béza. Béva.* Voy. **Être.**
Exorbitant, adj *Direiz. Diroll. Diveñt. Meûr-d.*
Exotique, adj. *Diavésiad. A ziavéaz bró.*
Expatrier, v. a. *Divrôi. Harlua.*
Expédient, s. m. et adj. *Tú*, m. *Heñt*. m. *éréad. Mâd. Réd.*
Expédier, v. a. *Difréa. Hasta. Laza. Kâs.*
Expérience, s. f. *Arnod*, m. *Ésa*, m. *Gwizié-z*, f.
Expert, adj. et s. m. *Gwiziek. Mâl.*
Expier, v. a. *Dic'haoui. Diskarga. Gwalc'hi.*
Expirer, v. n. *Digwézout* ou *digouézout. Mer-l.*
Explicite, adj. *Anat. Skléar.*
Expliquer, v. a. *Diskleria. Displéga. Diski.*
Explorer, v. a. *Eñklaskout. Ardamézi. Spia.* — P. a. *Eñklask.* (T.)
Explosion, s. f. *Strâk* ou *strakl*, m. *Strâp*, m.
Exposer, v. a. *Diskouéza. Lakaad é gwall. iskleria.* — P. a. *Diskouez.* (T.)
Exprès, adj. adv. et s. m. *A-ratoz. A-zevri. Kan-ad*, m. — Vann. *Strec'h*, adv. (T.)
Expression, s. f. *Striladur*, m. *Lavar*, m. *Ger*, m. *ers*, f.
Exproprier, v. a. *Diberc'henna* ou *diberc'heñta.*
Expulser, v. a. *Kâs er-méaz. Kâs-kuit.*
Exquis, adj. *C'houék. Dibabet.* — *Evit ar gwel-l.* (T.)
Extase, s. f. *Souez*, f. *Estlamm*, m.
Extension, s. f. *Astennadur*, m. *Laoskeñtez*, f. *resk*, m.
Exténuer, v. a. *Dislébéri. Distrouñka. Diner-a. Digreski.*
Extérieur, adj. et s. m. *A-ziavéaz. Diavéaz*. m. *oc'hen*, f. *Doaré*, f.

Exterminer, v. a. *Gwasta. Laza holl.*

Externe, adj. et s. m. *A-ziavéaz. Diavésiad* —Vann. *Diañvezour*, m. (T.)

Extinction, s. f. *Moug* ou *mougerez*. m.

Extirper, v. a. *Dic'hrisienna Didrouda.*] *na. Dismañta.*

Extorquer, v. a. *Preiza.*

Extraire, v. a. *Tenna. Strila.*

Extraordinaire, adj. *Dic'hiz. Iskiz. K*(*Dizoaré.*

Extravagance. s. f. *Diboell*, m. *Rambré*

Extrême, adj. *Direiz. Diveñt. Gwall-vraz.*

Extrême-Onction. s. f. *Nouen*, m. *Kr* *ann-nouen*, f. (T.)

Extrémité, s. f. *Penn*, m. *Béven*, f. *Bâr* *Lôst*, m — *Kâb*, vieux mot qu'on ne tr(aujourd'hui qu'en construction. (T.)

F

F, s. m. Lettre consonne, la sixièm(l'alphabet.

Fable, s. f. *Kelou*, m. pl. *Môjen*, f. *Danée* *Sorc'hen*, f. — Corn. *Tariel*, f. (T.)

Fabriquer, v. a. *Ober.*

Façade, s. f. *Tâl*, m.

Face, s. f. *Dremm*, f. *Mîn*, f. *Gorré*, *Tû*, m. *Tâl*, m.

Facétie, s. f. *Bourd*, m. *Fars*, m. *Farv* *rez*, m.

Fâcher (se), v. réfl. *Buanékaat. Glaza. Gwi*

Facile, adj. *Éaz. Reiz. Diboan. Kûn. Hal* —Hors du Léon : *Ez.*

Façon, s. f. *Aoz*, m. *Doaré*, f. *Ober* *Kiz*, f. *Neûz*, f.

.CTICE, adj. *Ijinuz. Gwén.*

.CTIEUX, adj. et s. m. *Dispac'huz. Dispac'her.*

.CULTÉ, s. f. *Galloud*, m. *Ners*, f. *Dan-*
.m.

.DAISE, s. f. *Rambré*, m. *Sorc'hen*, f. *Bo-*
, m.

.DE, adj. *Divlaz. Goular. Flák.*

.GOT, s. m. *Fagod*, m.

.IBLE, adj. *Diners. Gwân. Sempl. Toc'hor.*

.ILLIR, v. n. *Fazia. Dizéria. Darbout.*

.IM, s. f. *Naon* ou *naoun*, m. *Ilboéd*, m.

.INE, s. f. *Finich* ou *finij*, m. *Fion*, m. *Ki-*
, m.

.INÉANT, adj. *Didalvez. Diek. Lézirek.*

.AIRE, v. a. *Ober.*

.AISAN, s. m. *Kilek-gwéz*, m.

.AISCEAU, s. m. *Horden*, f. *Tortel*, f. *Bôtel*, f.
ll, m.

.AÎTE, s. m. *Lein* ou *nein*, m. *Liven*, f. *Bâr*, m.

.AIX, s. m. *Béac'h*, m. *Karg*, f. *Horden*, f.

.ALAISE, s. f. *Tévenn*, m. *Tornaot*, m. *Tûn*, f.

.ALLACIEUX, adj. *Touelluz. Faziuz.*

.ALLOIR, v. impers. *Béza réd. Fallout. Reñ-*
t. Dléout.

.ALSIFIER, v. a. *Gaoui. Gwasta. Kemmeski.* —
m. *Farloti.* (T.)

.AMEUX, adj. *Budet. Anat.*

.AMILIER, adj. *Doñ. Dieûb.*

.AMILLE, s. f. *Tiad*, m. *Tiégez*, f. *Gwenn*, f.
eñt, m. pl.

.AMINE, s. f. *Naonégez*, f. *Ilboéd*, m.

.ANATIQUE, adj. *Diboell. Diskiañt. Ram-*
er.

.ANER, v. a. *Skiña. Foenna. Gwévi. Séc'ha.*

.ANFARON, adj. et s. m. *Fougéer*, m. *Kañ-*
d, m. *Balc'h*, m.

.ANGE, s. f. *Fañk*, m. *Kalar*, m. — Vannes,

Strâk, m. Corn. *Stroul*, m. Trég. *Kampoulen*
(T.)

Fanon, s. m. *Goulten*. f. *Stoliken*, f.

Fantaisie, s. f. *Pennad*, m. *Rât*, f. *Frouden*

Fantôme. s. m. *Teûz*, m. *Tasman*, m.
mel, m. *Sorc'hen*, f.

Faon, s. m. *Karô bihan*, m. *Karvik*,
Iourc'hik, m.

Faquin, s. m. *Fougéer*, m. *Kañfard*, m. *F*
lakr, m. *Halébod*, m.

Farce, s. f. *Fars*, m. *Bourd*, m. *Farvellérez*

Fardeau, s. m. *Béac'h*, m. *Karg*, f. *H*
den, f.

Farfadet, s. m. *Añkelc'her*, m. *Bugel-nôz*

Farfouiller, v. a. *C'houilia*. Part. *c'houil*
Furcha. Part. *et*.

Fariboles, s. f. pl. *Distervésiou*, f. pl. *Far*
nou, f. pl.

Farine, s. f. *Bleúd*, m.

Farouche, adj. *Gwéz* ou *gouéz*. *Balc'h*.
vioul. *Féró*. — Vann. *Gwîf*. (T.)

Fasciner, v. a. *Mézévelli*. *Sébéza*. *Touella*.

Faséole, s. f. *Pizen-fâ*, f.

Faste, s. m. *Fougé*, m. *Lîd*, m.

Fastidieux, adj. *Énoéuz*. *Doaniuz*.

Fat, adj. et s. m. *Fougéer*, m. *Kañfard*
Beulké.

Fatal, adj. *Didec'huz*. *Reûzeûdik*. *Truézu*

Fatiguer, v. a. *Skuiza*. *Doania*. *Heskina*
Vann. *Skouic'hein*. (T.)

Fatras, s. m. *Atréjou*, m. pl. *Turu*
lou, m. pl.

Faucher, v. a. *Falc'ha*. *Gwilc'ha*.—P. a. *F*
c'hat. *Gwilc'hat*. (T.)

Fauchet, s. m. *Rastel-brenn*, f. *Rastel-goa*

Faucheux, s. m. *Falc'hek*, m. *Kéméner*,

Faucille, s. f. *Fals*, f.

Fauc

AUCON, s. m. *Falc'han* ou *falc'hun*, m.
AUSSAIRE, s. m. *Gaouer*, m. *Falser*, m.
AUSSER, v. a. *Gwara* ou *goara*. *Kroumma*.
a. *Terri*. — *Mont a-énep*. (T.)
AUTE, s. f. *Fazi*, m. *Gwall*, m. *Gwallégez*, f.
AUVE, adj. *Gell*.
AUX, s. f. *Falc'h*, f.
AUX, adj. *Gaou*. *Disgwir*. *Faoz*. *Fals*. *Ganaz*.
AVEUR, s. f. *Madélez*, f. *Trugarez*, f. *Bévez*, f.
oud, m.
ÉAGE, s. m. *Dalc'h*, m.
ÉCOND, adj. *Strujuz*. *Spériuz*. *Founnuz*. *Froué-*

ÉCULE, s. f. *Bleûd-louzou*, m.
ÉDÉRATION, s. f. *Kévrédigez*, f. *Unvaniez*, f.
ÉE, s. f. *Boudik*, f. *Korrik*, m. *Korrigez*, f.
Vann. *Korrigan*, m. (T.)
EINTE, s. f. *Neûz*, f. *Mán*, f. *Trôidellérez*, m.
ÊLER, v. a. *Dam-faouta*. *Briz-faouta*. *Skar-*

ÉLICITATION, s. f. *Ken-lévénez*, f.
ÉLICITÉ, s. f. *Eurusded*, f. *Gwenvidigez*, f.
ÉLON, adj. et s. m. *Dispac'her*. *Ganaz*.
EMELLE, s. f. *Parez*, f.
EMME, s. f. *Maouez*, f. *Grék* ou *grég*, f.
c'h, f.
ENDRE, v. a. *Faouta*.— Vann. *Feutein*. (T.)
ENÊTRE, s. f. *Prénest*, m. *Stalaf*, f.
ENIL, s. m. *Sanal*, f. *Sólier*, f.
ER, s. m. *Houarn*, m.
FERME, adj. *Postek*. *Stard*. *Kalet*. *Poellek*.
FERME, s. f. *Marc'had*, m. *Méreûri*, f. *Tiégez*, f.
FERMENTER, v. n. *Gôi*. *Broutac'ha*.
FERMER, v. a. et n. *Serra*. *Klôza*. *Prenna*.
FÉROCE, adj. *Féró*. *Garó*. *Kriz*. — Vannes, *rif*. (T.)
FERRER, v. a. *Houarna*. (T.)

Ferret, s. m. *Klaóen*, f. *Klaóéten*, f.
Fertile, adj. *Strujuz. Spériuz. Frouézuz*
Ferveur, s. f. *Béôder*, m. *Birvidigez*, f. *nijen*, f.
Fesse, s. f. *Fesken*, f. *Klún*, f. *Ters Peñs*, m.
Festin, s. m. *Fést*, f. *Banvez*, m.
Fête, s. f. *Goél* ou *gouél* ou *gwél*, m. *Líd* —Vann. *Gouil*, m. (T.)
Fétide, adj. *Fleriuz. Mouézuz.*
Fétu, s. m. *Plouzen*, f. *Pellennik*, f. *Aral Eufl*, m.
Feu, s. m. *Tân*, m. *Tanijen*, f. *Béôder Moug*, m. — *Rumm-tûd*, m. (T.)
Feuille, s. f. *Delien*, f. *Follen*, f.
Feuillette, s. f. *Hañter-vuñs*, m.
Fève, s. f. *Fâ* ou *faô* ou *fâv*, m.
Février, s. m. *C'houévrer* ou *c'houévreur*
Fi, interj. *Foei. Fec'h. Ac'h.*
Fiancer, v. a. *Dimizi* ou *dimézi. Priétaat.*
Fibre, s. f. *Neûden-gík*, f. *Neûdennik-hí*
Ficelle, s. f. *Kordennik*, f.
Fichu, s. m. *Gouzougen*, f.
Fiction, s. f. *Gaou*, m. *Gôlôadur*, m. *K rez*, m.
Fidèle, adj. *Féal. Léal. Poelluz. Kalou Gwirion.*
Fief, s. m. *Dalc'h*, m. *Douar*, m.
Fiel, s. m. *Béstl*, f.
Fiente, s. f. *Kac'h* ou *Kaoc'h loéned*, m. *zel*, m.
Fier, v. a. *Fisiout. Krédi.*
Fier, adj. et s. m. *Faéuz. Balc'h. Her.* I *Groñs.*
Fièvre, s. f. *Tersien*, f. —Vann. *Terc'hia* (T.)
Figer (se), v. réfl. *Kaoulédi.*

Figue, s. f. *Fiez*, m.
Figure, s. f. *Aoz*, f. *Doaré*, f. *Neùz*. *Skeù-*
ı, f. *Dremm*, f.
Fil, s. m. *Neùd*, m.
Filasse, s. f. *Lañféaz* ou *lañfez*, m.
Filer, v. a. et n. *Néza*. — Corn. *Néa*. Vann.
ein. (T.)
Filet, s. m. *Neùdennik*, f. *Stril*, m. *Stagel*, f.
ued, f. — *Bannik dour*, m. (T.)
Filipendule, s. f. *Keit*, f.
Fille, s. f. *Merc'h*, f. *Paotrez*, f. *Plac'h*, f.
Filou, s. m. *Laer gwén*, m. *Ribler*, m. *Skra-*
r, m.
Fils, s. m. *Máb* ou *máp*, m. *Paotr*, m.
Filtrer, v. a. *Sila*.
Fin, s. f. *Divéz*, m. *Termen*, f. *Penn*, m.
ist, f. *Digwéz*, m.
Fin, adj. *Moan*. *Munud*. *Gwén*. *Glañ*. *Dinam*.
Vann. *Moen*. (T.)
Finance, s. f. *Arc'hañt*, m. *Arc'hañd dizô-*
, m.
Finesse, s. f. *Moander*, m. *Gwénded*, m.
rô-blég, f. *Bourd*, m.
Finir, v. a. et n. *Peùr-ôber*. *Klôza*. *Kas-da-*
mn. *Éana*.
Firmament, s. m. *Oabl-stérédet*, m. *Éñv-sté-*
det, m. *Ebr*, m.
Fistule, s. f. *Fic'h*, m. *Lagad-bér*, m. *Gwi-*
pen, f.
Fixe, adj. *Postek*. *Stard*. *Tenn*. *Diloc'h*. *Gwi-*
ion.
Flageller, v. a. *Skourjéza*.
Flagorner, v. a. *Goapaat*. *Touella*.
Flairer, v. a. et n. *C'houésaat*. *Musa*.
Flambeau, s. m. *Goulaouen-goar*, f. *Gou-*
louen-déô, f.
Flamboyer, v. n. *Lugerni*. *Lufra*. *Stérédenni*.

FLAMME, s. f. *Flamm*, m.

FLAMMÈCHE, s. f. *Flammen*. f. *Elven*, f. *E nen*, f.

FLANC, s. m. *Kostez*, m.

FLAQUE, s. f. *Poullik*, m. *Lagennik*, f.

FLASQUE, adj. *Gwâk* ou *goak*. *Bouk*. *Dinc*

FLATTER, v. a. *Rei lorc'h*. *Hilliga*. *Likao Touella*. *Rei dudi*.

FLATUOSITÉS, s. f. pl. *Avélou-treñk*, f. pl.

FLÉAU, s. m. *Frel*, f. *Gwalen*, f.

FLÈCHE, s. f. *Bîr*, f. *Saez* ou *Séaz*, f.

FLÉCHIR, v. a. et n. *Pléga*. *Soubla*. *Stoi Boukaat*.

FLEGME, s. m. *Kraost*, m. *Roñken*. f. *Klou ded*, m.

FLÉTRIR, v. a. *Gwévi* ou *gwéñvi*. *Séc'h Gwalla*.

FLEUR, s. f. *Bleûñ*, m. *Boked*, m. *Flour*, *Dibab*, m.

FLEUVE, s. m. *Ster-vrâz*. f. *Aven-vrâz*, f

FLEXIBLE, adj. *Pléguz*. *Gwén*. *Reiz*.

FLOCON, s. m. *Malzen*, f. *Kalzen*, f. *Kuchen*

FLOT, s. m. *Koumm*, m. *Gwagen*, f. *Lanô*, — Corn. *Tonn*, m. (T.)

FLUER, v. n. *Béra*. *Divéra*. *Rédek*.

FLUET, adj. *Moan*. *Flâk*. *Dinerz*.

FLÛTE, s. f. *Sutel*, f. *C'houitel*, f.

FLUX, s. m. *Réd*, m. *Bér* ou *béradur*, m. *Lanô*, m. Vann. *Châl*, m. (T.)

FLUXION, s. f. *Koenvaden*, f. *Dénédéou*, m.

FOI, s. f. *Kréden*, f. *Feiz*. m. *Léalded*, *Poell*, m.

FOIE, s. m. *Avu*, m. *Elaz*, m.

FOIN, s. m. *Foenn* ou *fouenn*, m.

FOIRE, s. f. *Marc'had-brâz*, m. *Foar*, f. *Réd-kôf*.

FOIS, s. f. *Gwéach*. f.

FOISON, s. f. *Founder*, m. *Paodder*, m. *F der*, m.

OLÂTRER, v. n. *Braga. Ébata. Skañbenni.* Vann. *Drujal.* (T.)

OLIE, s. f. *Folleñtez*, f. *Diboell*, m.

OND, s. m. *Gwéled*, m. *Tâl*, m. *Sôl*, f. *Izé-*, f.

ONDEMENT, s. m. *Diazez*, m. *Troad*, m. *r*, m.

ONDRE, v. a. et n. *Teûzi. Dizac'ha.*

ONDRIÈRE, s. f. *Louñk*, m. *Lagen*, f. *Gwa-n*, f.

ONDS, s. m. *Leûr*, f. *Arc'hañt*, m. *Mâd*, m. *d*, m.

ONTAINE, s f. *Aiénen*, f. *Feunteun*, f. *Stivel*, f.

ONTANELLE, s. f. *Mell ar penn*, m.

ONTS, s. m. pl. *Méan-badez*, m. *Méan-badi-t*, m.

ORBAN, s. m. *Preizer*, m.

ORÇAT, s. m. *Galéour*, m.

ORCE, s. f. *Ners*, m. *Kréfder*, m. *Gal-*, m. *Hék*, m.

ORCER, v. a. *Rédia. Héga. Terri. Brévi.*

ORER, v. a. *Toulla.*

ORÊT, s. f. *Koat-brâz*, m. *Forest*, f.

ORET, s. m. *Gwiméled*, f. *Argoured*, m.

ORFAIT, s. m. *Gwall-ôber*, m. *Droug-ôber*, m. *fed*, m.

ORGE, s. f. *Gôfel* ou *gôvel*, f. — Trég. et n. *Gôel*, f. (T.)

ORGERON, s. m. *Gôf* ou *gôv*, m. *Marichal*, m. Vann. *Gô*, m. (T.)

ORME, s. f. *Aoz*, f. *Doaré*, f. *Meñt*, f. *Neûz*, f. Hors du Léon : *Oz*, f.

ORMEL, adj. *A-ratoz. A-zevri. Anat. Striz.* Vann. *Strec'h.* (T.)

ORMIDABLE, adj. *Eúzuz. Spouñtuz.*

ORNICATION, s. f. *Gadélez*, f. *Orged*, f. *Oria-*, f.

Fors, prép. *Némét.*

Fort, adj. *Kré. Nerzuz. Fétiz. Froudenn* *Gwizick.* — Vann. *Kréñv* ou *kréañ.* Tré *Kréoñ.* (T.)

Fort, s. m. *Kré*, m.

Fortuit, adj. *Darvouduz. Dic'héd. Dic'hort*

Fortune, s. f. *Madou*, m. pl. *Danvez*, *Trâ*, f. *Glâd*, m.

Fosse, s. f. *Poull*, m. *Toull*, m. *Añt*, m. *Béz*, — *Toull-béz*, m. (T.)

Fossé, s. m. *Douvez*, f. *Kaé*, m. *Kleûz*, r

Fou, adj. *Diskiañt. Dibenn. Diboell. F* *Direiz.*

Foudre, s. f. *Kurun*, f. *Séac'h*, m. *Foultr*,

Fouet, s. m. *Fouét*, m. *Skourjez*, f. *S* *réen*, f.

Fougère, s. f. *Raden*, f.

Fougue, s. f. *Frouden*, f. *Diboell*, m. *nez*, m.

Fouiller, v. a. *Furcha. C'houilia. Eñk* *kout. Firboucha.* — P. a. *Enklask.* (T.)

Fouine, s. f. *Kaérel-vrâz*, f. *Koañtik-vrâz*

Fouir, v. a. *Toulla. Kava. Turia. Houc'he* — P. a. *Turiat.* (T.)

Foule, s. f. *Gwask*, m. *Moustr*, m. *groez*, m.

Four, s. m. *Forn* ou *fourn*, f.

Fourbe, adj. *Toueller. Trubard. Ganaz. I*

Fourbir, v. a. *Pura* ou *spura. Skarza.* *vergla.*

Fourche, s. f. *Forc'h*, f.

Fourchon, s. m. *Gaol*, f. *Skalf*, m. *Faout*

Fourgonner, v. n. *Ficha. Fichella.*

Fourmi, s. f. *Mériénen*, f.

Fourneau, s. m. *Fornigel* ou *fournigel*, f.

Fournil, s. m. *Ti-fourn*, m.

Fournir, v. a. et n. *Basta* ou *bastout. Re*

OURRAGE, s. m. *Boéd-chatal*, m.
OURREAU, s. m. *Feûr*, f. *Gouin* ou *gouhin*, m.
OURRER, v. a. *Bouta*. *Feûria*.
OURVOYER, v. a. *Dihiñcha*. *Divarc'ha*.—Vann. *ñtein*. (T.)
OUTEAU, s. m. *Faô* ou *fâv*, m. — Hors du *n* : *Fô*, *fôen*. (T.)
OYER, s. m. *Oaled*, f.
RACAS, s. m. *Tarz*, m. *Strâp*, m. *Trouz*, m. *oul*, m.
RACTION, s. f. *Terridigez*, f. *Darn*, f. *Rann*, m.
RAGILE, adj. *Torruz*. *Bresk* ou *brask*. *Di-*
RAGMENT, s. m. *Darn*, f. *Rann*, m. *Briénen*, f.
RAI, s. m. *Hâd-pesked*, m.
RAIS, adj. *Frésk*, *Névez*. *Diskuiz*. *Dizall*.
RAIS, m. pl. *Míz*, m. *Dispiñ*, m. *Koust*, m.
RAISE, s. f. *Sivi*, m.
RAMBOISE, s. f. *Tel*, m.
RANC, adj. *Diéré*. *Dizañk*. *Gwirion*. *Léal*. — *g*. *Séder*. (T.)
RANCHIR, v. a. *Treûzi*. *Moñd dreist*.
RAPPER, v. a. et n. *Skei*. *Steki*. *Pila*. *Fusta*.
RAUDE, s. f. *Touellérez-kûz*, m. *Trôidel*, f. *vigel*, m.
RAYER, v. a. *Merka*. *Arwézi*. *Pleûstra*. *Steki*.
RAYEUR, s. f. *Spouñt*, m. *Aoun*. *Eûz*, m. — *in*. *Skoñt*, m. *Eûn*, f. *Lorc'h*, m. (T.)
REIN, s. m. *Gwesken*, f. *Poell*, m
RELATER, v. a. *Meski*. *Kemmeski*. *Distéraat*. Vann. *Kejein*. *Farloti*. (T.)
RÊLE, adj. *Torruz*. *Bresk*. *Gwân*.
RELON, s. m. *Sardonen*, f. *C'houiliorcz*, f.
RÉMIR, v. n. *Skrija*. *Trivia*. *Daskréna*.
RÊNE, s. m. *Ounn*, m. — Hors du Léon : *n*, m. (T.)
RÉNÉSIE, s. f. *Diboell*, m. *Direisted*, m. *Frou-*, f.

FRÉQUEMMENT, adv. *Aliez.*

FRÉQUENTER, v. a. *Darempredi. Heñli. Pleúi tra.*

FRÈRE, s. m. *Breûr*, m.

FRESAIE, s. f. *Garmélod*, f. *Kaouennez*, f *Chévech*, f.

FRESSURE, s. f. *Koural*, m. *Kalounen*, f.

FRÉTILLER, v. n. *Késluska. Feûla. Draska.*

FRIAND, adj. *Lipouz. Piloul. C'houék.* —Vann *Morser*, adj. et subst. (T.)

FRICASSER, v. a. *Frita. Tréza. Bévézi.*

FRICHE, s. f. *Léton* ou *létoun*, m. *Douar kóz*, m — Vann. *Brellé*, m. (T.)

FRILEUX, adj. *Rividik.* — Vann. et Corn. *Li duek.* (T.)

FRIMAS, s. m. *Frimm*, m. *Kléren*, f. — Corn *Riel*, m.

FRIME, s. f. *Neúz*, f. *Mân*, f.

FRIPER, v. a. *Bresa. Saotra. Bévézi. Brifa.*

FRIPON, adj. et s. m. *Halébot. Ubol. Kor Skraper.*

FRIRE, v. a. *Frita.*

FRISER, v. a. et n. *Rolla. Fula. Rodell Groñoni.*

FRISSON, s. m. *Kridien*, f.

FRIVOLE, adj. *Gwân. Skâñ. Dister.*

FROC, s. m. *Pichourel*, f. *Kougoul*, m.

FROID, adj. et s. m. *Ién. Iénien*, f. *Riou*, m — Vann. *Anoued*, m.

FROISSER, v. a. *Bréva* ou *brévi. Frika. Flastr Bresa.*

FROMENT, s. m. *Gwiniz*, m.

FRONCER, v. a. *Kriza. Roufenna.*

FRONDE, s. f. *Talm*, f. *Batalm*, f.

FRONT, s. m. *Tâl*, m. *Divézded*, m.

FRONTAL, s. m. *Talgenn*, m. *Taled*, f.

FRONTIÈRE, s. f. *Marz*, m. *Harzou*, m. *Lézen*, f.

RONTISPICE, s. m. *Talbenn*, m. *Talier*, f. *raok*, m.

ROTTER, v. a. *Steki. Ruza. Rimia. Skrāba. ta.*

RUCTUEUX, adj. *Frouézuz. Talvouduz. Gou-zz.*

RUIT, s. m. *Frouez*, m. *Gounid.* — Vann. *ec'h*, m. *Frec'h*, m. (T.)

RUSTRER, v. a. *Touella. Dizouna.* — P. a. *Di-n.* (T.)

UIR, v. n. *Tec'hout. Didec'hout.* — P. a. *Te-t. Didec'het.* (T.)

UMÉE, s. f. *Môged*, m. *Môgéden*, f.

UMIER, s. m. *Teil*, m.

UNESTE, adj. *Reûzeûdik. Dizeur. Truézuz. all.*

UREUR, s. f. *Kounnar*, f. *Diboell*, m. *Frou-*, f.

URONCLE, s. m. *Hesked*, m. *Puñez*, f.

URTIVEMENT, adv. *É-kûz. É-tuóni.* — *Ével eul . Hep gouzout da zén.* (T.)

USAIN, s. m *Skaó-grâc'h*, m.

USEAU, s. m. *Gwerzid*, f.

USTIGER, v. a. *Skourjéza.* Part. *et.*

UTILE, adj. *Gwân. Dister. Disneûz.*

UTUR, adj. *Da zoñt.*

G

, *s.* m. Lettre consonne, la septième de l'al bet.

ABARE, s. f. *Kóbar* ou *gôbar*, f.

AFFE, s. f. *Bidéó*, m. *Goaó*, m.

AGE, s. m. *Gwéstl*, m. *Gôpr*, m. *Aroué*, f. *Goumanañchou*, m. pl. (T.)

GAGEURE, s. f. *Klaoustré*, m.

GAI, adj. *Laouen. Drañt. Joauz.* — Tré *Séder.* (T.)

GAIN, s. m. *Gounid* ou *gonid*, m. *Gounidégez*,

GAINE, s. f. *Gouin*, m. *Feûr*, f.

GALANT, adj. et s. m. *Déréad. Séven. Gad* *Orgéder.*

GALE, s. f. *Gâl*, f. *Drouk-sañt-Méen*, m.

GALÈRE, s. f. *Galé*, m. — *Galéou.* (T.)

GALERIE, s. f. *Palier*, m. *Poñdalez*, f. *T* *pas*, m.

GALERNE, s. f. *Kornaouek-uc'hel*, m. *Gw* *larn*, m.

GALET, s. m. *Bili*, m.

GALETAS, s. m. *Sanal*, f. *Sôlier*, f. *Trañk*,

GALETTE, s. f. *Krampoez-téô*, m. *Tartez*,

GALOP, s. m. *Daou-lamm*, m. *Galoup*, m.

GAMBADE, s. f. *Lamm-gavr*, m.

GANGRÈNE, s. f. *Brein-kríñ*, m.

GANT, s. m. *Manek*, f.

GARANTIR, v. a. *Krétaat. Toui. Mirout. D* *wallout.* — P. a. *Touet. Miret. Diwall.* (T.)

GARCE, s. f. *Gast*, f. *Paotrez*, f.

GARÇON, s. m. *Paotr*, m. *Mâb*, m. *Mével*,

GARDER, v. a. *Mirout. Derc'hel. Diwallout.* — P. a. *Miret. Diwall.* (T.)

GARDON, s. m. *Gargaden*, f. *Mañdok*, m *Gwennik*, m.

GARENNE, s. f. *Gwaremm*, f.

GARNIR, v. a. *Basta. Founna. Stróba.*

GARROT, s. m. *Sparl*, m.

GÂTEAU, s. m. *Kouïñ*, f. *Gwastel*, f.

GÂTER, v. a. *Gwasta. Gwalla. Kalara. Koll* — P. a. *Koll.* (T.)

GAUCHE, adj. *Kleiz. Diwén. Amparfal.* —Van *Heut.* (T.)

GAULE, s. f. *Gwalen*, f. *Gwialen*, f. *Lâz*,

GAZ, s. m. *Aézen*, f. *Môgéden*, f.

GAZON, s. m. *Géoten*, f. *Taouarc'hen*, f. *Léun*, m. — *Tachen flour*, f. (T.)
GAZOUILLER, v. n. *Geiza*. *Richona*.
GEAI, s. m. *Gegin*, f.
GÉANT, adj. et s. m. *Lañgouinek*. *Ramps*. *Peülm*.
GELÉE, s. f. *Réô* ou *rév*, m. *Skourn*, m. — orn. *Anoued*, m.
GÉMEAU, s. m. *Gével*, m.
GÉMIR, v. n. *Keina*. *Hirvoudi*. *Klemma*. *Kuc'ha*. — P. a. *Klemm*. (T.)
GENCIVE, s. f. *Kik-dent*, m.
GENDRE, s. m. *Mâp-kaer*, m. *Dañ* ou *déañ*, m. *éver*, m. — Vann. *Mabek*, m. (T.)
GÊNER, v. a. *Diéza*. *Gwana*. *Eñkrézi*.
GÉNÉRATION, s. f. *Engéheñtadur*, m. *Sper*, m. *labérez*, m. *Rumm*, m.
GÉNÉREUX, adj. *Lark*. *Kalounek*. *Dizaouzan*.
GENÊT, s. m. *Balan*, m.
GÉNISSE, s. f. *Ounner* ou *onner*, f.
GENOU, s. m. *Glín*, m. *Esker*, f.
GENRE, s. m. *Gwenn*, f. *Doaré*, f.
GENS, s. pl. *Túd*, f. pl. *Broadou*, f. pl. *Mébllou*, m. pl.
GENTIL, adj. *Koañt*. *Koañtik*. *Braó*. *Mistr*.
GENTILHOMME, s. m. *Dicheñtil*, m.
GÉNUFLEXION, s. f. *Stou-glín*, m. *Plég-glín*, m.
GERBE, s. f. *Malan*, f. *Stuc'hen*, f. — Vann. *Ménal*, f. (T.)
GERCER, v. a. *Frala*. *Skalfa*. *Skarra*. *Spinac'ha*.
GÉRER, v. a. *Blénia*. *Réna*. *Méra*. — Corn. *Méa*. Vann. *Méein*. (T.)
GERMAIN, adj. *Kompez*.
GERME, s. m. *Gwenn*, f. *Boédeñ*, f. *Kellid*, m.
GÉSIER, s. m. *Élaz*, m.
GESTE, s. m. *Dispac'h*, m.
GIBET, s. m. *Kroug*, f.

Giboulée, s. f. *Bár-glaó*, m.

Gigot, s. m. *Morzed-vaout*, f.

Giron, s. m. *Barlen*, f.

Girouette, s. f. *Gwiblen*, f.

Givre, s. m. *Skourn*, m. *Frimm*, m.

Glace, s. f. *Skourn*, m. *Spîl*, m. *Kléren*, f. *Mellézour*, m.

Glaire, s. f. *Glaouren*, f. *Roñken*, f.

Glaise, s. f. *Prî*, m. *Douar béô*, m.

Glaive, s. m. *Klézé*, m.

Gland, s. m. *Mézen*, f.

Glande, s. f. *Gwagren* ou *goagren*, f. *Gwerblen*, f.

Glaner. v. a. et n. *Pennaoui. Tamoézenna.* — Trég. *Teskaouiñ.* Corn. *Toc'hota.* Vann. *Toézennein.* (T.)

Glapir, v. n. *Speúñia.*

Glaz, s. m. *Glâs*, f. *Lézou*, m. pl.

Glayeul, s. m. *Raoz*, m. *Kors*, m. *Elcstr* ou *Hélestr*, m.

Glèbe, s. f. *Douar*, m. *Glâd*, m. *Tañouarc'h*, m.

Glisser, v. n. *Riska* ou *riskla. Ruza* ou *reúza.*

Globe, s. m. *Boul*, f. *Bolod*, m. *Pellen*, f.

Gloire, f. *Hanô-kaer*, m. *Meûleûdi*, f. *Fougé*, f.

Gloser, v. a. *Diskleria. Kélenna. Tamallout.* — P. a. *Kélenn. Tamall.* (T.)

Glousser, v. n. *Kloc'ha.*—Corn. *Klôga.* (T.)

Glouteron, s. m. *Sérégen*, f. *Saragérez*, f.

Glouton, adj. et s. m. *Dibriad. Déñviad. Loñtek.*

Glu, s. f. *Glûd*, m.

Gobelet, s. m. *Kôp* ou *kôb*, m.

Goémon, s. m. *Bézin* ou *bizin*, m. *Félu-môr*, m. — Vann. *Béc'hin.* (T.)

Goguenard, adj. et s. m. *Goapaer*, m. *Gôgéer*, m.

Goinfre, adj. et s. m. *Dibriad. Louñker.*

ioîtRE, s. m. *Jótórel*, f. *Pensac'h*, m.
iOLFE, s. m. *Plég-vôr*, m. — Vann. *Ouf*, m.
)
iOND, s. m. *Marc'h-dôr*, m. *Mudurun*, f.
iONFLER, v. a. et n. *Koenvi*. *C'houéza*. *Stamc'ha*.
iORET, s. m. *Pémoc'h-bihan*, m. *Porc'hel*, m.
iORGE, s. f. *Gouzouk*, m. *Gargaden*, f. *Kern*, f. — Hors du Léon : *Gouk*. (T.)
iORGER, v. a. *Gwalc'ha*. *Leûnia*. *Karga*.
iOSIER, s. m. *Gargaden*, f. *Gourlañchen*, f. *rsalen*, f.
iOUDRON. s. m. *Ter*, m. — Vann. *Kouil-a*, m. (T.)
iOUFFRE, s. m. *Kaô*, m. *Kéô*. m. *Louñk*, m.
iOUGEON, s. m. *Hibil-houarn*, m. *Tarval*, m.
iOULET, s. m. *Mulgul*, m.
iOULU, adj. et s. m. *Dibriad*. *Déñviad*. *Louñ-*
.
iOUPILLE, s. f. *Gennig-houarn*, m.
iOURD, adj. *Mors*. *Kropet*. *Bavédik*.
iOURDIN, s. m. *Krenn-vâz*, f. *Penn-bâz*, m.
iOURMAND, adj. et s.m. *Dibriad*. *Déñviad*. *Brét*.
iOURMANDER, v. a. *Króza*. *Tamallout*. *Skaña*. — P. a. *Tamall*. (T.)
iOUSSE, s. f. *Kosen*, f. *Klosen*, f.
iOUSSET, s.m. *Toull-kazel*, m. *Godellik-brai*, f.
iOÛT, s. m. *Bláz*, f. *Tañva*, m.
iOÛTER, s. m. *Méren*, f. *Gortozen*, f.
iOUTTE, s. f. *Banné*. m. *Bérad*, m. *Hurlou*, m. — Vann. et Corn. *Bannac'h*, m. (T.)
iOUTTIÈRE, s. f *Kân*, m. *Sân*, f. *Nôed*, m.
iOUVERNAIL, s. m. *Stúr*, m.
iOUVERNER, v. a. *Réna*. *Blénia*. *Méra*. *Sturia*.
iRABAT, s. m. *Gwélé-réz*, m. *Fléd*, m.

Grabuge, s. m. *Strif*, m. *Kròz*, m. *Trouz*, m
Grâce, s. f. *Trugarez*, f. *Mâd-ôber*, m. *Ge loud*, m.
Gracieux, adj. *C'houék. Dudiuz. Déréad.*
Grade, s. m. *Dérez*, m. *Béli*, f.
Grain, s. m. *Ed*, m. *Greùn*, m. — Van *Grân*, m. (T.)
Graine, s. f. *Hâd*, m.
Graisse, s. f. *Lard*, m. *Druzôni*, f.
Grand, adj. *Brâz. Meûr.*
Grappe, s. f. *Bôd*, m. *Bâr* ou *barr*, m.
Grappin, s. m. *Krâp* ou *skrâp*, m. *Krampinel*,
Gras, adj. *Lard. Drûz.*
Gras de jambe, s. m. *Kôf-gâr*, m.
Grasseyer, v. n. *Bestéodi.*
Gratin, s. m. *Krien* ou *kriénen*, m.
Gratitude, s. f. *Anaoudégez*, f. *Trugarez*, — Hors du Léon : *Trugaré.* (T.)
Gratte-cul, s. m. *Amgroaz*, f.
Grattelle, s. f. *Diskrab*, m. *Rouñ*, m.
Gratter, v. a. et n. *Skraba. Diskraba. Rimi*
Gratteron, s. m. *Saragérez*, f. *Téôd-evn*, m
Grave, adj. *Pounner. Dic'hoarz. Ién. Grisia*
Gravier, s. m. *Grouan*, m. — Vann. *Groa grôzol*, *grozel*, m. (T.)
Gravir, v. a. et n. *Krapa* ou *skrapa.*
Gravois, s. m. *Atred*, m. *Dâr*, f. — *Atréjou.* (T
Gré, s. m. *Ioul*, f. *Grâd*, f. *Dâ*, m. *Kaer*, m *Ménoz*, m.
Gredin, adj. et s. m. *Kork. Halebot. Kri Skarz.* — Corn. *Hubot.*
Greffe, s. f. *Embouden* ou *imbouden*, f.
Grêle, s. f. *Kazarc'h*, m. *Grizil*, m.
Grelin, s. m. *Oser*, m.
Grenier, s. m. *Sanal*, f. *Sôlier*, f. *Griñol*,
Grenouille, s. f. *Rân*, f. *Gwesklév*, f. — Tré *Glesker*, m. (T.)

GRENOUILLETTE, s. f. *Paô-brân*, m.
GRÈS, s. m. *Krâg*, m. *Méan-krâg*, m.
GRÈVE, s. f. *Kraé*, m. *Kroa*, m. *Tréaz*, m.
GREVER, v. a. *Gaoui. Gwalla.*
GRIEF, adj. et s. m. *Grisiaz. Gaou*, m.
oall, m. *Klemm*, m.
GRIFFE, s. f. *Kraban*, f. *Skilf*, m.
GRIGNON, s. m. *Tamm*, m. *Kreunn*, m.
GRIGNOTER, v. n. *Kriña.*
GRILLE, s. f. *Kael*, f. *Kloućden*, f. *Rastel*, f.
GRILLER, v. a. *Kraza. Sula. Kaélia.*
GRIMACE, s. f. *Neûz-fall*, f. *Orbid*, m.
GRIMPER, v. a. et n. *Krapa* ou *skrapa.*
GRINCER, v. a. et n. *Skriña. Grîgoñsa.* —P. a. *rigoñsat.* Yann. *Chourikein.* (T.)
GRIPPE, s. f. *Frouden*, f. *Pennad*, m.
GRIPPER, v. a. *Skrapa. Skilfa.*
GRIS, adj. *Glâz-wenn. Louet. Dam-vezô. Dréô.*
GRIVE, s. f. *Drask*, m. *Borzévellek*, m.
GRIVELÉ, adj. *Brîz. Marellet.*
GROGNER, v. n. *Hoc'ha. Doc'ha. Krôza. Soroc'ha.*
GROIN, s. m. *Groñch*, f. *Frî*, m.
GRONDER, v. a. et n. *Gourdrouza. Krôza. Soc'ha.*
GROS, adj. *Téô* ou *tev. Fétiz. Brâz. Pikol.*
GROSEILLE, s. f. *Kastilez*, m. *Spézad*, m.
GROSSESSE, s. f. *Brazézded*, m.
GROSSIER, adj. *Téô. Garô. Digompez. Amzéré. oùidik.*
GROTESQUE, adj. *Lù. Diboell. Iskiz. Dizoaré.*
GROTTE, s. f. *Kaô* ou *kéô*, m. *Mougéô*, f. *roc'h*, m.
GROUILLER, v. n. *Fiñva. Kéfluska.*
GROUPE, s. m. *Bâr* ou *barr*, m. *Stroll*, m. — *laréad*, m. *Toullad*, m. (T.)
GRUAU, s. m. *Briñen*, m. *Gróel*, m.
GRUE, s. f. *Garan*, f. *Grân*, f.

Grumeau, s. m. *Poulouden*, f. *Kaouléden*, f.
Gué, s. m. *Gwé* ou *gwév*, m. *Rodo*, m.
Guenille, s. f. *Pil*, m. *Trûl*, m. *Labasken*, f
Guenon, s f. *Marmouzez*, f. *Mouna*, f.
Guêpe, s. f. *Gwespéden*, f.
Guère, adv. *Némeûr*.
Guéret, s. m. *Havrek* ou *avrek*, m.
Guérir, v. a. et n. *Iac'haat*. *Gwellaat*: *Paréa*. — P. a. *Paré*. (T.)
Guérite, s. f. *Gédik*, m. *Gwéré*, f.
Guerre, s. f. *Brézel*, m.
Guêtre, s. f. *Bodréou*, m. pl. *Trik-heûzou*, m. pl.
Guetter, v. a. *Géda*. *Gortozi*. *Spia*. — P. a. *Gédal*. *Gortoz*. (T.)
Gueule, s. f. *Génou*, m. *Géôl*, m. *Bék*, m.
Gueux, adj. et s. m. *Tavañtek*. *Kork*. *Halébod*, m.
Gui, s. m. *Huel-var* ou *uc'hel-var*, m.
Guichet, s. m. *Drâf*, m. *Dôrikel*, f.
Guider, v. a. *Réna*. *Bléña*. *Heñcha*. *Alia*. — P. a. *Rén*. (T.)
Guigne, s. f. *Kiñez*, m. *Babu*, m.
Guigner, v. n. *Gwilc'ha*. *Bliñgein*.
Guignon, s. m. *Droug-eûr*, f. *Reûz*, m.
Guilleret, adj. *Dihun*. *Divôret*. *Dréô*. *Drañt*.
Guinder, v. a. *Gorréa*, *Gwiñta*. — P. a. *Gorren*. (T.)
Guingois, s. m. *Beskel*, f. *Gwarigel*, f. *Treûz*, m.
Guirlande, s. f. *Garlañtez*, f.
Guise, s. f. *Kîz* ou *gîz*, f. — *Roll*, m. (T.)

H

H, s. m. Lettre consonne, la huitième de l'alphabet.

ABILE, adj. *Gwizick. Lennek. Gwén. Màl.* r.

ABILLER, v. a. *Gwiska*. Part. et *Pourc'ha.*

ABITER, v. a. et n. *Choum. Annéza.*—Vann. *ukein.* (T.)

ABITUDE, s.f. *Boaz*, m. *Kustum*, m. *Tech*, m. Vann. *Boez*, m. (T.)

ACHE, s. f. *Bouc'hal*, f. — Hors du Léon : *'hal*, f. (T.)

ACHER, v. a. *Drala.*

AGARD, adj. *Balc'h. Her. Ferô Gouéz.*

AIE, s. f. *Garz*, f. *Kaé*, m. *Kleûz*, m.

AILLON, s. m. *Pîl*, m. *Trûl*, m. *Labasken*, f.

AINE, s. f. *Kâs*, m. *Kasoni*, f.

HÂLE, s. m. *Skarnil*, m. *Spinac'h*, f.

HALEINE, s. f. *Alan* ou *halan*, f. — Vannes, *al*, f. (T.)

HALETER, v. n. *Termi. Tréc'houéza. Tréala.*

HALLE, s. f. *Koc'hi* ou *koc'hu*, m.

HALLIER, s. m. *Strouez*, f. *Broust*, m.

HALTE, s. f. *Paouez*, m. *Éan* ou *éhan*, m. *anaen*, f.

HAMAC, s. m. *Gwélé-skourr. Brañsel*, f.

HAMEAU, s. m. *Touinel*, f.

HAMEÇON, s. m. *Higen*, f.

HAMPE, s. f. *Troad*, m. *Fust*, m.

HANCHE, s. f. *Léz*, f. *Kroazel*, f.

HANGAR, s. m. *Kardi* ou *karzi*, m. *Làb*, m. *iber*, m.

HANNETON, s. m. *C'houil*, m.

HANTER, v. a. *Darempredi. Pleûstra. Heñti.*

HAPPER, v. a. *Paka.*

HARASSER, v. a. *Skuiza* ou *skouiza.*

HARCELER, v. a. *Héga. Heskina.*

HARDES, s. f. pl. *Dilad*, m.

HARDI, adj. *Her. Balc'h. Hardiz. Kalounek.*

HARENG, s. m. *Hariñk*, m.

HARGNEUX, adj. *Griñouz. Huernek. Gwéñvet.*
HARICOT, s. m. *Fâ munud*. m. *Piz roum*, m
HARIDELLE, s. f. *Spréc'hen*, f.
HARNAIS, s. m. *Harnez* ou *hernez*, m. *Tenn*, m
— *Stern*, m. Vann. *Ave*, m. (T.)
HARPE, s. f. *Télen*, f.
HARPON, s. m. *Krôk*, m. *Krâp*, m. *Tréañt*, m
HART, s. f. *Éré*, m. *Kévré*, f. *Gwéden*, f.
HASARD, s. m. *Darvoud*, m. *Digwéz* ou d
gouéz, m.
HASE, s. f. *Koniklez*, f. *Gadez*, f.
HÂTE, s. f. *Hast*, m. *Mall*, m. *Difraé*, m.
HAUSSER, v. a. *Huélaat. Gorréa. Sével.* — P
a. *Gorren.* (T.) Vann. *Saouein.* (T.)
HAUT, adj. *Huel* ou *uc'hel. Uc'h. Kré. Brâz*
Rog.
HAUT-MAL, s. m. *Drouk-sañt*, m. *Droug*
huel, m.
HAUTBOIS, s. m. *Bombard*, f.
HÂVE, adj. *Drouk-livet* ou *droulivet. Dis*
trouñket.
HAVRE, s. m. *Aber*, f. *Haor*, m.
HÉBÊTÉ, adj. et s. m. *Abaf. Beulké. Louad.*
HECTARE, s. m. *Daou zévez arat.* (T.)
HÉLAS, interj *Allas* ou *allaz. Sioaz* ou *siouaz*
HÉLER, v. a. *Gervel. Hopa.*
HÉLIOTHROPE, s. m. *Trô-héol*, f.
HÉMORRAGIE, s. f. *Koll-gwâd*, m. *Diwad*, m
HÉMORROÏDES, s. f. pl. *Gwâz-rudez*, f. *Rusté*
riou, f. pl.
HENNIR, v. n. *Gourrisia. C'houirina. Kristila*
HERBE, s. f. *Géot* ou *iéot*, m. *Kaol*, m. *Kol*
hors du Léon.
HÉRÉDITÉ, s. f. *Gwir zigouéz*, m.
HÉRITAGE, s. m. *Digwéz* ou *digouéz*, m.
HÉRITIER, s. m. *Her*, m.
HERMINETTE, s. f. *Kéladur*, m.

[H]ERNIE, s. f. *Avélen*, f. *Tarz-kôf*, m.
[H]ÉRON, s. m. *Kerc'heiz*, f. *Herlégon*, m.
[H]ERSE, s. f. *Oged* ou *hoged*, f. *Kloued*, f.
[Bl]ûzel, f.
[H]ÉSITER, v. n. *Besléodi. Termi. Hakéta. Mar-[v]zta.*
[H]ÉTÉROCLITE, adj. *Direiz.*
[H]ÊTRE, s. m. *Faó* ou *fâv*, m.—Hors du Léon:
, m. (T.)
HEUR, s. m. *Eûr*, f. *Eûr-vâd*, f.
HEURE, s. f. *Heur*, f. *Préd*, m. *Maré*, m.
HEUREUX, adj. *Euruz* ou *évuruz. Gwenvidik.*
HEURTER, v. a. *Steki. Skei. Bouñta* ou *buñta.*
HEXAGONE, adj. *C'houeac'h-kornek.*
HIBOU, s. m. *Kaouen* ou *kaouan*, f.
HIDEUX, adj. *Divaló. Akr* ou *hakr. Eúzuz.*
HIÈBLE, s. f. *Skaó-bihan*, m. *Tréskaó*, m.
[B]iliô, m.
HIER, adv. *Déac'h.*
HILARITÉ, s. f. *Laouénidigez*, f. *Lévénez*, f.
HIRONDELLE, s. f. *Gwennéli* ou *gwennili*, f.
HISTOIRE, s. f. *Danével*, f. *Kéal*, m. *Gwer-[z]en*, f. *Bucz*, f.
HISTRION, s. m. *Farvel* ou *farouel*, m. *Tri-[c]r*, m.
HIVER, s. m. *Goañ* ou *goañv*, m.
HOBEREAU, s. m. *Splaouer bihan*, m.
HOCHER, v. a. *Horella. Heja.*
HOCHET, s. m. *C'hoariel*, f. *Diduel*, f.
HOIR, s. m. *Her*, m.
HOMARD, s. m. *Légestr*, m. *Keméner-vôr*, m.
HOMMAGE, s. m. *Gwazoniez*, f. *Sévénidigez*, f.
HOMME, s. m. *Dén*, m. *Gwâz* ou *goaz*, m
[Pó]zac'h, m.
HOMOLOGUER, v. a. *Grataat. Krétaat.*
HONGRE, adj. et s. m. *Spáz* ou *spazet.*
HONNÊTE, adj. *Reiz. C'houék. Séven. Déréad.*

HONNEUR, s. m. *Meûleûdi*, f. *Enor*, m. *Han mâd*, m.
HONORAIRES, s. m. pl. *Paé*, m. *Gôpr*, m. *Gwerz*, *Gwéstl*, m.
HONTE, s. f. *Méz*, f. *Mézégez*, f. — Vannes *Mec'h*, f. (T.)
HÔPITAL, s. m. *Klañdi*, m.
HOQUET, s. m. *Hík*, m.
HORDE, s. f. *Bagad*, f. *Bañden*, f.
HORIZON, s. m. *Dremvél* ou *dremwél*, m.
HORMIS, prép. *Némét.*
HORREUR, s. f. *Eûz* ou *heûz*, m. *Spouñt*, m. *Hérez*, f. — Vann. *Ec'h*, m. (T.)
HORS, prép. *Er-méaz. Némét.*
HOSPITALITÉ, s. f. *Digémer*, m. *Herberc'h*, m.
HÔTE, s. m. *Tavarner* ou *tavarñer*, m.
HOTTE, s. f. *Boutek*, m.
HOUE, s. f. *Pigel*, f. *Marr*, f.
HOUILLE, s. f. *Glaou-douar*, m.
HOULE, s. f. *Houlen*, f. *Gwagen*, f. *Koumm*, m.
HOULETTE, s. f. *Kammel*, f.
HOUPPE, s. f. *Bouch*, m. *Bôdad*, m. *Kribel*, f.
HOURVARI, s. m. *Trouz brâz*, m.
HOUSSE, s. f. *Pallen-varc'h*, f. — *Torchen*, f. (T.)
HOUSSINE, s. f. *Gwialen*, f. *Kélastren*, f.
HOUX, s. m. *Kélen*, m. *Askol-koad*, m.
HUCHE, s. f. *Néô*, f. *Laouer*, f. *Arc'h*, f.
HUCHER, v. a. et n. *Iouc'ha. Hopa.*
HUCHET, s. m. *Korn-boud*, m.
HUER, v. a. *Hua. Huda. Argadi.* — *Krial hu war.* (T.)
HUILE, s. f. *Eôl*, f. *Oléô*, f. — Vann. *Éul evl*, *ivl*, f. (T.)
HUIT, nom de nombre cardinal. *Eiz.*
HUÎTRE, s. f. *Histren*, f.
HUMAIN, adj. *Karañtézuz. Habask. Kuñ.*

Humble, adj. *Diker. Divalc'h. Doujuz.*
Humecter, v. a. *Glébia. Delta. Leiza.*
Humer, v. a. *Rufla.*
Humeur, s. f. *Douren*, f. *Sûn*, m. *Aoz*, f. *...ur*, f.
Humide, adj. *Gléb. Mouéz. Leiz. Delt. Moeltr.*
Humiliation, s. f. *Izélidigez*, f. *Vuelded*, m. *...z*, f.
Hune, s. f. *Kastel* ou *kastel-léstr*, m.
Huppe, s. f. *Houpérik*, m. *Kabel*, m. *Kri-...*, f. — Vann. *Klipel*, f. (T.)
Hure, s. f. *Penn*, m.
Hurler, v. n. *Iuda. Urc'ha.* — P. a. *Iudal.* (T.)
Hutte, s. f. *Lógel*, f. *Lôgik*, f.
Hydre, s. f. *Aer-zour*, f.
Hydromel, s. m. *Dour-vél*, m.
Hydrophobie, s. f. *Kounnar*, f.
Hydropisie, s. f. *Koenv*, m. *Drouk-sant-...op*, m.
Hymen, s. m. *Dimizi*, m. *Priédélez*, f.
Hypocondre, adj. et s. m. *Ginet. Rec'huz. ...oudennuz.*

I

I, s. m. Lettre voyelle, la neuvième de ...lphabet.
Ici, adv. *Ama* ou *amañ*. — Vann. *Amen.* (T.)
Idée, s. f. *Kât* ou *ratoz*, f. *Ménoz* ou *Men-...z*, m. — Hors du Léon : *Méno.* (T.)
Identique, adj. *Héñvel. Unvan.*
Idiome, s. m. *Iéz*, m.
Idiot, adj. et s. m. *Diot Abaf. Louad. Beulké.*
Idolâtre, adj. et s. m. *Dén-divadez*, m.
If, s. m. *Ivin*, m.
Ignoble, adj. *Disléber. Displéd. Mézuz.*

Ignominie, s. f. *Mézégéz-vrâz*, f. *Dismég[illegible]* *vrâz*.

Ignorant, adj. *Diwiziek. Dic'houzvez. Sko[illegible]nek.*

Il, pron. pers. masc. *Hé. Hén̄.*

Ile, s. f. *Enez* ou *énézen.*

Illégal, adj. *Direiz.*

Illégitime, adj. *Direiz. Diwir* ou *disg[illegible]* *Gaou.*

Illicite, adj. *Difennet. Berzet.*

Illimité, adj. *Diharzou. Divéven. Didern[illegible]* *Diven̄t.*

Illuminer, v. a, *Goulaoui. Skleria.*

Illusion, s. f. *Gwall zoaré*, f. *Mézévell[illegible]* *gez*, f.

Illustre, adj. *Brudet Skéduz.*

Ils, pron. pers. pl. m. *Hî. Hô.*

Image, s. f. *Skeûden*, f. *Mân*, f. *Neûz*, *Hévélédigez*, f.

Imagination, s. f. *Ménoz*, m. *Koun*, m. *Rât* *Skian̄t*, f.

Imbécile, adj. *Diot. Louad. Beulké.*

Imbiber, v. a. *Doura. Souba.*

Imiter, v. a. *Skouéria. Heûlia. Hévélout.*

Immaculé, adj. *Dinam. Dian̄tek. Glân.*

Immatériel, adj. *Dizanvez. Digorf. Spér* *holl.*

Immédiat, adj. *Diouc'h-tû.*

Immense, adj. *Diven̄t. Dic'hiz. Brâz-direi[illegible]*

Imminent, adj. *Tôst. Dâ. Daré.*

Immobile, adj. *Difiñv. Diflach. Postek.*

Immodéré, adj. *Diboell. Direiz. Dic'hiz.*

Immodeste, adj. *Gadal. Hudur. Oriad. Lík.*

Immonde, adj. *Louz. Loudour. Louidik.*

Immondice, s. f. *Louzdoni*, f. *Loudouriez*, *Gousoni*, f.

Immortel, adj. *Hîr-baduz. Peûr-baduz.*

IMMUABLE, adj. *Digemmuz. Postek. Stard.*
IMMUNITÉ, s. f. *Divec'h*, m. *Diskarg*, m.
IMPAIR, adj. *Dispar.*
IMPATIENT, adj. *Dishabask. Diziout. Téar. Chaz.*
IMPÉNÉTRABLE, adj. *Didreûzuz.* — *Na heller t da dreûzi. Dreist spéred ann dén.* (T.)
IMPÉRATIF, adj. *Balc'h. Groñs. Rok.*
IMPÉRATRICE, s. f. *Impalaérez*, f.
IMPERCEPTIBLE, adj. *Diverz.* — *Na heller két welet.* (T.)
IMPERFECTION, s. f. *Nam* ou *namm*, m. *Gwall*, m.
IMPÉRIEUX, adj. *Balc'h. Groñs. Rok.*
IMPÉRITIE, s. f. *Diwiziégez*, f.
IMPERTINENT, adj. *Her. Diévez. Diboell.*
IMPÉTUEUX, adj. *Gwall gré. Heruz. Téar. Froumnnz.*
IMPITOYABLE, adj. *Didruez. Kriz. Dihégar.*
IMPLORER, v. a. *Goulenni.*—P. a. *Goulenn.* (T.)
IMPOLI, adj. *Dizéréad. Dizéven.*
IMPORTANCE, s. f. *Dellid brâz*, m. *Talvoudéz vrâz*, f.
IMPORTER, v. impers. *Bernout. Lazout.*
IMPORTUN, adj. et s. m. *Kivioul. Rec'huz. leskiner.*
IMPOSITION, s. f. *Gwír*, m. *Tell*, f.
IMPOSSIBLE, adj. *Dic'halluz* ou *dialluz.* — *Né eller két da ôber.* (T.)
IMPOSTEUR, s. m. *Gaouiad. Toueller.*
IMPÔT, s. m. *Gwír*, m. *Tell*, f.
IMPRÉCATION, s. f. *Drouk-péden*, f. *Sulbéden*, f.
IMPRENABLE, adj. *Digéméruz.*
IMPRESSION, s. f. *Mork*, m. *Arwez* ou *arouéz*, f. *ouc'h*, f.
IMPRÉVOYANT, adj. *Dibréder. Diévez.*
IMPRÉVU, adj. *Dic'houd. Dic'hortoz. Darvouduz.*
IMPRIMER, v. a. *Merka. Louc'ha. Gwaska.*

IMPROPRE, adj. *Amzéré* ou *amzéréad*. *Dic'h loudek*.

IMPROUVER, v. a. *Dizaotréa*. *Dic'hrataat*. *veûli*.

IMPRUDENCE, s. f. *Diévézded*, m.

IMPUDENCE, s. f. *Divézded*, m. *Balc'hder*, 1

IMPUDIQUE, adj. et s. m. *Gádal*. *Louz*. *L Fleriuz*.

IMPUISSANT, adj. *Dic'halloudek*. *Dic'hall duz*. *Tizok*.

IMPULSION, s. f. *Bouñt*, m. *Lusk*, m. *Ali*, *Kusul*, m.

IMPUNÉMENT, adv. *Diwan*. *Digastiz*.

IMPUR, adj. *Dic'hlan* ou *dic'hlañ*. *Louidik*. *Ke mesket*.

IMPUTER, v. a. *Tamallout*. *Taoli war*. —P. *Tamall*. (T.)

INACCESSIBLE, adj. *Didóstauz*. — *Né heller i tôstaat out-hañ*. (T.)

INACCORDABLE, adj. *Dizunvanuz*.

INACCOUTUMÉ, adj. *Divoaz* ou *divoazet*.

INACTION, s. f. *Éhan* ou *éan*, m. *Paouez*, m

INADVERTANCE, s. f. *Diévézded*, m. *Fazi*, m

INANIMÉ, adj. *Diéné*. *Divuez*. *Divéô*.

INANITION, s. f. *Dinerzded*, m. *Goullôidigez*,

INAPPLIQUÉ, adj. *Diakéluz*. *Diboelladuz*.

INATTENDU, adj. *Dic'hortoz*. *Dic'héd*. *Darvo duz*.

INATTENTIF, adj. *Diévez* ou *diévézek*.

INCALCULABLE, adj. *Dinivéruz*.

INCAPABLE, adj. *Dic'halloudek*. *Diwiziek*. *Na hell két*. (T.)

INCARCÉRER, v. a. *Bac'ha*. *Eñka*. *Prizounia*

INCARNAT, adj. *Ruz-wenn*. *Rûz-skléar*.

INCENDIE, s. m. *Eñtan*, m. *Tân-gwall*, m.

INCERTAIN, adj. *War-vâr*. *Arvaruz*. — *c'houzout*. (T.)

NCESSAMMENT, adv. *Hép-dalé. Abarz-némeûr. Atao.* Hors du Léon : *Atô.* (T.)
NCIDENT, s. m. *Darvoud*, m.
NCISION, s. f. *Trouc'h*, m. *Skej*. m. *Ask*, m. *ɔut*, m.
NCITER, v. a. *Alia. Keñtraoui. Brouda.*
INCIVIL, adj. *Amzéré. Dizéven.*
NCLÉMENT, adj. *Divad. Krîz. Garô.*
NCLINER, v. a. et n. *Dinaoui. Pléga. Stoui. ubla.*
INCOMBUSTIBLE, adj. *Dizevuz. Diloskuz.* — *Na l két béza devet.* (T.)
INCOMMODE, adj. *Diez. Kivioul. Maritelluz.*
INCOMPARABLE, adj. *Dispar.* — *N'en deûz két bâr.* (T.)
INCOMPLET, adj. *Digrenn. Diglôk.*
INCONDUITE, s. f. *Doaré fall*, f. *Buézégez direiz*, f.
INCONNU, adj. *Dizanaf* ou *dianaf. Kuzet.*
INCONSTANT, adj. *Skañbenn. Berboellik. Édrô.*
INCONVENANT, adj. *Amzéré* ou *amzéréad. Diréad.*
INCONVÉNIENT, s. m. *Harz*, m. *Eûb*, m. *Gwallrvoud*, m.
INCORRIGIBLE, adj. *Digélennuz. Direizuz.*
INCORRUPTIBLE, adj. *Divreinuz.* — *Né hell 't breina. N'heller két da c'hounid.* (T.)
INCRÉDULE, adj. *Diskrédik.*
INCROYABLE, adj. *Diskréduz.* — *Na heller két ı grédi.* (T.)
INCULPER, v. a. *Tamallout.* — P. a. *Tamall.* (T.)
INCULTE, adj. *Fraost. Distu. Gwéz* ou *gouéz.* -Vann. *Gwîf.* (T.)
INCURABLE, adj. *Dibaréuz. Diwellauz.* — *Ne eller két da baréa.* (T.)
INCURIE, s. f. *Diévézded*, m. *Lézirégez*, f.
INCURSION, s. f. *Rédérez*, m. *Argaden*, f.
INDÉCENT, adj. *Amzéréad. Dizéréad. Digempenn.*

INDÉCISION, s. f. *Arvar*, m. *Mar*, m.

INDÉFINI, adj. *Divéven. Diveñt. Arvaruz.*

INDEMNITÉ, s. f. *Digoll*, m. *Digoust*, m. *D. c'haou*, m.

INDÉPENDANT, adj. *Dieñkrez. Dieúb. Digo bestr.*

INDICE, s. m. *Merk*, m. *Arwez* ou *arouez*, f.

INDIFFÉRENT, adj. *Hévélep. Kévatal. Klouar Tén.* — Vann. *Miñgl.* (T.)

INDIGENT, adj. *Paour. Tavañtek. Diének.*

INDIGNE, adj. *Didalvoudek. Dizellézek. Mc zuz.*

INDIQUER, v. a. *Diskouéza. Merka. Areuézi.* — P. a. *Diskouez.* T.)

INDIRECT, adj. *A-dreûz. Kamm-drôiuz.*

INDISCIPLINE, s. f. *Direiz*, f. *Digélen*, m.

INDISCRET, adj. *Diévez. Farouel. Ridel.*

INDISPENSABLE, adj. *Rét* ou *réd.*

INDISPOSITION, s. f. *Kleñved-skañ*, m. *Briz kléñved*, m.

INDISSOLUBLE, adj. *Dideûzuz. Didorruz. Dizur vanuz.* — *Na heller két da deûzi, da derri.* (T.)

INDIVIDU, s. m. *Penn*, m. *Dén.*

INDIVIS, adj. *Dirann. Boutin.*

INDOCILE, adj. *Dizouj. Amzeñt. Dizeñt. Kil pennek.*

INDOLENT, adj. *Didalvez. Lézérek. Gorrek.*

INDOMPTÉ, adj. *Dizoñ. Diboell.*

INDUBITABLE, adj. *Hép-mâr. Hép-arvar. Diarvai*

INDULGENCE, s. f. *Madélez*, f. *Damañt*, m *Trugarez*, f

INDUSTRIE, s. f. *Gwénded*, m. *Gwidré*, m. *Iji* ou *iñjin*, m.

INÉBRANLABLE, adj. *Dishorell. Digéflusk. Di flach.*

INEFFABLE, adj. *Dilavaruz*

INEFFICACE, adj. *Dic'halloudus. Dinerzuz.*

Inégal, adj. *Dispar. Digompez. Kuladuz.* *roudennuz.*

Inepte, adj. *Diwizick. Diod. Beulké.*

Inépuisable, adj. *Dihesk.*

Inerte, adj. *Dinerz.*

Inévitable, adj. *Didec'huz.*

Inexorable, adj. *Didruez. Kriz. Tenn.*

Inexpérimenté, adj. *Diwizick. Diskiañt.*

Inexprimable, adj. *Dilavaruz.*

Infaillible, adj. *Difaziuz. Difazi. Diarvar.*

Infame, adj. *Mézuz. Fallakr. Louz.*

Infatigable, adj. *Diskuizuz. Didorr. — Na* *uiz népred.* (T.)

Infécond, adj. *Distrujuz. Difrouézuz.* Voyez *érile.*

Infect, adj. *Fleriuz. Louidik.*

Inférer, v. a. *Menna.*

Inférieur, adj. *A zindân. Izéloc'h. Distéroc'h.*

Infertile, adj. *Distrujuz. Difrouézuz.*

Infester, v. a. *Gwasta. Eñkrézi.*

Infidèle, adj. *Disléal. Disgwirion. Gaou. Di-* *idez.*

Infime, adj. *Divéza. Izéla. Bihana.*

Infini, adj. *Divéven. Dizivez. Diniver.*

Infirme, adj. *Klañvidik. Sempl. Dinerz.*

Inflammable, adj. *Flammuz. Tanuz. Eñtanuz.* · *Eaz da dana, da eñtana.* (T.)

Inflexible, adj. *Tenn. Reûd. Didruez. Digar.*

Influence, s. f. *Ners*, m. *Béli*, f. *Galloud*, m.

Informe, adj. *Dizoaré. Dic'hiz. Disneûz.*

Informer, v. a. et n. *Alia. Kélenna. Eñklas-* *ut.* — P. a. *Kélenn. Eñklask.* (T.)

Infortune, s. f. *Reûz*, m. *Droug-eûr*, f.

Infraction, s. f. *Terridigez*, f.

Infructueux, adj. *Difrouez. Didalvoudek.* — *ép trô vâd ébed.* (T.)

Infuser, v. a. *Souba.*

INGÉNIEUX, adj. *Gwén. Ijinuz. Skiañtuz.*
INGÉNU. adj. *Ecun. Gwiriou. Dizôlô. Frañk*
INGRAT, adj. *Dizanaoudek.*
INHABILE, adj. *Diwizick. Dilennck. Dic'hallo dek.*
INHÉRENT, adj. *Framm. Stâg. Stroll. Unvan*
INHUMAIN, adj. *Dihégar. Didruez. Kriz. I vad.*
INHUMER, v. a. *Douara. Bésia.*
INIMITABLE, adj. *Diheûliuz.— Na heller két heûlia.* (T.)
INIMITIÉ, s. f. *Kâs*, m. *Kasoni*, f. *Dre giez*, f.
INIQUE, adj. *Disléal.*
INITIER, v. a. *Digémérout.* — P. a. *Digém ret.* (T.)
INJECTER, v. a. *Striñka. Flistra.*
INJONCTION, s. f. *Kémenn*, m. *Gourc'hémen Urs*, f.
INJURE, s f. *Dael*, m. *Króz*, m. *Kunuc'hen*
INJUSTE, adj. *Disléal.*
INNOCENT, adj. *Diañtek. Dinam. Dinoaz. Lou*
INNOMBRABLE, adj. *Diniver* ou *dinivéruz.*
INNOVATION, s. f. *Névéziñti*, f. *Névezted*, m
INOBSERVATION, s. f. *Diviridigez*, f. *Terri gez*, f.
INOCCUPÉ, adj. *Dibréder.*
INODORE, adj. *Dic'houéz.*
INONDATION, s. f. *Dic'hlann* ou *dic'hlañ*, *Livaden*, f.
INOPINÉ, adj. *Dic'héd. Dic'hortoz. Darvoud*
INQUIET, adj. *Nec'hek. Rec'huz. Ginet.*
INSATIABLE, adj. *Diwalc'hek. Divoéd. Rañkl*
INSECTE, s. m. *Amprévan*, m.
INSENSÉ, adj. *Diskiañt. Diempenn. Diber Foll.*
INSENSIBLE, adj. *Diwiridik. Kalet. Digar. verz.*

NSÉPARABLE, adj. *Dirannuz.*
NSIDIEUX, adj. *Touelluz.*
NSIGNE, adj. *Brudet. Anat. Brâz. Gwall.*
NSINUANT, adj. *Gwén. Hoaluz. Luban.*
NSIPIDE, adj. *Divlaz. Goular. Flâk. Méluz.*
NSOLENT, adj. *Divéz* ou *divézet. Her. Balc'h.*
NSOMNIE, s. f. *Digousk*, m.
NSOUCIANT, adj. *Lézirek. Klouar. Dibréder.*
INSOUMIS, adj. *Dizouj. Dizeñt. Amzeñt.*
INSPECTER, v. a. *Évézaat. Ardamézi. Dibaba.* P. a. *Dibab.* (T.)
INSPIRER, v. a. *Alia. Kuzulia.*
INSTABILITÉ, s. f. *Distarddcr*, m. *Didender*, m. *rhoell*, m.
INSTANCE, s. f. *Strîf*, m. *Aket*, m.
INSTANT, s. m. *Prédik*, m. *Rédaden*, f.
INSTIGUER, v. a. *Alia. Kuzulia. Atiza.*
INSTITUER, v. a. *Sével. Diazéza. Gwélédi. nvel.*
INSTRUCTION, s. f. *Deskadurez*, f. *Kelen*, m. *ñtel*, f.
INSTRUMENT, s. m. *Benvek*, m. *Annez*, m. *Ré-*, m.
INSUBORDINATION, s. f. *Amzeñtidigez*, f. *Di-jañs*, m.
INSUFFISANCE, s. f. *Divastidigez*, f. *Dic'hal-d*, m.
INSULAIRE, adj. et s. m. *Énésiad.*
INSULTE, s. f. *Dael*, m. *Króz*, m. *Kunuc'hen*, f
INSUPPORTABLE, adj. *Dic'houzañvuz. Kasauz. Na heller két da c'houzañv.* (T.)
INSURGER (s'), v. réfl. *Dispac'ha. En em zispa-a.*
INSURMONTABLE, adj. *Didrec'huz. Difezuz.* — *heller két da drec'hi.* (T.)
INTACT, adj. *Divoulc'h. Krenn. Klók. Dinam.*
INTARISSABLE, adj. *Dihesk.*

INTÈGRE, adj. *Dinam. Didamall. Dirébech.*

INTELLIGENCE, s. f. *Skiañt-vâd*, f. *Poell*, n *Unvanicz*, f.

INTEMPÉRANCE, s. f. *Diboell*, m. *Diroll*, m. 1 *rèiz*, m.

INTEMPESTIF, adj. *Dibréd. Divaré.*

INTENDANT, s. m. *Rêner*, m. *Mérer*, m. *É siad*, m.

INTENSE, adj. *Brâz. Kré.*

INTENTION, s. f. *Ménoz*, m. *Ratoz*, f. *Ioul*, *Dézô*, m. — Hors du Léon : *Ménô*. (T.)

INTERCÉDER, v. n. *Pidi. Menna. Erbédi.* Vann. *Astizein.* (T.)

INTERCEPTER, v. a. *Diarbenna. Terri. Distr* — P. a. *Diarbenn.* (T.)

INTERDIRE, v. a. *Difenni. Berza. Saouza Baska.* — P. a. *Difenn.* (T.)

INTÉRESSÉ, adj. et part. *Lôdek. Pîz. Krîn.*

INTÉRESSER, v. a. *Boukaat. Diduella. Lazo Bernout.*

INTÉRÊT, s. m. *Talvoudégez*, f. *Gounid*, 1 *Kampi*, m.

INTÉRIEUR, adj. et s. m. *A-ziabars. Diabars*, *Tiégez*, f.

INTERLOQUER, v. a. *Divarc'ha. Abafi.*

INTERMISSION, s. f. *Ean*, m. *Paou*, m. *S naen*, f.

INTERNE, adj. *A-ziabars. Enn-diabars.*

INTERROGATION, s. f. *Goulenn*, m.

INTERROMPRE, v. a. *Terri. Paouéza.* — P. *Paoucz.* (T.)

INTERSTICE, s. m. *Pennad-amzer*, m.

INTERVALLE, s. m. *Héd*, m. *Pâd*, m. *Pennad*, 1

INTERVENIR, v. n. *Hañtéra. Doñd war... Di wézout.*

INTERVERTIR, v. a. *Direiza. Diskara.* — P. *Diskar.* (T.)

INTESTIN, s. m. *Bouzellen*, f. — Vann. *Boel-*
.. Trég. *Bouellen.* (T.)
INTIME, adj. *Brâz. Kér.*
INTIMIDER, v. a. *Ober aoun. Abafi. Mézékaat.*
INTOLÉRABLE, adj. *Dic'houzañvuz.* — *N'heller*
da c'houzañv. (T.)
INTRAITABLE, adj. *Dihabask. Dihégar. Kasauz.*
INTRÉPIDE, adj. *Her. Hardiz. Dizaouzan.*
INTRIGUE, s. f. *Irien*, f. *Gwénded*, m. *Doaré*, f.
INTRODUIRE, v. a. *Réna. Ambrouga. Porza. Di-*
s. — P. a. *Rén.* (T.)
INTROUVABLE, adj. *Digavuz.* — *Na heller két*
gavout. (T.)
INTUITIF, adj. *Gwir. Diarvar. Anat. Splann.*
INUSITÉ, adj. *Digustum. Dic'hiz* ou *digiz.*
INUTILE, adj. *Didalvoud. Dic'hounid. Gwân.*
INVALIDE, adj. *Mac'hañet. Toc'hor. Didalvez.*
INVARIABLE, adj. *Digemmuz. Didrô. Postek-*
ard.
INVARIABLE, adv. *Digemmuz. Didrôuz. Stard-*
elluz.
INVASION, s. f. *Argaden*, f.
INVECTIVE, s. f. *Kunuc'hen* ou *kunujen*, f.
INVENTER, v. a. *Kavout.*
INVERSE, adj. *Énep. Gîn.*
INVESTIR, v. a. *Lakaad é kers. Kelc'hia. Groun-*
.
INVÉTÉRÉ, adj. et part. *Kôzet. Kinviet. Gri-*
nnet.
INVINCIBLE, adj. *Didrec'huz. Difaézuz.* — *Né*
ller két da drec'hi. (T.)
INVIOLABLE, adj. *Didorruz.* — *Na dléer két da*
rri. (T.)
INVISIBLE, adj. *Disgwél. Diwéluz.* — *Na heller*
t da welet. (T.)
INVITER, v. a. *Pédi* ou *pidi. Dougen da....*
INVOLONTAIRE, adj. *Disioulek. Disiouluz.*

Invoquer, v. a. *Gervel. Pédi* ou *pidi.*

Invulnérable, adj. *Dic'hlazuz. Dic'houliuz. Né hell két béza gouliet* ou *glazet.* (T.)

Irascible, adj. *Buanékauz.*

Ire, s. f. *Buanégez*, f.

Iris, s. m. *Kanévéden*, f. *Élestr* ou *hélestr*, m

Ironie, s. f. *Goap* ou *goapérez*, m. *Gódi rez*, m.

Irraisonnable, adj. *Diskiañt. Diboell.*

Irréconciliable, adj. *Dizunvanuz.*

Irrécusable, adj. *Diarvar* ou *diarvaruz.*

Irréfléchi, adj. *Diévez. Diboell. Skañbenn*

Irrégulier, adj. *Direiz. Dispar. Digévatal.*

Irrémissible, adj. *Diwalc'huz. Diwennuz. D karguz.*

Irréparable, adj. *Dizic'haouuz. Dizigolluz*

Irréprochable, adj. *Didamall. Dirébech. L nam.*

Irrésolu, adj. *Arvarek* ou *arvaruz.*

Irrévérence, s. f. *Dizouj* ou *dizoujañs*, m.

Irrévocable, adj. *Dic'halv. Didorruz,*

Irritable, adj. *Buanékauz.*

Irriter, v. a. *Héga. Heskina. Argadi. Kresl* — Vann. *Atahinein.* (T.)

Irruption, s. f. *Argaden*, f.

Isolement, s. m. *Distró*, m.

Issu, part. et adj. *Diskennet. Deúet. Savet.*

Issue, s. f. *Darvoud*, m. *Divez*, m. *Doaré*, *Tû*, m.

Isthme, s. m. *Stríz-douar*, m.

Ivoire, s. m. *Olifañt*, m.

Ivraie, s. f. *Draok* ou *dréok*, m.

Ivre, adj. *Mézô* ou *mezv. Dréô.* — Hors c Léon : *Méo*, *mev.* (T.)

J

, s. m. Lettre consonne la dixième de l'al-
lbet.

ABLE, s. m. *Garan*, f.

ABOT, s. m. *Sac'h-boéd*, m. *Bruched*, m. *Kru-*
, m.

ABOTTER, v. n. *Fistila. Labenna.*

ACHÈRE, s. f. *Létoun*, m. *Havrek*, m. —
ellé, m. (T.) Corn. *Douar distu.* (T.)

ACTANCE, s. f. *Fougé*, f. *Balc'hder*, m. *Bu-*
l, m.

ADIS, adv. *Gwéchall. Pell zô.*

AILLIR, v. n. *Dilammout. Stiñka. Flistra.* —
a. *Dilammet.* (T.)

ALOUSIE, s. f. *Érez*, f. *Gwarizi*, f. *Oaz*, m.
lek, m.

AMAIS, adv. *Népréd. Biskoaz. Bîkenn.* —
ég. *Kammed.* (T.)

JAMBE, s. f. *Gâr* ou *garr*, f.

JANTE, s. f. *Kammed*, f.

JANVIER, s. m. *Genver*, m.

JAPPER, v. n. *Chilpa. Chiñka.* — Vann. *Har-*
ein. (T.)

JARDIN, s. m. *Liors*, f. *Garz*, f. *Jardin*, m.

JARRET, s. m. *Arzel*, m. *Jaritel*, f.

JARS, s. m. *Garz*, m.

JASER, v. n. *Fistila. Labenna.*

JATTE, s. f. *Pézel*, f. *Hanaf*, f.

JAUNE, adj. *Mélen.*

JAVELLE, s. f. *Dramm*, m. *Bôd gwini*, m.

JAVELOT, s. m. *Gavlod*, m. *Spék*, m. *Dared*, m.

JE, pron. pers. *Mé.*

JETER, v. a. *Taoli* ou *teùrel. Stlapa. Striñka.*
Hors du Léon : *Tôli*, *tôlein.* (T.)

Jeu, s. m. *C'hoari*, f. *Ébat*, m. *Dudi* *Cholori*, m.

Jeudi, s. m. *Iaou*. *Diziou*.

Jeune, adj. *Iaouañk*.

Jeûne, s. m. *Iûn*, m.

Joie, s. f. *Lévénez*, f. *Dâ*, m. *Joa*, f. *Du*

Joindre, v. a. *Framma*. *Strolla*. *Unani*. *!* *ba*. *Tizout*.

Joli, adj. *Koañt*. *Braô*. *Kaer*.

Jonc, s. m. *Broenn*, m.

Jouailler, v. n. *C'hoariella*.

Joubarbe, s. f. *Hégléô*, m. *Briñen-lôgôd*,

Joue, s. f. *Bôc'h*, f. *Jôt* ou *jôd*, f. *Bougei*

Joug, s. m. *Géô* ou *iéô*, f. *Gwazoniez*, f. *bestr*, m. — *Bâz-iéô*, f. (T.)

Jouir, v. n. *Kerza*. *Piaoua*. *Perc'henna*.

Jour, s. m. *Deiz* ou *déz*, m. *Dévez* ou *dervez* — Hors du Léon : *Dé*. (T.)

Journalier, s. m. *Gôpr-dévézour*, m. — V *Déouéc'hour*, m. (T.)

Joyeux, adj. *Laouen*. *Maô*. *Dréô*. *Drañt*.

Jucher, v. n. *Kluda* ou *kluja*.

Judelle, s. f. *Duanen*, f. *Louac'h*, f. *Juale*

Judicieux, adj. *Skiañtek*. *Poellek*. *Skiañ* *Poelluz*.

Juge, s. m. *Barner*, m.

Juillet, s. m. *Gouéré* ou *gouhéré*, m. *M* *vennik*, m. — Vann. *Gourélin*, m. *Méc'héo* *nik*, m. (T.)

Juin, s. m. *Éven*, m. *Mézéven*, m.

Jumeau, adj. et s. m. *Gével*. *Hañter-kôfad*

Jument, s. f. *Kazek*, f.

Jupe, s. f. *Lôsten*, f. *Brôz*, f. *Gwéléden*,

Jurer, v. a. et n. *Toui*. — P. a. *Touet*. (T

Juridiction, s. f. *Béli*, f. *Dalc'h*, m. *Bann*,

Jus, s. m. *Douren*, f. *Sûn*, m. — Vann. *D* *ren*, f. *Chugon*, m. (T.)

ANT s. m. *Tréac'h*, m. *Dichal*, m. — du Léon : *Trec'h*, *tré*. (T.)
QUE, préposition. *Bété* ou *bétég*. *Kén*.
TAUCORPS, s. m. *Rokéden*, f.
STE, adj. *Gwirion*. *Eeun*. *Reiz*. *Kévatal*.

TIFIER, v. a. *Diskarga*. *Gwenna*. *Didam-ut*. — P. a. *Didamall*. (T.)

K

, s. m. Lettre consonne, la onzième de l'al-et.

L

, s, m. Lettre consonne, la douzième de abet.
, art. déf. fém. *Ar*, *ann*, *al*. — Vann. *Er*, *el*. (T.)
, adv. *Sé* ou *zé*. *Azé*.
BEUR, s. m. *Labour*, f. *Bré*, m. *Travel* ou *l*, m.
BOURER, v. a. *Laboura*. *Arat*. *Gounid*. — *Labourat*. (T.)
C, s. m. *Lagen*, f. *Lenn*, f.
CET, s. m. *Éré*, m. *Liamm*, m. *Lindág*, m.
CHE, adj. *Laosk*. *Disteñ*. *Gwâk*. *Digaloun*. ors du Léon : *Lósk*. *Digalon*. (T.)
CS, s. m. *Lindág*, m. *Lâs*, m.
DRE, adj. et s. m. *Lovr*. *Kakouz*. *Píz*. *Krîn*.
ICHE, s. f. *Hesk*.
ID, adj. *Dic'héned*. *Dic'hiz*. *Divaló*. *Disléber*.
IE, s. f *Gwíz-c'houéz*, f.

LAINE, s. f. *Gloan*, m.
LAÏQUE, adj. *Lík*.
LAISSE, s. f. *Roll*, m.
LAISSER, v. a. *Lezel*. *Dilezel*. *Kuitaat*.
LAIT, s. m. *Léaz*, m. — Vann. *Léac'h*. I du Léon : *Lez*. (T.)
LAITANCE, s. f. *Lezen*, f.
LAITERON, s. m. *Lezégez*, f. *Staoñ-gâd*, f
LAITON, s. m. *Alkan*, m. *Latoñ*, m. *Orchal*
LAITUE, s. f. *Lezégez*, f.
LAMBEAU, s. m. *Píl*, m. *Trûl*, m. *Labaske*
LAMBIN, adj. et s. m. *Gorrek*. *Luguder*.
LAMBOURDE, s. f. *Kebr*, m. *Gwîfl*, m. *rin*, m.
LAMBRISSER, v. a. *Koada*.
LAMBRUCHE, s. f. *Gwinien-c'houéz*, f.
LAME, s. f. *Taolen*, f. *Lavnen* ou *lammen* *Koumm*, m.
LAMENTATION, s. f. *Klemvan*, m. *Keinvan* *Kunuc'hen*, f.
LAMIE, s. f. *Grék-vleiz*, f.
LAMPAS, s. m. *Faven-varc'h*, f.
LAMPE, s. f. *Kleûzeur* ou *kreûzeul*, f.
LANCE, s. f. *Gwâf* ou *goaô*, m. *Sparr* *Lañs*, m.
LANCER, v. a. *Teûrel*, *Banna*. *Stlapa*. *Stri*
LANCETTE, s. f. *Kouñtellik-gwada*, f.
LANÇON, s. m. *Talarek*, f.
LANDE, s. f. *Lann*, m. *Lannek*, f.
LANGAGE, s. m. *Komz*, f. *Lavar*, m. *Iéz*,
LANGE, s. m. *Trézen*, f. *Mézéren*, f.
LANGOUSTE, s. f. *Kéméner-vôr*, m. *Légest*
LANGUE, s. f. *Téôd*, m. *Kouez*, f. *Lavar* *Iéz*, m. — Vann. *Téad*. (T.)
LANGUETTE, s. f. *Téôden*, f. *Spléten*, f. *ken*, f. *Minouer*, m.
LANGUEUR, s. f. *Digaloun*, m. *Fillidigez*

LAN

ANIÈRE, s. f. *Korréen*, f. *Leren*, f. *Storéen*, f. Corn. *Louan*, f. (T.)
APER, v. n. *Lapa*.
APIDER, v. a. *Labéza*.
APIN, s. m. *Konikl* ou *kounikl*. m. —Vann. Corn. *Koulin*, m. (T.)
AQUELLE, pron. relat. fém. *Péhini* ou *pini*.
ARCIN, s. m. *Laéroñsi*, f. *Skrâb*, m.
ARD, s. m. *Kik-môc'h*, m. *Kik-sall*, m.
ARGE, adj. *Lédan*. *Ec'hon*. *Lark*. *Frañk*.
ARME, s. f. *Gwélvan*, f. *Daéraouen*, f. *Bank*, m.
ARRON, s. m. *Laer*, m. *Skraber*, m. *Tuer*, m. *il*, m.
LAS, adj. *Skuiz* ou *skouiz*. — Vann. *Skuic'h*, *uic'h*, *skouéc'h*. (T.)
LASCIF, adj. *Gadal*. *Oriad*. *Lik*.
LATÉRAL, adj. *Treúz*. *Kostez*.
LATTE, s. f. *Goulaz*, m. — Vann. *Goulac'h*, *uac'h*, m. (T.)
LAURIER, s. m. *Lóré*, m.
LAVER, v. a. et n. *Gwalc'hi*. *Kanna*. *Kouésia*. Vann. *Golc'hein*. Trég. *Golc'hañ*. (T.)
LAVURE, s. f. *Gwélen*, m. — Vann. *Goun*, m. (T.)
LAXATIF, adj. *Laoskuz*. — Hors du Léon : *skuz*. (T.)
LAZARET, s. m. *Klañdi*, m. *Lovrez*, f. *Lordi*, m.
LE, art. déf. masc. *Ar*, *ann*, *al*. —Vann. *Er*, *n*, *el*. (T.)
LÉ, s. m. *Lec'hed*, m.
LÈCHE, s. f. *Tammik*, m. *Pézik*, m. *Jelken*, f.
LÉCHER, v. a. *Lipa*. — P. a. *Lipat*. (T.)
LEÇON, s. f. *Keñtel*, f. *Kélen*, m. *Skól*, f.
LÉGAL, adj. *Reiz* ou *reizuz*.
LÈGE, adj. *Goulló*. *Dilastr*. *Diskarg*.
LÉGER, adj. *Skáñ*. *Eskuit*. *Édró*. *Berboellik*.

LEGS, s. m. *Laez*, m. *Légad*, *m*.

LÉGUME, s. m. *Louzou*, m. — Vann. *Lé*
Louzou-taol, m. T.)

LENDEMAIN, s. m. *Trônôz*, f. *Añtrônôz*, f.

LENT, adj. *Gorrek*. *Dick*. *Lézirek*. *Difoun*
Vann. *Goarek*. (T.)

LENTE, s. f. *Néz* ou *níz*, m.

LENTILLE, s. f. *Fer*, m. *Bríz*, m. *Brizen*
— Hors du Léon : *Brien*. (T.)

LÉON, s. m. *Léon* ou *léoun*, m.

LÈPRE, s. f. *Lovreñtez*, f. *Lornez*, f.

LEQUEL, pron. relat. masc. *Péhini* ou *pini*.

LES, art. déf. pl. *Ar*, *ann*, *al*. — Vann.
enn, *el*. (T.)

LÉSER, v. a. *Gaoui*. *Gwalla*.

LÉSION, s. f. *Gaou*, m. *Gwall*, m. *Gloaz*

LESQUELS, pron. relat. pl. *Péré*.

LESSIVE, s. f. *Lisiou*, m. *Kouez*, m. *Bugad*,
— P. a. *Lichou*. (T.)

LEST, s. m. *Lastr*, m.

LESTE, adj. *Skáñ*. *Eskuit*. *Ampart*. *Gwén*.

LÉTHARGIE, s. f. *Tersien-gousk*, f.

LETTRE, s. f. *Lizéren*, f. *Lizer*, m. — Va
Lic'héren. *Lic'her*. (T.)

LETTRÉ, adj. et s. m. *Gwiziek*. *Lennek*.

LEUR, pron. pers. *D'ézhô*. *Out-hô*.

LEUR, pron. poss. *Hô*.

LEVAIN, s. m. *Goell*, m. *Gwéden*, f. *Trô*,
— Vann. *Gouil*, m. *Biouil*, m. (T.)

LEVER, v. a. *Sével*. *Gorréa*. *Gôi*. — P. a. *G*
ren. (T.)

LEVIER, s. m. *Loc'h*, m. *Spék*, m.

LÈVRE, f. *Muzel*, f. *Gweûz*, f.

LÉZARD, s. m. *Glazard*, m. *Gurlaz*, m.

LÉZARDE, s. f. *Bolzen*, f. *Tarz*, m.

LIBERTIN, adj. et s. m. *Direiz*. *Diroll*. *Gad*
Oriad.

Libre, adj. *Diéré. Dieûb. Digabestr. Disparl.*
Lice, s. f. *Tachen*, *f. Kiez-réd*, f.
Licence, s f. *Dizoujañs*, m. *Direiz*, m. *Diell*, m.
Licencier, v. a. *Kâs-kuit.*
Licol ou **Licou**, s. m. *Kabestr*, m. *Penstr*, m.
Lie, s. f. *Lec'hid*, m. *Gwélézen*, f. *Kouien*, f.
Liège, s. m. *Spoué*, f.
Lien, s. m. *Éré*, m. *Kévré*, m. *Liamm*, m. *lâg*, m. — Vann. *Ari*. m. (T.)
Lierre, s. m. *Ilió* ou *élió*, m.
Lieu, s. m. *Léac'h*. m. *Tû*, m. *Préd*, m. *Abek*, m. -*Mann*, f. V. m. Hors du Léon : *Lec'h*. (T.)
Lieue, s. f. *Léô*, f.
Lièvre, s. m. *Gâd*, f.
Ligne, s. f. *Roud*, *Linen*, f. *Taol*, m.
Lignée, s. f. *Gwenn*, f. *Bugalé*, m. pl.
Ligue, s. f. *Kévrédigez*, f. *Dispac'h*, m.
Lilas, s. m. *Lireû*, m.
Limaçon, s. m. *Melc'houéden*, f.
Lime, s. f. *Lim*. m.
Limite, s. f. *Béven*, f. *Lézen*, f. *Harz*, m. *Marz*, m.
Limon, s. m. *Fañk*, m. *Kalar*, m. *Lec'hid*, m. *Kleûr*, m.
Limpide, adj. *Boull. Splann. Skléar.*
Lin, s. m. *Lín*, m.
Linceul, s. m. *Liser*, f. *Liénen*, f.
Linge, s. m. *Lien. Dilad*, m.
Lingère, s. f. *Kéménérez*, f.
Linote, s. f. *Linek*, m. *Sidan*, m.
Linteau, s. m. *Gourin*, m. *Treûstel*, f. *Raoulin*, m.
Lion, s. m. *Léon*, m.
Liquéfier, v. a. *Teûzi. Tanavaat.*

LIQUEUR, s. f. *Dour*, m.
LIQUIDE, adj. *Béruz*. *Douruz*. *Tanô*.
LIRE, v. a. et n. *Lenna* ou *lenn*.
LIRON, s. m. *Hunégan*, m.
LIS, s. m. *Lili*, m.
LISERON, s. m. *Tróel*, f. *Bézvoud*, m.
LISIÈRE, s. f. *Béven*, f. *Lézen*, f. *Stôliken*,
LISSE, adj. *Kompez*. *Kûñ*.
LIT, s. m. *Gwélé*, m. — Vann. *Gulé*, *gu lé*, m. (T.)
LITIÈRE, s. f. *Gouzer* ou *gouzel*, m. *Baoz*, *Kidel*, f. — Corn. *Gousiaden*, f. Vannes *Stréoued*, m. (T.)
LITIGE, s. m. *Strif*, m. *Dael*, f. *Breût*, m.
LIVIDE, adj. *Disliv*. *Droulivet*. *Môrlivet*. *Di trouñket*.
LIVRE, s. m. et f. *Levr*, *m*. *Livr* ou *lûr*, m *Pevar-réal*. — Trég. *Léver*, m. Vann. *Livr*, m (T.)
LOCAL, s. m. *Léac'h*, m. *Doaré*, f. — Hors d Léon : *Lec'h*, m. (T.)
LOCHE, s. f. *Prévédennik*, f. *Bloñtek*, m. *Ke luz*, m.
LOCHER, v. n. *Luska*. *Horella*. *Loc'ha*.
LOCHIES, s. f. pl. *Réd-gwâd* ou *diwad*, m.
LOCUTION, s. f. *Komz*, f. *Lavar*, m. *Gér*, m
LOGE, s. f. *Lôk* ou *lôg*, f. *Lâb*, m. *Gôdôer*, m
LOGEMENT, s. m. *Tî*, *m*. *Kéar*, f.
LOGIS, s. m. *Tî*, m. *Kéar*, f.
LOI, s. f. *Lézen*, f. *Reiz*, f.
LOIN, adv. et prép. *Pell*. *Diabell*. *Lark*.
LOISIR, s. m. *Arsaô*, m. *Amzer*, f. *Tres*, m.
LOMBES, s. m. pl. *Kroazel*, f. *Kroaz-léz*, f.
LONG, adj. *Hîr* ou *hirr*. *Gorrek*. *Hîr-baduz*.
LONGE, s. f. *Lounec'h*, f. *Korréen*, f.
LOPIN, s. m. *Felpenn*, m. *Tamm-brâz*, m.
LOQUE, s. f. *Pîl*, m. *Trûl*, m. *Labasken*, f.

LOQUET, s. m. *Kliket*, m. *Liked*, m. *Prenn*, m.
LORIOT, s. m. *Glazaour*, m. *Moualc'h-ar-ıañt*, f.
LORS, conj. *Pa. Neûzé.*
LOT, s. m. *Lôd*, m. *Lôden*, f. *Kévren*, f. ırn, f.
LOUANGE, s. f. *Meûleûdi*, f. *Lorc'h*, m.
LOUCHE, adj. *Gwilc'her. Loakr.*
LOUER, v. a. *Gôpra. Fermi. Meûli.* — Vann. *elleín.* (T.)
LOUP, s. m. *Bleiz*, m.
LOUPE, s. f. *Gwagren*, f. *Gôr*, m.
LOURD, adj. *Ponner* ou *pounner. Bec'hiuz. Tu-ım.*
LOUTRE, s. f. *Kí-dour*, m. *Dour-gi*, m.
LOUVE, s. f. *Bleizez*, f.
LOUVOYER, v. n. *Lévia.*
LOYAL, adj. *Léal. Gwirion. Eeun. Frañk.*
LUBIE, s. f. *Frouden*, f. *Pennad*, m.
LUBINE, s. f. *Braok*, m. *Dreinek*, m. *Iann*, m.
LUBRIQUE, adj. *Gadal. Oriad. Orgéduz. Lík.*
LUCARNE, s. f. *Lomber*, m.
LUCIDE, adj. *Goulaouek. Skléar. Splann.*
LUCRE, s. m. *Gounid*, m.
LUETTE, s. f. *Hugen* ou *ugen*, f. *Añkoé*, m.
LUEUR, s. f. *Skleûr*, m. *Skeûd*, m.
LUGUBRE, adj. *Téval. Kañvaouuz. Glac'ha-uz.*
LUI, pron. pers. *Hé* ou *héñ. Anézhañ. Hañ.*
LUIRE, v. n. *Luc'ha. Goulaoui. Lugerni.*
LUMIÈRE, s. f. *Goulou*, m. *Sklerder*, m. — 'ann. *Golén*, m. Trég. *Gôlô*, m. (T.)
LUMIGNON, s. m. *Penn-poulc'hen*, m.
LUNDI, s. m. *Lûn*, m. *Dilûn*, m.
LUNE, s. f. *Loar*, f. — *Lûn*, m. V. m. Vann. *·oer*, f. (T.)
LUSTRE, s. m. *Lufr*, m. *Lugern*, m. *Skéd*, m.

Lut, s. m. *Pri*, m.
Lutin, s. m. *Añkelc'her*, m. *Bugel-nôz*, m
Lutte, s. f. *Gourenn* ou *gourinn*, m.
Luxure, s. f. *Likaouérez*, m. *Orged*, m. *G*
délez, f.

M

M, s. m. Lettre consonne, la treizième de l'a
phabet.

Ma, pron. poss. conj. fém. *Ma* ou *va*.
Vann. *Mé*. (T.)

Macérer, v. a. *Kastiza*. *Gwana*.

Mâchecoulis, s. m. *Tarzel*, f.

Mâchefer, s. m. *Skañt-houarn*, m. *Ken*
houarn, m.

Mâcher, v. a. et n. *Chaoka* ou *choka*.

Machine, s. f. *Benvek*, m. *Ijin* ou *iñjin*, n

Machiner, v. a. et n. *Dispac'ha*. *Irienna*.

Mâchoire, s. f. *Javed*, f. *Karvan*, f. *Aven*,

Macreuse, s. f. *Balcz*, f. *Galdu*, m.

Macule, s. f. *Saotr*, m. *Iñtr*, m. *Ma*
tar, m.

Madame, s. f. *Itrôn* ou *itroun*, f.

Mademoiselle, s. f. *Vamézel*, f.

Madré, adj. *Briz*. *Marellet*. *Gwén*. *Ijinuz*.

Madrier, s. m. *Koaden*, f.

Magasin, s. m. *Ti-dastum*, m. *Sôlier*, f. *S*
nal, f.

Magie, s. f. *Strôbinel*, m. *Bréou*, m. pl.

Magistrat, s. m. *Penn-kéar*, m. *Penn-brô*, 1

Magnanime, adj. *Brâz*. *Kalounek*.

Magnificence, s. f. *Dispiñ-brâz*, m. *Fougé*,
Kaerder, m.

Mai, s. m. *Maé*, m. — Hors du Léon : *Mé*,
(T.)

MAIGRE, adj. *Treût* ou *treúd. Divag.* — Vann. *t, tréd.* (T.)
MAILLE, s. f. *Mâl*, m. *Mell* ou *mézel*, m.
MAILLET, s. m. *Morzol-koad*, m *Mâl koad*, m.
MAILLOT, s. m. *Malur*, m.
MAIN, s. f. *Dourn* ou *dorn*, m.
MAIN-FORTE, s. f. *Skoazel*, f.
MAIN-LEVÉE, s. f. *Diskrôk*, m.
MAIN-MISE, s. f. *Krôk*, m.
MAIN-TIERCE, s. f. *Trédéek*, m.
MAINT, adj. *Kalż. Meûr.*
MAINTENANT, adv. *Bréma* ou *brémañ.* —Vann. *-menn. Bermann.* (T.)
MAINTENIR, v. a. *Derc'hel. Kenderc'hel. Mirout.* P. a. *Miret.*
MAIS, conj. *Hôgen* ou *hégon. Ervâd. Kouls-edé.* — *Avad.* (T.)
MAISON, s. f. *Ti*, m. *Kéar*, f.
MAÎTRE, s. m. *Aotrou*, m *Mestr*, m. *Per-en.* — Vann. *Eûtreû.* (T.)
MAJESTÉ, s. f. *Meûrdez*, f.
MAJEUR, adj. et s. m. *Dén-a-drâ. Delliduz-iz.*
MAL, adj. *Fall. Gwall. Klâñ. Dizunvan.*
MAL, s. m. *Drouk* ou *droug*, m. *Gwall*, m. *umm*, m.
MAL-ADRESSE, s. f. *Diwénded*, m. *Diwidré*, m.
MAL-AISÉ, adj. *Diez. Tenn. Eñkrézuz.*
MAL-AVISÉ, adj. *Diévez* ou *diévézek.*
MAL-FAIRE, v. n. *Droug-ôber. Gwall-ôber. walla.*
MAL-FAMÉ, adj. *Gwall-vrudet.*
MAL-GRACIEUX, adj. *Dizéréad. Dizéven.*
MAL-HABILE, adj. *Diwiziek. Dic'houzvez. Di-nnek.*
MAL-HABILLÉ, adj. *Gwall-wisket. Hildron.*
MAL-INTENTIONNÉ, adj. *Droug-ioulet. Gwall-iulet.*

Mal-mener, v. a. *Gwall-gas. Gwall-aoz Teñsa.*

Mal-propre, adj. *Louz. Loudour. Fañk.*

Mal-sain, adj. *Klañvuz. Gwalluz.*

Mal-séant, adj. *Amzéréad. Dizéréad.*

Malade, adj. et s. m. *Klâñ* ou *klañv. Kla vour*, m.

Mâle, adj. et s. m. *Pâr. Tarô. Tourc'h. Kré*

Malédiction, s. f. *Drouk-péden*, f. *Malloz*,

Malgré, prép. *Daoust. Énep-grâd.* — Van *Deûst.* (T.)

Malheur, s. m. *Reûz*, m. *Dizeûr*, f. *K znez*, f.

Malhonnête, adj. *Amzéréad. Dizéréad. Di ven.*

Malice, s. f. *Drougiez*, f. *Gwall*, m. *F loni*, f.

Malingre, adj. *Gwân. Diners. Fall. Sioc'h*

Malle, s. f. *Mâl*, f.

Malotru, adj. et s. m. *Haloun. Halebod.*
forc'h.

Maltraiter, v. a. *Gwall-gas. Gwall-aoz Kanna.*

Maman, s. f. *Mamma*, f. *Mammik*, f.

Mamelle, s. f. *Bronn*, f.

Manche, s. m. *Troad*, m. *Fust*, m. —Va *Troed*, m. (T.)

Manchot, adj. *Moñ. Moñk.*

Mandement, s. m. *Kémenn*, m. *Gourc' menn*, m.

Mânes, s. m. pl. *Anaoun*, f. pl.

Mangeaille, s. f. *Boéd*, m. *Magadur*, m.

Mangeoire, s. f. *Laouer*, f. *Néô*, f.

Manger, v. a. et n. *Dibri.*

Manie, s. f. *Diboell*, m. *Frouden*, f. *P nad*, m.

Manier, v. a. *Dournata. Krabanata. T tourni.*

Manière, s. f. *Aoz*, f. *Kiz*, f. *Doaré*, f. — ors du Léon : *Oz*, f. (T.)
Manifeste, adj. *Anat. Splann.*
Manivelle, s. f. *Dournel*, f. *Dournikel*, f.
Mannequin, s. m. *Baouik*, m. *Kidel*, f.
Manoeuvre, s. m. *Daffarer*, m. *Gôpraer*, m. *Gôpr-dévézour*, m. (T.)
Manoir, s. m. *Maner*, m. *Sâl*, f.
Manque, s. m. *Ézomm*, m. *Diénez*, f. *Diouer*, m. *azi*, m.
Manteau. s. m. *Mañtel*, f.
Manufacture, s. f. *Labouradek*, f. *Obérougez*, f.
Maquereau, s. m. *Brézel*, m.
Maquerelle, s. f. *Houliérez*, f.
Maquignon, s. m. *Marc'hadour-kézek*, m.
Marais, s. m. *Gwern*, f. *Geûn*, f. *Lagen*, f. *Paluden*, f. (T.)
Marâtre, s. f. *Les-vamm*, f. *Mamm-gaer*, f. - Vann. *Mammek*, f. (T.)
Maraude, s. f. *Preizérez*, m. *Skrapérez*, m. *'cñsé*, m.
Marbré, adj. *Briz* ou *brizellet. Marellet.*
Marc, s. m. *Gwaskadur*, m. *Markou*, m. pl.
Marcassin, s. m. *Houc'hig-gouéz*, m.
Marchand, s. m. *Marc'hadour*, m.
Marche, s. f. *Kerzed*, m. *Daez*, m. *Har-ou*, m. pl.
Marché, s. m. *Marc'had*, m. *Marchallec'h*, m.
Marcher, v. n. *Kerzout. Baléa.* — P. a. *Ker-zet. Balé.* (T.)
Mardi, s. m. *Meurs*, m. — Vann. *Merc'h*, *meurc'h.* (T.)
Mare, s. f. *Poull*, m. *Lagen*, f.
Maréchal, s. m. *Gôf*, m. Pl. *ed.*
Marée, s. f. *Maré*, m. *Lanô*, m. *Tré*, m.
Margelle, s. f. *Bardel*, f.

Marguerite, s. f. *Trô-héol*, f.

Mari, s. m. *Pried*, m. *Ozac'h*, m.

Mariage, s. m. *Dimizi* ou *dimézi*, m. *Pr*
délez, f.

Marin, s. m. *Mordéad*, m. *Môraer*, m.

Marmite, s. f. *Pôd-houarn*, m. *Kaoter*,
— Hors du Léon : *Kôter*, f. (T.)

Marmotte, s. f. *Hunégan*, m.

Marmotter, v. a. et n. *Krôza*. *Krôsmôla*.

Marque, s. f. *Merk*, m. *Arouéz*, f. *Ard*
mez, f.

Marqueter, v. a. *Briza* ou *brizella*. *Marell*

Marraine, s. f. *Maérounez*, f.

Marron, s. m. *Kistin*, m.

Mars, s. m. *Meurs*, m.

Marsouin, s. m. *Môr-houc'h*, m.

Martagon, s. m. *Téôd-kâz*, m.

Marteau, s. m. *Mal-houarn*, m. *Morzol*, m

Masquer, v. a. *Moucha*. *Kuza*. *Gôlei*. — P.
Kuzat. (T.)

Massacrer, v. a. *Laza*.

Masse, s. f. *Stroll* ou *strollad*, m. *Tolzen*,
Horz, f.

Massif, adj. *Téô*. *Fétiz*. *Tuzum*.

Massue, s. f. *Pengot*, m. *Krenn-vâz*, f.

Masure, s. f. *Dâr*, f. *Kôz-di*, m.

Mat, adj. *Digompez*. *Diskéduz*. *Pounner*.

Mât, s. m. *Gwern*, f.

Matelot, s. m. *Môrdéad* ou *merdéad*, m
Martôlod. m.

Mâter, v. a. *Gwana*. *Habaskaat*. *Trec'hi*.

Matériaux, s. m. pl. *Danvez*, m.

Maternité, s. f. *Mammélez*, f.

Matière, s. f. *Danvez*, m. *Kiriégez*, f.

Matin, s. m. *Beûré*, m. *Miñtin*, m.

Matou, s. m. *Targaz*, m. — Vannes, *Tar*
gac'h. (T.)

Matrice, s. f. *Ar vamm*, f. *Ar vammou*, f. pl.
Matrone, s. f. *Amiégez*, f.
Maturité, s. f. *Haôder*, m. *Éokder*, m.
Maudire, v. a. *Drouk-pédi. Gwall-bédi. Sul-di.*
Maussade, adj. *Dihétuz. Displijuz. Dic'hiz-uz.*
Mauvais, adj. *Fall. Drouk. Divad.*
Mauve, s. f. *Maló*, m. *Kaol-maló*, m.
Mauvis, s. m. *Milfid* ou *milvid*, m.
Maxime, s. f. *Lézen*, f. *Reiz*, f.
Mazette, s. f. *Spréc'hen*, f.
Méchant, adj. *Fall. Gwall. Drouk. Divad.*
Mèche, s. f. *Poulc'hen* ou *pourc'hen*, f.— *Ku-ken*, f. (T.)
Méchef, s. m. *Reiz*, m. *Droug-eür*, f.
Mécompte, s. m. *Fazi*, m.
Méconnaître, v. a. *Dizanaout. Diañsavout.* — v. a. *Diañsav* ou *diañsaô*. (T.)
Mécontent, adj. *Divaô. Dilaouen. Rec'het.*
Médecin, s. m. *Médisin*, m. *Louzaouer*, m. — Vann. *Lézeour*. (T.)
Médiation, s. f. *Hañtérourez*, f.
Médiocre, adj. *Krenn. Étré daou. Hével-hével.*
Médire, v. n. *Drouk-komza. Labenna.*— P. a. *Drouk-komz* (T.)
Méditer, v. a. *Prédéria* ou *pridiria.*
Méfait, s. m. *Gwall*, m. *Drouk*, m. *Tor-fed*, m.
Méfiance, s. f. *Disfisiañs*, m. *Diskréd*, m.— Vann. *Difiañs*, m. (T.)
Mégarde, s. f. *Diévézded*, m. *Fazi*, m.
Meilleur, adj. *Gwell* ou *gwelloc'h.*
Mélancolie, s. f. *Doan*, f. *Tavédégez*, f.
Mélanger, v. a. *Meski. Kemmeski.*
Mêler, v. a. *Meski. Kemmeski. Reistla. Strèba.*

Membrane, s. f. *Liènen-gik*, f. *Kroc'hénen*,
Membre, s. m. *Ézél* ou *izel*, m. *Ell*, m.
Membrure, s. f. *Kébr*, m. *Gwift*, m.
Même, adj., conj. et adv. *Hével* ou *hévélep*.
Mémoire, s. f. *Koun* ou *kouñ*, m. *Évor* o
éñvor, f.
Menacer, v. a. *Gourdrouza. Krôza. Diouga*
ni. — P. a. *Gourdrouz*. (T.)
Ménage, s. m. *Tiégez*, f. *Annez*, m. *Tia*
tûd, m.
Ménager, v. a. *Espernout. Arboella*. — P.
Espern. Vann. *Amerc'hein*. (T.)
Mendiant, adj. et s. m. *Kéaz. Paour. Kor*
Truek. — Hors du Léon : *Kéz*. (T.)
Menées, s. f. pl. *Doaréou-kûz*, f. pl.
Mener, v. a. *Réna. Blénia. Kâs*. — P. a. *Rén*.(T
Menottes, s. f. pl. *Grizilonou*, m. pl. *Kéfio*
dourn, m. pl.
Mensonge, s. m. *Gaou*, m.
Menthe, s. f. *Beñt* ou *meñt*, f.
Mention, s. f. *Mének*, m.
Menton, s. m. *Elgez* ou *helgez*, f. *Chik*,
— Corn. *Groñch*, f. Vann. *Galok*, *malok*, m
(T.)
Menu, adj. *Moan. Munud*. — Vann. *Moen*. (T.
Menuisier, s. m. *Koataer*, m. *Kalvez*, m.
Mépris, s. m. *Faé*, m. *Dispriz*, m. *Gou*
veñt, m.
Méprise, s. f. *Diévézded*, m. *Fazi*, m.
Mer, s. f. *Môr*, m. — Corn. *Mour*, m. (T.
Mercenaire, s. m. *Gôpraer*, m. *Dévézour*, m
Merci, s. m. *Trugez*, f. *Trugarez*, f.
Mercredi, s. m. *Merc'her*, m. *Dimerc'her*, m
Mercuriale, s. f. *Pennégez*, f. *Stlafesk*, f
Kröz, m.
Merde, s. f. *Kac'h* ou *kaoc'h*, m. *Ac'h* o
cac'h, m.

Mère, s. f. *Mamm*, f.
Mérite, s. m. *Dellid*, m. *Talvoudégez*, f.
Merlan, s. m. *Môrlouan*, m. *Léonvek*, m.
ȯour, m.
Merle, s. m. *Moualc'h*, f.
Merrain, s. m. *Elfen*, f.
Merveille, s. f. *Burzud*, m. *Marz*, m.
ucz, f.
Mes, pron. poss. conj. pl. *Ma* ou *va*.
Mésaise, s. m. *Diez*, m. *Eñkrez*, m.
Mésange, s. f. *Penglaou*, m.
Mésaventure, s. f. *Drouk-lamm*, m. *Reûz*, m.
Mésestimer, v. a. *Dibrizout* ou *disprizout*.
ıéa.
Mésintelligence, s. f. *Droulañs*, m. *Dizun-*
niez, f.
Mesquin, adj. *Píz*. *Pervez*. *Skarz*. *Tôst*. *Dis-*
r.
Message, s. m. *Kannadur*, m. *Kéfridi*, f.
Messe, s. f. *Oféren* ou *overn*, f.
Messéant, adj. *Amzéréad*. *Dizéréad*.
Mesure, s. f. *Kemm*, m. *Meñt*, f. *Gôr*, m.
Métairie, s. f. *Méreûri*, f.
Méteil, s. m. *Ségal-winiz*, m. *Brazéd*, m.
Méthode, s. f. *Reiz*, f. *Réol*, f. *Boaz*, m.
oaré, f. — Vann. *Reic'h*, f. (T.)
Métier, s. m. *Mécher* ou *micher*, f. *Stern*, m.
Métis, adj. *Hiron*.
Métropole, s. f. *Ker-veur*, f. *Iliz-veur*, f.
Mets, s. m. *Meûz*, m. *Boëd*, m.
Mettre, v. a. *Lakaat*. *Lec'hia*.
Meuble, s. m. *Annez*, m. *Arrébeûri*, m. pl.
Meule, s. f. *Bréolim*, f. *Bréô*, f. *Bern*, m.
rac'hel, f.
Meunier, s. m. *Miliner*, m.
Meurtre, s. m. *Lâz*, m. *Lazérez*, m.
Meurtrière, s. f. *Tarzel*, f.

MEURTRIR, v. a. *Blonsa. Bronzua.* — Va[illegible] *Chikein.* (T.)

MIASME, s. m. *Aézen*, f. *Môgéden*, f.

MIAULER, v. n. *Miaoua.*—P. a. *Miaoual.* Va[illegible] *Miannein.* (T.)

MICHE, s. f. *Choanen*, f.

MIDI, s. m. *Kresteiz*, m.

MIE, s. f. *Minvik*, m. — Vann. *Mirouik*, m[illegible] *c'houik*, m. (T.)

MIEL, s. m. *Mél*, m.

MIEN, pron. poss. abs. *Ma-hini* ou *va-hini.*

MIETTE, s. f. *Bruzun*, m. *Briénen*, f.

MIEUX, adj. et adv. *Gwell* ou *gwelloc'h.*

MIGRAINE, s. f. *Poan-benn*, f. *Drouk-penn*, [illegible]

MIJAURÉE, s. f. *Orbidourez*, f. *Kountrounen*, — *Jaouren*, f. (T.)

MILAN, s. m. *Skoul*, f.

MILIEU, s. m. *Kreiz*, f. *Kreizen*, f. *Touéz*, [illegible] *Kaloun*, f.

MILITAIRE, s. m. *Brézéliad*, m. *Soudard*, m[illegible]

MILLE, adj. et s. m. *Dék-kant. Mil.*

MILLE-FEUILLE, s. f. *Louzaouen-ar-c'halvez*, [illegible]

MILLE-PERTUIS s. m. *Kant-toull*, m. *Gwe[illegible] terc'hen*, f.

MILLE-PIEDS, s. m. *Laouen-dar*, f. *Grâc'h*, f[illegible]

MILLET OU MIL, s. m. *Mell*, m.

MINAUDERIES, s. f. pl. *Orbidou*, m. pl.

MINCE, adj. *Moan. Tanaô. Disler.*

MINE, s. f. *Neûz*, f. *Mân*, f. *Doaré*, f. *Me[illegible] gleûz*, f. — Vann. *Menglé*, f. (T.)

MINER, v. a. *Mengleûzi. Toulla. Kava. Krin[illegible]*

MINEUR, adj. et s. m. *Bihanoc'h. Minor.*

MINISTRE, s. m. *Obérer*, m. *Sévéner*, m. *Mi[illegible] nistr*, m. *Bélek*, m.

MINUIT, s. m. *Hanter-nôz*, m.

MINUTIE, s. f. *Mibilicz*, f. *Distervez*, f.

MIRACLE, s. m. *Burzud*, m. *Trédémarz*, m.

[M]IRER, v. a. *Biza.*

[M]IRMIDON, s. m. *Korr*, m. *Korrik*, m. *Kerdoun*, m.

[M]IROIR, s. m. *Mellézour*, m.

[M]ISÉRABLE, adj. *Kéaz. Reûzeûdik. Paour. [M]akr.*

[M]ISÉRICORDE, s. f. *Truez*, f. *Trugarez*, f. — [Ve]rs du Léon : *Trué. Trugaré.* (T.)

MISSIVE, s. f. *Lizer*, m. — Vann. *Lic'her*, m. (T.)

MISTIFIER, v. a. *Goapaat. Gôdisa. Gôgéa.*

MITE, s. f. *Tartouz* ou *hartouz*, m. *Goazan*, m.

MITIGER, v. a. *Habaskaat. Sioulaat.*

MITOYEN, adj. *Daou-hañter. Hañtérek. Kreiz.*

MITRE, s. f. *Kabel-eskop*, m. *Mitr* ou *miñtr*, m.

MIXTE, adj. *Mesket. Kemmesket. Kejet.*

MOBILE, adj. *Fiñvuz. Loc'huz. Kéfluskuz. [D]ldrô.*

MOBILIER, s. m. *Arrébeûri*, m. pl.

MODE, s. f. *Kiz* ou *gîz*, f. *Doaré*, f.

MODÈLE, s. m. *Skouér*, f.

MODÉRER, v. a. *Poella. Habaskaat. Kuñaat.*

MODERNE, adj. *Névez.*

MODESTIE, s. f. *Poell*, m. *Dalc'h*, m. *Mézr*, f.

MODIFIER, v. a. *Habaskaat. Sioulaat. Di[sk]eski.*

MODIQUE, adj. *Bihan. Disler.*

MOELLE, s. f. *Mél*, m. *Mél-askourn*, m. *Boéden*, f.

MOEURS, s. f. pl. *Bividigez*, f. *Buézégez*, f.

MOI, pron. pers. *Mé. É* ou *én. Im* ou *in. Oun.*

MOINDRE, adj. *Bihanoc'h. Distéroc'h.*

MOINE, s. m. *Léan*, m. *Manac'h*, m. — Vann. [M]onac'h, m. (T.)

MOINEAU, s. m. *Golvan* ou *golven*, m. *Filip*, m.

MOINS, adv. *Nébeûtoc'h.*

MOIS, s. m. *Miz*, m.

MOISI, adj. *Louet* ou *loudet.*

MOISSON, s. f. *Médérez*, m. *Éost*, m. *vad*, m.

MOITE, adj. *Leiz*. *Delt*. *Moeltr*. *Moués* *mouéz*.

MOITIÉ, s. f. *Hañter* ou *añter*, m.

MÔLE, s. m. et f. *Saô-mein*, m. *Bann*, m. *lédan-gik*, f.

MOLÉCULE, s. f. *Lôdik*, m. *Darnik*, f. *T* *mik*, m.

MOLÈNE, s. f. *Goré-wenn*, f. *Inam-gwenn*,

MOLESTER, v. a. *Eñkrézi*. *Heskina*. *Gwask*

MOLIÈRE, s. f. *Lagen*, f. *Gwagren*, f. *K* *négel*, f.

MOMENT, s. m. *Préd*, m. *Prédik*, m. *Ré* *den*, f.

MON, pron. poss. conj. masc. *Ma* ou *va*. Vann. *Mé*. *Ma*. (T.)

MONARCHIE, s. f. *Rouañtélez*, f. — Van *Roañtélec'h*, f. (T.)

MONASTÈRE, s. m. *Léandi*, m. *Manati*, m.

MONCEAU, s. m. *Bern*, m. *Grac'hel*, f. *Kr* *gel*, f. — Vann. *Ioc'h*, f. *Tes*, m. (T.)

MONDE, s. m. *Béd*, m.

MONDER, v. a. *Diruska*. *Eskaota*. *Diskoultra*

MONITOIRE, s. m. *Anaoué*, m.

MONSEIGNEUR, s. m. *Aotrou*, m.

MONSIEUR, s. m. *Aotrou*, m.

MONSTRUEUX, adj. *Direiz*. *Diveñt*. *Dû*.

MONT, s. m. *Ménez*, m.

MONTAGNE, s. f. *Ménez*, m.

MONTÉE, s. f. *Saô*, m. *Kréac'h*, m. *Torgen*,

MONTER, v. a. et n. *Piña*. *Sével*. *Kreski*. — P a. *Piñat*. (T.)

MONTRER, v. a. *Diskouéza*. — P. a. *Dis* *kouez*. (T.)

MONTURE, s. f. *Jaô*, m. *Marc'h*, m. — *Loen*, m (T)

'ONUMENT, s. m. *Ti-brâz*, m. *Béz*, m.
OQUER (SE), v. réfl. *Ober goop. Goapaat. Gô-*
.
ORAILLES, s. f. pl. *Minwask*, m.
IORCEAU, s. m. *Tamm*, m. *Darn*, f. *Péz*, m.
IORCELER, v. a. *Darnaoui. Lôdenna.*
IORDRE, v. a. et n. *Kregi. Dañta.*
IORELLE, s. f. *Frouñt*, m. *Sanab*, m.
›l, m.
IORFONDRE, v. a. *Riva. Iéna. Anouédi.*
IORGUE, s. f. *Rogoni*, f. *Faé*, m. *Gourveñt*, m.
IORIBOND, adj. *Toc'hor.* — *Néb a zô ô ver-*
(T.)
IORIGÉNER, v. a. *Lézenna. Reiza. Kélenna.* —
a. *Kélenn*. (T.)
MORNE, adj. *Kudennek. Hurennek. Téval.*
MOROSE, adj. *Glac'harek. Rec'huz. Chifuz.*
MORS, s. m. *Gwesken*, f.
MORT, s. f. *Marô*, m. *Añkou*, m. pl.
MORT-AUX-CHIENS, s. f. *Digounnar*, m. *Efloud*, m.
MORT-AUX-VERS, s. f. *Louzou-kést*, m.
MORTAISE, s. f. *Steûden*, f.
MORTE-EAU, s. f. *Dour-zac'h*, m.
MORTE-MARÉE, s. f. *Marvôr*, m.
MORTIER, s. m. *Prî-râz*, m. *Mortez*, f.
MORTIFIER, v. a. *Gwana. Boukaat. Ténéraat.*
MORVE, s. f. *Mec'hi*, m. *Melv*, m. *Sterven*, f.
MOT, s. m. *Gér*, m. — Vann. et Trég. *Gir*, m.
.)
MOTIF, s. m. *Abek*, m. *Kiriégez*, f.
MOTTE, s. f. *Mouden*, f. *Krugel*, f. *Taouar-ken*, f. — *Keûneûd-douar*, m. (T.)
MOU, adj. *Gwâk. Blôd. Bouk. Pézel. Laosk.*
MOUCHE, s. f. *Keliénen*, f.
MOUCHER, v. a. *C'houéza* ou *séc'ha hé fri.*
MOUCHERON, s. m. *Fubuen*, f. *C'houibuen*, f.
MOUCHETER, v. a. *Marella. Brizella.* — Vann.
ric'hein. Bric'helléin. (T.)

MOUCHETTES, s. f. pl. *Trouc'her-poulc'hen*
MOUCHOIR, s. m. *Liénen-frî*, f. *Gouzouget* — Vann. *Daléten*, f. (T.)
MOUDRE, v. a. *Mala.*
MOUE, s. f. *Mouzadur*, m.
MOUFLARD, adj. et s. m. *Bôc'hek. Jôtek. védek.*
MOUILLER, v, a. et n. *Glébia. Doura. Héô*
MOULE, s. f. *Meskl*, m.
MOULIN, s. m. *Milin*, f. — Vann. *Mélin*, f. (
MOULINET, s. m. *Strakel*, f. *Trabel*, m.
MOURIR, v. n. *Mervel.* — Vann. *Maroue* Trég. *Mérouel.* (T.)
MOURON, s. m. *Kleiz*, m.
MOUSSE, s. f. *Kinvi*. m. *Sec'hik*, m. *Éon*,
MOUTARDE, s. f. *Sézô*, m. — Hors du Léo *Séô*, m. (T.)
MOUTON, s. m. *Maout*, m.
MOUVEMENT, s. m. *Fiñv*, m. *Kéflusk*, m.
MOYEN, adj. et s. m. *Krenn. Kreiz. Tû*, *Galloud*, m.
MOYEU, s. m. *Mélen-vi*, m. *Moell*, m. *Be del*, f.
MUER, v. n. *Taoli. Muza. Diskañta. Diskar* — P. a. *Diskar.* (T.)
MUET, adj. et s. m. *Mûd.*
MUGIR, v. n. *Bleja. Busella. Gwéga.*
MUID, s. m. *Buñs*, m. *Méz*, m.
MULET, s. m. *Mûl*, m. *Mel*, m.
MULOT, s. m. *Lôgôden-vors*, f. *Minoc'h*, m.
MULTIPLIER, v. a. et n. *Kreski. Muia. Paotta.*
MULTITUDE, s. f. *Niver-brâz*, m. *Maréad*,
MUNIR, v. a. *Founna. Basta.*
MÛR, adj. *Éok. Haô. Daré. Fûr. Poellek.*
MURAILLE, s. f. *Môger*, f. *Mûr*, f.
MÛRE, s. f. *Mouar*, m.
MURMURE, s. m. *Boud*, m. *Soroc'h*, m.

SARAIGNE, s. f. *Minoc'h*, m. *Morsen*, f.
SCLE, s. m. *Kigen*, f.
SEAU, s. m. *Muzel*, f. *Fri*, m. *Bék*, m. — .. *Morzéel*, f. (T.)
SETTE, s. f. *Biniou*, m. pl.
TATION, s. f. *Kemm*, m.
TILER, v. a. *Mac'haña. Muturnia.*
TIN, adj. et s. m. *Kilpennek. Dispac'her.*
TUEL, adj. *Boutin.*
TOPE, adj. et s. m. *Berr-wél.*
RTILE, s. f. *Lûs*, m.
YSTÈRE, s. m. *Kusiadel*, f.

N

, s. m. et f. Lettre consonne, la quatorzième 'alphabet.
ABOT, adj. et s. m. *Korr. Korrik. Kornañ-n.*
ACELLE, s. f. *Bagik*, f.
AGEOIRE, s. f. *Breñk*, m.
AGER, v. n. *Neûi* ou *Neûñi. Roévia.* — P. a. ñ. Vann. *Néannein.* (T.)
AIN, adj. et s. m. *Korr. Boudik.* — Vannes, *rrigan*, m. (T.)
NAISSANCE, s. f. *Ganédigez*, f. *Ginivélez*, f.
NAÏVETÉ, s. f. *Dizôlôadur*, m. *Eeunder*, m.
NAPPE, s. f. *Tousier*, f.
NARCOTIQUE, adj. *Môréduz. Kouskuz.*
NARGUER, v. a. *Faéa.*
NARINE, s. f. *Fron*, f. *Fronel*, f.
NARRER, v. a. et n. *Danévella. Prézégi.* — P. *Danével. Prézek.* (T.)
NASARDE, s. f. *Friad*, m. *Chifrôden*, f.
NASEAU, s. m. *Toull-fri*, m. *Fron*, f.

NASSE, s. f. *Kidel*, f. *Baouik*, f. *Kavel*
NATIF, adj. *Ginidik*.
NATION, s. f. *Brôad*, f. *Pobl*, f. *Tûd*, f.
NATTE, s. f. *Gwiad*, m. *Gwiaden*, f. *K den*. f.
NATURE, s. f. *Ganadur*, m. *Natur*, m. *I abek*, m.
NAUFRAGE, s. m. *Peñsé*, m. *Pell-kas*; *Lamm*, m.
NAULAGE, s. m. *Bréou*, m. pl.
NAUSÉE, s. f. *Heûg*, m.
NAUTONIER, s. m. *Bagéer*, m.
NAVET, s. m. *Hirvin* ou *irvin*, m.
NAVETTE, s. f. *Bulzun*, f.
NAVIGUER, v. n. *Merdei* ou *môrdei*.
NAVIRE, s. m. *Léstr*, m.
NAVRER, v. a. *Goulia*. *Mañtra*.
NE, particule négative. *Né* ou *na*.
NÉANMOINS, adv. *Koulskoudé*. *Padâl*. —Va *Naouac'h*. (T.)
NÉANT, adv. et s. m. *Nétrâ*. *Trâ*. *Nann*.
NÉCESSAIRE, adj. et s. m. *Réd*.
NÉCESSITÉ, s. f. *Réd*, m. *Rédi*, m. *Ézomm*,
NÈFLE, s. f. *Mespér*, m.—Vann. *Gwisper*, (T.)
NÉGLIGENCE, s. f. *Lizirégez*, f. *Diégi*, *Faé*, m. — Corn. *Luré*, m. (T.)
NÉGOCE, s. m. *Gwerz*, f. *Gwerzidigez*, f.
NÈGRE, s. m. *Môrian*, m.
NEIGE, s. f. *Erc'h*, m.
NÉNUFAR, s. m. *Loa-zour*, f. *Lugustr*, m.
NERF, s. m. *Nerven*, f. *Elf*, m. *Gwazien*, *Ners*, f.
NERPRUN, s. m. *Spern-mélen*, m.
NET, adj. *Néat*. *Skarz*. *Distlabez*. *Dina* *Fréaz*.
NEUF, nom de nombre et adj. *Naô*. *Névez*. *Névez gréat*. (T.)

VEU, s. m. *Niz*, m. — Hors du Léon :
m. (T.)
z, s. m. *Fri*, m. *Dremm*, f.
, particule négative. *Na* ou *nâg*.
AIS, adj. et s. m. *Diod. Louad. Génaouck.*
ern. *Tarieller*, m. (T.)
CHE, s. f. *Lôgel*, f. *Trô*, f. *Tûn*, m.
D, s. m. *Neiz*, m. — Vannes. *Neic'h.*
h, m. (T.)
ÈCE, s. f. *Nizez*, f. —Hors du Léon : *Niez*, f.

ELLE, s. f. *Pébr-gwenn*, m. *Merkl*, m.
n, m.
ER, v. a. et n. *Nac'ha*, *Diañsavout.* — P. a.
h. *Diañsaô.* (T.)
IGAUD, adj. et s. m. *Diod. Louad. Abaf.*
IPPE, s. f. *Diladou*, m. pl. *Kiñklérézou*, m.
- *Kôz-draou*, f. pl. (T.)
IQUE, s. f. *Goap*, m. *Goapérez*, m.
IVELER, v. a. *Kompéza. Skouéria.*
OBLE, adj. et s. m. *Nobl. Dicheñtil* ou *di-*
l.
OCE, s. f. *Eûred* ou *eûreûd*, m. — Vannes,
d, m. (T.)
OCHER, s. m. *Lévier*, m. *Bagéer*, m.
OËL, s. m. *Nédélek*, m.
OEUD, s. m. *Koulm*, m. *Klaô*, m. *Skôd*, m.
l, m. — Vann. *Klom*, m. (T.)
OIR, adj. *Dû.*
OISE, s. f. *Heskin*, m. *Hék*, m. *Noaz*, m.
Vann. *Atahin*, m. (T.)
OISETTE, s. f. *Kraouñ-kelvez*, m.
OIX, s. f. *Kraouñ*, m.
NOM, s. m. *Hanô* ou *hanv*, m.
NOMBRE, s. m. *Niver*, m. *Rumm*, m.
NOMBRIL, s. m. *Bégel*, m.
NOMMER, v. a. *Henvel. Gervel.*

Non, particule négative. *Nann. Naren.*
Nonchalant, adj. *Klouar. Lézirek. Dida*
Nonobstant, prép. *Daoust.*
Nonpareil, adj. *Hép pâr. Dispar. Dreist*
Nord, s. m. *Hañter-nôz*, m. *Stéren*, f. *No*
Normal, adj. *Reizuz. Réoliuz.*
Nos, pron. poss. pl. *Hor. Hon. Hol.*
Notable, adj. *Anat. Brâz. Arwésiuz.*
Notamment, adv. *Peûrgedged.*
Noter, v. a. *Merka Arwézi. Évésaat.*
Notifier, v. a. *Diskleria.*
Notoire, adj. *Anavézet. Anat. Splann.*
Notre, pron. poss. sing. *Hor. Hon. Hol.*
Noue, s. f. *Téolen-gleûz*, f.
Nouer, v. a. *Koulma. Klavia.* — Vann. *mein.* (T.)
Nourrice, s. f. *Magérez*, f.
Nourrir, v. a. *Maga. Boéta. Paska. Béva*
Nous, pron. pers. pl. *Ni. Hor. Hon. Omp.* — Vann. *Emp.* (T.)
Noüure, s. f. *Léac'h*, m.
Nouveau, adj. *Névez.* — Corn. *Névé.* V et Trég. *Néoué.* (T.)
Nouvelle, s. f. *Kelou*, m. pl. *Névéziñti*,
Novembre, s. m. *Dû*, m. *Miz dû*, m.
Noyau, s. m. *Kraouen*, f. *Méan*, m. *kourn*, m.
Noyer, v. a. *Liñva. Beûzi.*
Nu, adj. *Noaz. Diwisk.*
Nuage, s. m. *Koabren*, f. *Kommoulen*, f. Vann. *Kaniblen*, f. *Huren*, f. (T.)
Nubile, adj. *Dimézuz.*
Nuire, v. n. *Gaoui. Gwalla. Noazout.*—Va *Noézein.* (T.)
Nuit, s. f. *Nôz*, f. *Nôzvez*, f.
Nul, pron. et adj. *Hini. Nikun. Nép. Didalv*
Nuque, s. f. *Mell-gouzouk*, m.

O

O, s. m. Lettre voyelle, la quinzième de l'alphabet.

OBÉIR, v. n. *Señti. Pléga.*

OBÉLISQUE, s. m. *Post* ou *peûl bégek*, m.

OBÉRER, v. a. *Karga a zléou.*

OBJECTER, v. a. *Harza. Stourmi. Tamallout.* — V. a. *Stourm. Tamall.* (T.)

OBJET, s. m. *Abek*, m. *Kiriégez*. f.

OBLATION, s. f. *Kinnig*, m. *Mennad*, m. ...f, m.

OBLIGEANT, adj. *Déréad. Séven.*

OBLIGER, v. a. *Derc'hel. Rédia.*

OBLIQUE, adj. *Beskellek. A-dreûz. A drô.*

OBLITÉRER, v. a. *Gwasta. Distéroat.*

OBSCÈNE, adj. *Lik. Louz. Louidik. Hudur.*

OBSCUR, adj. *Téval. Diskléar. Dister.* — Vann. ...*ual. Téouel.* (T.)

OBSÉDER, v. a. *Heskina. Héga.*

OBSÈQUES, s. f. pl. *Douarérez*, m. *Bésiad*, m.

OBSERVER, v. a. *Mirout. Arvesti. Ardamézi.* — ...*. Mirel.* (T.)

OBSTACLE, s. m. *Harz*, m. *Eûb*, m. *Stourm*, m.

OBSTINÉ, adj. et part. *Pennek. Pennaduz. Kilnek.*

OBSTRUER, v. a. *Stañka.*

OBTENIR, v. a. *Kaout. Gounid. Tizout.*

OBTUS, adj. *Souc'hel, Kizel. Touñ. Diboellek.*

OBVIER, v. n. *Diarbenna.*

OCCASION, s. f. *Darvoud*, m. *Trô*, f. *Abek*, m.

OCCIDENT, s. m. *Kûs-héol*, m.

OCCIPUT, s. m. *Kilpenn*, m.

OCCUPER, v. a. *Prédéria. Derc'hel. Aloubi.* ...*pa.*

Occurrence, s. f. *Darvoud*, m.
Octave, s. f. *Eizved*, m.
Octobre, s. m. *Héré*, m.
Octogone, adj. *Eiz-koñek. Eiz-kornek.*
Octroyer, v. a. *Aotréa.* — P. a. *Aotren.*] du Léon : *Otréa.* (T.)
Octuple, adj. *Eiz-kémeñt.*
Odeur, s. f. *C'houés* ou *c'houéz*, f.
Odieux, adj. *Kasauz. Dû.*
Œil, s. m. *Lagad*, m.
Œsophage, s. m. *Gourlañchen*, f. *Gargad*
Œuf, s. m. *Vi*, m.
Œuvre, s. f. *Ober*, m.
Offense, s. f. *Broud*, m. *Flemm*, m. *Gwall*
Offrande, s. f. *Kinnig*, m. *Mennad*, *Gwéstl*, m
Offusquer, v. a. *Mézévelli. Sébéza. Brumen*
Oie, s. f. *Gwâz*, f.
Oindre, v. a. *Éôlia. Larda.*
Oing, s. m. *Blonek*, m.
Oiseau, s. m. *Labous*, m. *Evn*, m. — Va *Ein*, m. (T.)
Oisiveté, s. f. *Didalvédigez*, f. *Lézirégez*
Ombilic, s. m. *Bégel*, m.
Ombrage, s. m. *Dishéol*, m. *Disfisiañs*, *Diskréd*, m.
Ombrageux, adj. *Spouñtik. Diskrédik.*
Ombre, s. f. *Skeûd*, m. *Dishéol*, m. *Di rez*. m.
Oncle, s. m. *Eoñtr*, m. — Vann. *Ioñtr*, m
Onde, s. f. *Gwagen*, f. *Koumm*, m. — Co *Tonn*. m. (T.)
Ondée, s. f. *Bâr-glaô*, m. *Kaouad-c'hlaô*, — *Glaô-pul*, m. (T.)
Onéreux, adj. *Bec'hiuz. Karguz. Pounn Sammuz.*
Ongle, s. m. *Ivin*, m.

NGLÉE, s. f. *Ivin-réó*, m.
NGUENT, s. m. *Tréat* ou *tret*, m. *Louzou*, m.
NZE, nom de nombre cardinal et adj. *Unnék*.
PAQUE, adj. *Téval*.
PÉRER, v. a. *Ober*. *Laboura*. — P. a. *Labou-* (T.)
PHTALMIE, s. f. *Drouk-lagad*, m.
PILER, v. a. *Stañka*. — Vann. *Stéuein*. (T.)
PINIÂTRE, adj. *Pennek*. *Pennaduz*. *Kilpen-*
•
PINION, s. f. *Ménóz* ou *mennoz*, m. *Kré-*, f. — Hors du Léon : *Ménô*, m. (T.)
PPOSÉ, adj. *Énep*. *Gín*.
PPRESSER, v. a. *Gwaska*. *Mac'ha*. *Eñka*
PPROBRE, s. m. *Mézégez-vrâz*, f. *Iñtr*, m. *tr*, m.
PTER, v. a. *Dilenna*. *Kemma*. — P. a. *Di-n*. (T.)
PULENCE, s. f. *Pinvidigez*, f. *Madou-z*, m. pl
OR, s. m. *Aour*, m.
ORAGE, s. m. *Arné*, m.
ORAISON, s. f. *Prézégen*, f. *Péden*, f.
ORDINAIREMENT, adv. *Peùrvuia*. *Peûrliesa*.
ORDINATION, s. f. *Ursidigez*, f. *Ursou*, f. pl.
ORDONNER, v. a. *Reiza*. *Aoza*. *Kémenna*. — a. *Kémenn*. (T.)
ORDRE, s. m. *Reiz*, f. *Reñk*, f. *Urs*, f.
ORDURE, s. f. *Lousdôni*, f. *Saotr*, m. *Loudou-z*, f. *Fañk*, m.
OREILLE, s. f. *Skouarn*, f.
OREILLER, s. m. *Penn-wélé*, m. *Pluek*, f.
ORFRAIE, s. f. *Kaouen*, f.
ORGANE, s. m. *Skiañt*, f. *Abek*, m. *Kiriek*, m.
ORGE, s. f. et m. *Heiz*, m.
ORGIE, s. f. *Direiz*, m. *Diroll*, m.
ORGUEIL, s. m. *Balc'hder*, m. *Fougé*, f. *Ro-ôni*, f.

5*

Orient, s. m. *Sével-héol* ou *sâv-héol*, m.
Orifice, s. m. *Digor*, m. *Génou*, m.
Origine, s. f. *Penn-keñta*, m. *Penn-abek*, *Mammen*, f.
Orme, s. m. *Évlec'h*, m. *Til*, m.
Orne, s. m. *Gwéz-ounn*, m.
Orner, v. a. *Kempenni*. *Kiñkla*. *Kaéraat*. P. a. *Kempenn*. (T.)
Ornière, s. f. *Rollec'h*, m. *Poull-ród*, m.
Orphelin, s. m. *Emzivad*, m.
Orpin, s. m. *Bévérez*, f.
Orteil, s. m. *Bíz-troad*, m.
Ortie, s. f. *Linad*.
Ortolan, s. m. *Kiléri*, m.
Os, s. m. *Askourn*, m. — Hors du Léon *Askorn*, m. (T.)
Oseille, s. f. *Triñchien*, m. — Vann. *Tr c'hon*, m. (T.)
Oser, v. n. *Krédi* ou *kridi*.
Osier, s. m. *Aozil*, m. — Hors du Léon *Ozil*. (T.)
Ostentation, s. f. *Fougé*, f. *Bugad*, m.
Otage, s. m. *Kréd*, m. *Gwéstl*, m.
Oter, v. a. *Lémel*. *Tenna*.
Ou, conj. *Pé*. *Anéz*. *A heñd all*.
Où,, adv. *Péléac'h*. *Ma*.
Ouaille, s. f. *Dañvad*, m.
Oublier, v. a. et n. *Añkounac'haat*.
Ouest, s. m. *Kûs-héol*, m. *Avel-izel*, f. — Vann. *Kûc'h-hiol*, m. (T.)
Oui, particule affirmative. *Ia*.
Ouïe, s. f. *Kleved*, m. *Kleô*, m.
Ouragan, s. m. *Bâr-amzer*, m. *Bâr-avel*, m
Ourdir, v. a. *Steŭi*. *Anneŭi*,
Ourler, v. a, *Gourémi*.
Outil, s. m. *Benvek*, m. *Annez*, m.
Outrager, v. a. *Flemma*. *Gwalla*. *Kunu c'henna*.

OUTRE, prép. *Dreist. É-biou. Ouc'h-penn. tré.*
OUVRAGE, s. m. *Ober*, m. *Labour*, m.
OUVRIER, s. m. *Obérer* ou *óbérour*, m. *Laurer*, m. *Gounidek*, m.
OUVRIR, v. a. *Digeri.*

P

P, s. m. Lettre consonne, la seizième de l'alabet.
PACAGE, s. m. *Peûrvan*, f.
PACIFIER, v. a. *Péoc'haat. Sioulaat.* — Vann. *oc'haat*. Corn. et Trég. *Peuc'haat.* (T.)
PACTE, s. m. *Marc'had*, m.
PAÏEN, s. m. *Dén-divadez*, m. *Pagan*, m.
PAILLARD, adj. et s. m. *Gadal. Lík. Merc'héer*, m.
PAILLE, s. f. *Kólô*, m. *Plouz*, m.
PAIN, s. m. *Bara*, m.
PAIR, adj. *Pâr. Kévatal.*
PAIRE, s. f. *Ré*, m. *Koubl*, m.
PAISIBLE, adj. *Habask. Sioul.* — Corn. *Kerïz.* (T.)
PAÎTRE, v. a. et n. *Peûri. Paska. Boéta.*
PAIX, s. f. *Péoc'h*, m.—Vann. *Pioc'h. Péac'h.* ·ég. et Corn. *Peuc'h.* (T.)
PALAIS, s. m. *Léz*, m. *Palez*, m. *Staoñ*, f.
PALE, s. f. *Pâl*, f.
PÂLE, adj. *Droulivet. Disliv. Môrlivet. Disouñket.*
PALEFRENIER, s. m. *Mével-kézek*, m. *Paotr ar kézek*, m.
PALINODIE, s. f. *Dislavar*, m. *Diskan*, m.
PALIS, s. m. *Peûl*, m.

PALLIER, v. a. *Gôlei. Dic'hiza. Bihanaat. baskaat.*

PALOMBE, s. f. *Kudon*, f.

PALONNIER, s. m. *Gwalen-sparl*, f.

PALPER, v. a. *Dournata. Méra.*

PALPITER, v. n. *Lammout.* — P. a. *Lam* (T.)

PÂMER, v. n. *Fata. Sébéza. Mézévelli. Sem*

PAMPE, s. f. *Delien-éd*, f.

PAMPRE, s. m. *Skourr-gwini*, m. — *Kor kaol avalou douar*, m. (T.)

PAN, s. m. *Pennad-vôger*, m. *Lôst* ou *lôt saé.*

PANACHE, m. *Bouc'h* ou *bouchad*, m. *Kribé*

PANADE, s. f. *Bara miod*, m.

PANAGE, s. m. *Gwîr-peûri*, m.

PANAIS, s. m. *Panez*, m.

PANARIS, s. m. *Biskoul*, f. *Raouenner*, n

PANCARTE, s. f. *Skritel*, m. *Likéten*, f. *Stag*

PANÉGYRIQUE, s. m. *Meûleûdi*, m. *Meûle gez*, f.

PANER, v. a. *Baraa.*

PANIER, s. m. *Paner*, f. *Boutek*, m. *Kést*

PANNEAU, s. m. *Stalaf*, f. *Pastel*, m, *Lâs*

PANSE, s. f. *Kôf* ou *kôv*, m. *Teûr*, m.

PANSER, v. a. *Louzaoui. Boéta.*

PAPA, s. m. *Tata*, m. *Tataik*, m.

PAPE, s. m. *Pâp* ou *Pâb*, m.

PAPIER, s. m. *Paper*, m.

PAPILLON, s. m. *Balafen* ou *balaven*, f.

PÂQUE, s. m. et f. *Pask*, m.

PAQUET, s. m. *Pâk*, m. *Pakad*, m. *Horden*

PAR, prép. *Dré. Gañt.*

PARADIS, s. m. *Paradoz*, f.

PARAÎTRE, v. n. *En em ziskouéza. Tarza. vélout.*

PARALYTIQUE, adj. et s. m. *Péluzet. Paraliti*

PARC, s. m. *Park*, m. *Park-mógériel*, m.
PARCELLE, s. f. *Lôdik*, m. *Lôdennik*, f. *Dar-*
;, f.
PARCIMONIE, s. f. *Pizder*, m. *Pizôni*, f. *Krin-*
d, m.
PARCOURIR, v. a. *Peúr-rédek*.
PARDON, s. m. *Distaol*, m. *Gwalc'h*, m. *Tru-*
rez, f. — Hors du Léon : *Trugaré*. (T.)
PAREIL, adj. *Hével*. *Pâr*. *Unvan*.
PARENT, adj. et s. m. *Kâr*.
PARER, v. a. *Kempenni*. *Kiñkla*. *Kaéraat*. —
a. *Kempenn*. (T.)
PARESSE, s. f. *Diégi*, m. *Léziregez*, f
PARFAIRE, v. a. *Peúr-ôber*. *Klôza*. Part. *et*.
PARFAIT, adj. *Klôk*. *Chouék*.
PARFOIS, adv. *A-wéchou*.
PARI, s. m. *Klaoustré*, f. *Gloestr*, m.
PARITÉ, s. f. *Keit*, f. *Hévélédigez*, f.
PARJURE, s. m. *Lé-faoz*, m. *Lé-douet faoz*, m.
PARLER, v. n. *Komza*. *Prézégi*. — P. a. *Komz*.
·ézek. (T.)
PARMI, prép. *E-kreiz*. *É-louez*. *É-mesk*. *Étré*.
PAROISSE, s. f *Parrez*, f. — *Iliz-parrez*, f.
·ég. *Parroz*, f. (T)
PAROLE, s. f. *Lavar*, m. *Komz*, f. *Gér*, m.
ann. et Trég. *Gir*, m. (T.)
PARRAIN, s. m. *Paéroun*, m.
PARSEMER, v. a. *Striñka*. *Feltra*. *Skiña*.
PART, s. f. *Lôd*, m. *Lôden*, f. *Darn*, f. *Rann*, m.
PARTANT, adv. *Ével-sé*. *Dré-zé*. *Râk-sé*.
PARTI, s. m. *Tû*, m. *Dispac'h*, m. *Ratoz*, f.
PARTICIPER, v. n. *Kaout lôd*. *Kévrenna*.
PARTIR, v. n. *Mont-kuit*. *Dilec'hi*.
PARTOUT, adv. *É pép léac'h*. *Dré holl*.
PARVENIR, v. n. *Dond da* .... *Tizout*. *Penvi-*
ikaat.
PAS, s. m. *Kamm* ou *Kammed*, m. *Kerz*, m.

PAS, particule négative. *Két.*

PASSABLE, adj. *Mâd a-walc'h. Peûz-vad.*

PASSER, v. n. *Treménout. Paouéza. Tre Diaraogi.* —P. a. *Trémen. Paouez.* (T.)

PASSEREAU, s. m. *Golvan*, m. *Filip*, m.

PASSION, s. f. *Frouden*, f. *Droug-ioul*, f.

PASTEUR, s. m. *Meser*, m. *Bugel*, m. *tor*, m. — Vann. *Bugul.* (T.)

PÂTE, s. f. *Toaz*, m. — Vann. *Tôez. Tôe* (T.)

PÂTÉ, s. m. *Pastez*, m. *Gwastel*, f.

PATELIN, adj. et s. m. *Mitouik* ou *mitaou*

PATÈNE, s. f. *Pladen*, f.

PATENT, adj. *Anat.*

PATERNITÉ, s. f. *Tadélez*. f.

PATIENCE, s. f. *Habasked*, m. *Hîr-c'hort digez*, f.

PATINER, v. a. *Dournata. Tastourni. Toulba Méra.*

PÂTIR, v. n. *Kaout poan. Gouzañvi.* — P. *Gouzañv.* (T.)

PÂTIS, s. m. *Peûrvann*, f.

PÂTISSERIE, s. f. *Gwastel*, f. *Tartez*, m. *P tez*, m.

PATOIS, s. m. *Iéz tréfoet*, m.

PÂTRE, s. m. *Mesaer* ou *meser*, m. *Bugel*,

PATRIARCHE, s. m. *Tâd-brâz*, m.

PATRIE, s. f. *Brô-c'hâñ*, f.

PATRIMOINE, s. m. *Trâ*, f. *Danvez*, m. *A dou*, m. pl.

PATTE, s. f. *Paô* ou *pâv*, m. *Troad*, m. *Ki ban*, f. — Hors du Léon : *Pô.* (T.)

PÂTURAGE, s. m. *Peûrvann*, f. *Peûr* ou *pe ri*, m.

PAUME, s. f. *Palf*, m. *Palfad*, m.

PAUPIÈRE, s. f. *Kroc'hen al lagad*, m.

PAUSE, s. f. *Paouez*, m. *Éhan*, m. *Arsaô*, m

PAUVRE, adj. et s. m. *Paour. Diének.* — Vann. *ir.* (T.)
PAVILLON, s. m. *Telt*, m. *Tinel*, f. *Bannier*, m.
PAVOT, s. m. *Roz-môc'h* ou *roz-morc'h*, m.
PAYER, v. a. *Paéa. Gôpra. Gwésla.* — Vann. *in.* (T.)
PAYS, s. m. *Brô*, f. *Pan* ou *pann*, m.
PAYSAN, s. m. *Plouézad*, m. *Kouer* ou *koué-d*, m. — *Dén diwar ar méaz*, m. (T.)
PÉAGE, s. m. *Gwír-treiz*, m.
PEAU, s. f. *Kroc'hen*, m. *Koc'hen*, f. *Ler*, m. *nn*, m.
PÉCHÉ, s. m. *Péc'hed*, m.
PÊCHER, v. a. et n. *Peskéta.*
PÉCULE, s. m. *Gounidou*, m. pl. *Gounidégez*, f.
PÉDESTRE, adj. *War-droad.*
PEIGNE, s. m. *Kríb*, f. *Kribin*, f.
PEINDRE, v. a. et n. *Liva. Pińta.* — Vann. *Li-n. Bric'hein.* (T.)
PEINE, s. f. *Poan*, f. *Gloaz*, f. *Béac'h*, m. *é*, m.
PELER, v. a. *Divlevi. Digroc'henna. Diruska. ia.*
PÈLERIN, s. m. *Pirc'hirin*, m. *Tréméniad*, m.
PELLE, s. f. *Pâl*, f. *Paliked*, f.
PELLETIER, s. m. *Pelléter*, m. *Méginer*, m.
PELOTE, s. f. *Poulouden*, f. *Pellen*, f. *Bloué*, m.
PELOUSE, s. f. *Glazen*, f. — *Tachen flour*, f. (T.)
PENCHER, v. a. et n. *Kostézi. Dinaoui. Pléga.*
PENDANT, prép. *É-pâd. A-zoug. A-héd. É-kéit.*
PENDRE, v. a. *Skourra. Krouga.*
PÊNE, s. m. *Kleizen*, f. *Dleizen*, f.
PÉNÉTRER, v. a. *Treûzi. Ińtra. Spluia. Sel-t píz.*
PÉNIBLE, adj. *Poaniuz. Diez. Tenn.*
PÉNINSULE, s. f. *Gour-énez*, f.
PÉNITENCE, s. f. *Pinijen*, f.

PENSÉE, s. f. *Koun*, m. *Ménoz*, m. *Rá*
Kréden, f.

PENTAGONE, adj. et s. m. *Pemp-kornek.*

PENTE, s. f. *Dinaou*, m. *Naou*, m. *Diribi*
Diarros, m.

PENTURE, s. f. *Barren-zôr*, f. *Sparl-dôr*

PÉNULTIÈME, adj. et s. m. *Bélôst* ou *bilôst*

PÉNURIE, s. f. *Diénez vrâz*, f. *Tavañtége*

PÉPIE, s. f. *Pibit* ou *pifit*, f. *Tizik-ién*,
Vann. *Birc'houidik*, m. (T.)

PEPIN, s. m. *Splusen*, f. *Haden*, f.

PERCEPTEUR, s. m. *Gwiraer*, m. *Teller*,

PERCER, v. a. *Toulla. Treûzi.*

PERCEVOIR, v. a. *Kémérout. Digémérout.* –
a. *Kéméret. Digéméret.* (T.)

PERCHE, s. f. *Lâz*, m. *Gwalen*, f. *Brell*,

PERCHER, v. n. *Kluda* ou *Kluja.*

PERCLUS, adj. *Péluzet.*

PERCUSSION, s. f. *Taol*, m. *Skô*, m.

PERDRE, v. a. et n. *Kolla. Gwasta.* —
Koll. (T.)

PERDRIX, s. f. *Klujar*, f.

PÈRE, s. m. *Tâd*, m.

PERFECTIONNER, v. a. *Gwellaat. Klôkaat.*

PERFIDE, adj. et s. m. *Ganaz. Iúd. Disl*
Trubard.

PÉRICLITER, v. n. *Fallaat. Distéraat. Kou*

PÉRIL, s. m. *Gwall*, m. *Tál*, m. *Riskl*, n

PÉRIODE, s. f. *Trô*, f. *Kelc'h*, m. *Kañt*, n

PÉRIR, v. n. *Dizéria. Tréménout. Peñséa*
P. a. *Trémen. Moñt da goll.* (T.)

PERMANENT, adj. *Digéflusk. Postek.*

PERMETTRE, v. a. *Kaout-mâd. Aotréa. G*
taat. — P. a. *Aotren.* (T.)

PERMUTER, v. a. et n. *Kemma. Eskemma.*

PERNICIEUX, adj. *Gwall. Gwalluz. Gaou*
Noazuz.

ERPENDICULAIRE, adj. *Sounn.*
'ERPÉTUEL, adj. *Peûr-baduz. Héd-buez.*
'ERQUISITION, s. f. *Eñklask*, m.
'ERRON, s. m. *Meñk*, m.
'ERSÉCUTER, v. a. *Héga. Heskina.*
'ERSÉVÉRER, v. n. *Keñderc'hel. Poella.*
'ERSICAIRE, s. f. *Troazur*, m.
'ERSIFLER, v. a. *Goapaat.*
'ERSISTER, v. n. *Keñderc'hel.*
'ERSONNAGE, s. m. *Dén*, m. *Mân*, f.
'ERSONNE, s. f. *Dén*, m.
'ERSUADER, v. a. *Atiza. Alia. Keñdrec'hi.*
'ERTE, s. f. *Koll*, m. *Gaou*, m. *Kollad*, m.
'ERTINEMMENT, adv. *Gañd déréadégez. Gañt añt.*
PERTUIS, s. m. *Toull. Digor*, m.
PERTURBATEUR, s. m. *Reûstler*, m. *Dispac'her*, m.
PERTURBATION s. f. *Nec'h*, m. *Rec'h*, f. *Eñ-ız*, m.
PERVERS, adj. *Drouk. Fallakr.*
PERVERTIR, v. a. *Gwalla. Touella.* — Vannes, *rbein.*
PESANT, adj. *Pounner. Tuzum. Bec'hiuz. ulké.*
PESTE, s. f. *Bos*, m. *Bosen*, f.
PET, s. m. *Bramm*, m. *Strâk*, m. — Trég. *omm.* (T.)
PÉTARD, s. m. *Tarz*, m.
PÉTILLER, v. n. *Tarza. Stérédenni. Birvi.*
PETIT, adj. *Bihan. Munud. Stumm.*
PETIT, s. m. *Kolen*, m. *Menn*, m.
PETIT-FILS, s. m. *Mâb-bihan*, m. *Niz*, m. *ouaren*, m.
PETIT-LAIT, s. m. *Dour-léaz*, m. *Gwipad*, m. *ujen*, m.
PETIT-MAÎTRE, s. m. *Fougéer*, m. *Kañfard*, m.
PETIT-NEVEU, s. m. *Gour-niz*, m.

PETITE-VÉROLE, s. f. *Bréac'h*. f. — Ho
Léon : *Bréc'h*. (T.)

PÉTITION, s. f. *Goulenn*, m.

PÉTONCLE, s. f. *Pétoun*, m. *Rigadel*, m.
reul, m.

PÉTRIFIER, v. a. *Trei é méan*. *Saouzani*. *B*

PÉTRIR, v. a. *Méra*. *Embréga*. *Dorlôi*. —
Dorlô. (T.)

PÉTROLE, s. m. *Éôl-véan*, f. *Éôl-roc'h*

PÉTULANT, adj. *Birvidik*. *Béô*. *Téar*.

PEU, adv. *Nébeût*. *Némeúr*. *Némad*.

PEUPLE, s. m. *Pobl*, f. *Brôad*, f. *Tûd*,

PEUR, s. f. *Aoun*, f. *Spouñt*, m. *Fuder*

PEUT-ÊTRE, adv. *Martézé*. *É-c'hallé*.

PHALÈNE, s. m. *Balafen-nôz*, f *Melfen-n*

PHARE, s. m. *Tân*, m. *Tân-lec'h*, m. —*T*
tân, m. (T.)

PHARMACIEN, s. m. *Drammour*, m.

PHÉNOMÈNE, s. m. *Trâ souézuz*.

PHTHISIE, s. f. *Tersien-krîn*, f.

PHYSIONOMIE, s. f. *Dremm*, f.

PIAILLER, v. n. *Garmi*. *Gragala*. *Safari*,

PIAULER, v. n. *Pipia*. *Chita* ou *chiñta*.

PIC, s. m. *Pî*, m. *Pîk*, m. *Pigel*, f. *M*
sounn, m.

PICORÉE, s. f. *Preiz*, m. *Skrap*, m. *Peñsé*

PICOT, s. m. *Skôd*, m. *Kéf*, m.

PICOTER, v. a. *Rei debron*. *Sañka*. *Pig*
Héga.

PIE, s. f. *Pîk*, f.

PIÈCE, s. f. *Péz*, m. *Tamm*, m. *Darn*,
Peñsel, m.

PIED, s. m. *Troad*, m. *Fust*, m. *Troatad*

PIÈGE, s. m. *Lindâg*, m. *Spî*, m.

PIERRE, s. f. *Méan*, m. — Hors du Lé
Men. (T.)

PIÉTÉ, s. f. *Douj-Doué*, m.

INER, v. n. *Tripa* ou *trépa*. — P. a. *Tri-*
).
, s. m. *Peûl*, m.
ON, s. m. *Koulm*, f. *Dubé*, m. *Kudon*, f.
m. *Klom*, f.
IOCHER, v. n. *Pismiga*.
ION, s. m. *Talbenn* ou *stalbenn*, m. *Pi-*
m.
, s. f. *Bern*, m. *Stroll*, m. *Kalzen*, f.
nn. *Ioc'h*, f. (T.)
ER, v. a. et n. *Bréva*. *Frika*. *Pila*. *Brifa*.
ER, s. m. *Post*, m. *Peûl*, m.
ER, v. a. *Preiza*. *Gwasta*. *Diwiska*. *Dian-*

ON, s. m. *Horz ou orz*, f.
OTE, s. m. *Lévier*, m. *Sturier*, m.
OTIS, s. m. *Peûl*, m. *Post*, m.
PANT, adj. et s. m. *Fougéer*. *Kañfard*.
ACLE, s. m. *Lein* ou *nein*, m. *Liven*, f.
CE, s. f. *Turkez-vihan*, f. *Gével*, m.
CÉE, s. f. *Meûdaden*, f. *Meûdad*, m.
CETTES, s. f. pl. *Gével*, m. *Gultan*, m.
SON, s. m. *Piñt* ou *piñter*, m. *Tiñt* ou *tiñ-*
n.
CHE, s. f. *Pé*, m. *Pigel*, f.
NNIER, s. m. *Gwastader* ou *gwastadour*, m.
E, s. f. *Pip*, m. *Korn*, m.
UE, s. f. *Pik*, m. *Reûstl* ou *rouestl*, m.
UER, v. a. *Brouda*. *Sañka*. *Béria*. *Flem-*

UEUR, s. m. *Gwénaer* ou *gwinaer*, m. *Sañ-*
n.
ATE, s. m. *Preizer* ou *preizer-vôr*, m.
E, adj. *Gwâz* ou *gwasoc'h*.
OUETTE, s. f. *Trôidelladen*, f. *Kornigella-*
f.
, adj. comparatif. *Gwâz* ou *gwasoc'h*.

Pis, s. m. *Téz*, m. —Corn. *Tévez*, m. V
Teac'h. Téec'h. (T.)

Pissat, s. m. *Troaz*, m. *Staot*, m. — V
Tréac'h. Troec'h. Stôt. (T.)

Piste, s. f. *Roud*, m. *Lerc'h*, m. *Trés*, 1

Pitance, s. f. *Lôden-boéd*, f.

Pitié, s. f. *Truez*, f. *Damañt*, m.

Piton, s. m. *Tach lagadennek*, m.

Pituite, s. f. *Kraost*, m. *Roñken*, f.

Pivert, s. m. *Kazek-koad*, f. *Ébeûl-koad*
Kilek-koad, m.

Pivot, s. m. *Marc'h-dôr*, m. *Ael-dôr*
Mudurun, f.

Placard, s. m. *Likéten*, f. *Stagel*, f. *Skrite*

Place, s. f. *Léac'h*, m. *Mann*, f. *Leûr-ge*
Kré, m.—Hors du Léon : *Lec'h.* (T.)

Plage, s. f. *Aod*, m. *Arvor*, m.

Plaider, v. n. *Breûtaat.* — Vann. *Ber*
(T.)

Plaie, s. f. *Gouli*, m.

Plain, adj. *Kompez* ou *kompoez.*

Plaine, s. f. *Kompézen*, f. *Saounen*, f.

Plainte, s. f. *Klemm*, f. *Keinvan*, m.
voud, m. *Gwic'h*, m.

Plaire, v. n. *Héta. Plijout. Fallout.*

Plaisant, adj. *Hétuz. Braô. Koañt. Dud*
Farsuz.

Plaisir, s. m. *Lévénez*, f. *Plijadur*, m. *Dé*
Vâd, m. *Ébat*, m.

Planche, s. f. *Plañken*, f. *Elfen*, f. *Peñgenn*

Plançon, s. m. *Koaden*, f. *Treûst*, m.
rin, m.

Planète, s. f. *Stéren* ou *Stérédcn-réd*, f

Plantain, s. m. *Hédlédan* ou *hélédan*,
Stlañvesk, f. — Corn. *Stloné*, f. (T.)

Plante, s. f. *Gwézennik*, f. *Plañten*
Kaol, m. *Louzaouen*, f.

Plant

LANTER, v. a. *Plañta. Douara. Brouda.*
LAT, adj. *Kompez. Plâd.*
LAT, s. m. *Plâd*, m. *Disk*, m.
LATEAU, s. m. *Skudel-valañs*, f. *Taolen*, f.
den-vénez, f.
LATINE, s. f. *Aour-gwenn*, m.
LÂTRE, s. m. *Plastr*, m.
LAUSIBLE, adj. *Gwir-héñvel.*
LEIN, adj. *Leûn.* — Vann. *Lein.* (T.)
LEURER, v. a. et n. *Gwéla. Léñva. Daéraoui.*
LEUVOIR, v. n. *Glaôia* ou *glavia.* — *Ober*
ô. (T.)
LI, s. m. *Plék* ou *plég*, m. *Roufen*, f. *Tech*, m.
LIE, s. f. *Lizen*, f.
LISSER, v. a. *Kriza. Roufenna.*
LOMB, s. m. *Ploum*, m.
LONGEON, s. m. *Poc'han*, m. *Pluier*, m.
LUIE, s. f. *Glaô*, m. — Hors du Léon : *Glô.*
)
LUME, s. f. *Plû*, m. *Stûc'h*, m.
LUPART, s. f *Darn-vuia*, f.
LUS, adv. *Mui* ou *muioc'h.*
LUSIEURS, adj. et adv. *Lies. E-leiz. Kalz.*
ûr.
LUTÔT, adv. *Keñt. Keñtoc'h.*
LUVIER, s. m. *Moullek*, m. *Iñged*, m. *Troaz-*
:, m.
POCHE, s. f. *Sac'h*, m. *Gôdel*, f.
POËLE, s. f. *Pillik* ou *pillig*, f. *Palaren*, f.
POËTE, s. m. *Gwersaouer*, m. *Barz*, m.
POIDS, s. m. *Poéz*, m. *Béac'h*, m.
POIGNARD, s. m. *Gour-glézé*, m. *Goustil*, m.
ñtel-lâz, f.
POIGNÉE, s. f. *Dournad*, m. *Bôzad*, f. *Dûl*, m.
amm, m.
POIGNET, s. m. *Arzourn*, m. — P. a. *Azourn.* (T.)

POIL, s. m. *Bléô*, m.

POINÇON, s. m. *Broud*, m. *Ménaoued*, m.

POINDRE, v. a. et n. *Saṅka*. *Tarza*.

POINT, s. m. *Krâf*, m. *Gri*, m. *Tâl*, f. *Ke tel*, f. *Pistik*, m.

POINT, part. nég. *Két*.

POINTE, s. f. *Bék*, m. *Ék*, m. *Bâr*, m *Broud*, m.

POIRE, s. f. *Pér*, m.

POIREAU, s. m. *Pour*, m.

POIS, s. m. *Piz*, m.

POISON, s. m. *Koṅtamm*, m.

POISSON, s. m. *Pésk*, m.

POITRINE, s. f. *Poull-kaloun*, m. *Bruched*, *Brennid*, m.

POIVRE, s. m. *Pébr*, m.

POIX, s. f. *Pék* ou *pég*, m.

POLI, adj. *Kompez*. *Flour*. *Liṅk*. *Déréad*. *S ven*.

POLICE, s. f. *Reiz*, m. *Kerreiz*, m.

POLISSON, s. m. *Halébod*, m. *Haloun*.

POLLUER, v. a. *Saotra*. *Stlabéza*.

POLTRON, adj. et s. m. *Digaloun*. *Laosk*.

POMME, s. f. *Aval*, m.

POMPE, s. f. *Fougé*, f. *Mízou-brâz*, m. p *Riboul*, m. — Corn *Baṅgounél*, f. (T.)

PONCEAU, s. m. *Róz-aer*, m.

PONCEAU, adj. *Rûz-glaou*.

PONCTUEL, adj. *Akétuz*. *Strivuz*.

PONDRE, v. a. et n. *Dozvi*.

PONT, s. m. *Poṅt* ou *pouṅt*, m.

PONTIFE, s. m. *Pâp* ou *pâb*, m. *Eskop* ou e *kob*, m.

POPULACE, s. f. *Tudigou*, m. pl. *Livastred*, m. p

PORC, s. m. *Penn-môc'h* ou *pémôc'h*, m *Houc'h*, m.

PORC-ÉPIC, s. m. *Heûreûchin-reûnek*, m.

PORT, s. m. *Pors* ou *porz*, m. *Doug*, m. *Dalc'h*, m.

PORTAIL, s. m. *Dór-dál*, f.

PORTE, s. f. *Dór*, f.

PORTÉE, s. f. *Doug*, m. *Kóvad*, m. *Tôrad*, m.

PORTER, v. a. et n. *Dougen*. *Kâs*. *Tizout*.

PORTION, s. f. *Lôd*, m. *Lôden*, f. *Kévren*, f.

PORTRAIT, s. m. *Skeûden*, f. *Skouér*, f. *Hévédigez*, f.

POSÉ, adj. *Poellek*. *Habask*. *Kerreiz*. — *A-ziaez*. (T.)

POSÉMENT, adv. *Gwestad*.

POSER, v. a. *Lec'hia*. *Lakaat*. *Diazéza*.

POSITIF, adj. *Gwîr*. *Gwirion*. *Diarvar*.

POSSÉDER, v. a. *Kaout*. *Endévout*. *Piaoua*. *Perc'henna*. *Kerza*.

POSSIBLE, adj. *Galluz*. *Helluz*.

POSTE, s. m. et f. *Léac'h*, m. *Karg*, f. *Pôst*, f.

POSTÉRIEUREMENT, adv. *Goudé*. *War-lerc'h*.

POSTÉRITÉ, s. f. *Nésted* ou *nésanded*, m.

POSTHUME, adj. et s. m. *Dalif*.

POSTICHE, adj. *Gaou*. *Disgwir*. *Faoz*.

POSTURE, s. f. *Dalc'h*, m. *Trô*, f. *Ment*, f.

POT, s. m. *Pôd*, m. *Kib*, m. *Pôtéô*, m. *Picher*, m.

POTAGE, s. m. *Souben*, f. *Kéfalen* ou *Kévalen*, f.

POTEAU, s. m. *Peûl*, m.

POTELÉ, adj. *Maget-mâd*. *Kûl*.

POTENCE, s. f. *Krouk* ou *kroug*, f.

POTENTAT, s. m. *Roué*, m.

POTERNE, s. f. *Dór-kûz*, f. *Dráf* ou *drâv*, m.

POTION, s. f. *Éva* ou *évach*, m.

POU, s. m. *Laouen*, f. — Vann. *Léuen*. *Léu*. (T.)

POUCE, s. m. *Meûd* ou *meût*, m. *Meûdad*, m.

POUDRE, s. f. *Poultr*, m. *Ludu*, m. *Paot*, m. *Hoéé*, m.

POULAIN, s. m. *Ébeûl* ou *eùbeûl*, m. *Éal*,
POULE, s. f. *Iâr*, f.
POULINER, v. n. *Trei hé ébeûl. Ebeûlin.* Tr*é* *Alañ. Éalañ.* (T.)
POULIOT, s. m. *Louzaouen-ar-skéveñt.*
POUMON, s. m. *Skéveñt*, m.
POUPE, s. f. *Diadré*, m. *Áros*, m.
POUPÉE, s. f. *Merc'hoden*, f.
POUPIN, adj. et s. m. *Mistrik. Koañtik.*
POUR, prép. *Évit. Gañt. Enn abek da.*—Van *Éit. Éouit. Aveit.* (T.)
POURCEAU, s. m. *Penn-môc'h*, m. *Houc'h*,
POURCHASSER, v. a. *Eñklaskout. Heûlia.*— a. *Eñklask* (T.)
POURPIER, s. m. *Bara-ann-evn*, m. *Bég-an evn*, m.
POURPOINT, s. m. *Jupen* ou *chupen*. f. *Po pañt*, m.
POURPRE, s. m. et f. *Mouk*, m. *Limestra*, m
POURQUOI, conj. *Pé évit. Pérâk.*
POURRI, adj. et part. *Brein.*
POURSUIVRE, v. a. et n. *Heûlia. Eñklaskou* *Keñderc'hel.*
POURTANT, adv. *Koulskoudé. Padâl.*
POURTOUR, s. m. *Trô*, f.
POURVOIR, v. n. *Basta* ou *bastout. Founna.*
POURVU QUE, conj. *Gañt ma. Némét ma.*
POUSSE, s. f. *Taol*, m. *Kresk*, m. *Berr-alan*, m
— Hors du Léon : *Tôl*, m. (T.)
POUSSER, v. a et n. *Bouñta. Luska. Alia. Di wana. Kellida.* — *Moñt da vâd.* (T.)
POUSSIÈRE, s. f. *Poultr*, m. *Ludu*, m. *Paot*, m
— Vann. *Houé*, *c'houé*, m. (T.)
POUSSIN, s. m. *Labousig-iâr*, m. *Evnik* m *Poñsin*, m.
POUTRE, s. f. *Treûst*, m. *Sôl*, m. *Sourin*, m
— Vann. *Trést*, m. (T.)

Pouvoir, v. a. et n. *Gallout. Tizout.*
Pouvoir, s. m. *Galloud*, m. *Béli*, f.
Prairie, s. f. *Foennek*, f. *Prâd*, m.
Pratiquer, v. a. *Heûlia. Darempredi. Sével.*
Pré, s. m. *Foennek*, f. *Prâd*, m. *Flouren*, f.
Précaution, s. f. *Évez-brâz*, m. *Préder*, m. *zaouez*, f.
Précéder, v. a. *Diaraogi.*
Préceinte, s. f. *Gwégr*, f. *Karroz*, m.
Précepte, s. m. *Reiz*, f. *Kélen*, f. *Keñtel*, f.
Prêcher, v. a. et n. *Prézégi.*—P. a. *Prézek.*(T.)
Précieux, adj. *Talvouduz. Orbiduz.*
Précipice, s. m. *Torr-gouzouk*, m. *Torrôd*, m. *ouñk*, m.
Précipitation, s. f. *Hast*, m. *Err* ou *herr*, m.
Préciser, v. a. *Merka. Lakaat.*
Précoce, adj. *A-bréd Keñtrad.*
Préconiser, v. a. *Meûli-meûrbed.*
Précurseur, s. m. *Diaraoger*, m.
Prédécesseur, s. m. *Ann hini keñt. Diaraoger.*
Prédestiner, v. a. *Keñt toñka. Keñd-dileûri.*
Prédiction, s. f. *Diougan*, m. *Diouganérez*, m.
Prédominer, v. n. *Trec'hi.*
Préface, s. f. *Keñt-skrid*, m.
Préférer, v. a. *Dilenna.* — P. a. *Dilenn.* (T.)
Préjudice, s. m. *Gaou*, m. *Gwall*, m. *Koll*, m.
Préjugé, s. m. *Rák-varn*, f. *Gwall-vénoz*, m.
Prêle, s. f. *Lóst-marc'h*, m.
Prélegs, s. m. *Keñt-légad*, m.
Préliminaire, adj. *Keñt. Diageñt. Diaraok.*
Prélude, s. m. *Keñtel*, f. *Derou*, m. pl. *Arod*, m.
Prématuré, adj. *Ré abréd. Ré geñtrad.*
Prémices, s. f. pl. *Keñta-frouez*, m. *Préveûi*, m.
Premier. adj. et s. m. *Keñta.*
Prendre, v. a. *Kémerout. Dalout. Krapa. Paa.* — P. a. *Kémeret.* (T).

PRÉNOM, s. m. *Râg-hanv*, m. *Hanô-badez*, n
PRÉPARER, v. a. *Aoza. Darévi. Ficha.*
PRÉPONDÉRANCE, s. f. *Gorréérez*, m. *Tréac'h*, n *Béli*, f.
PRÈS, prép. et adv. *Tôst. Nés* ou *néz. É-kiche*ı *Harz.*
PRÉSAGE, s. m. *Arouéz*, f. *Diougan*, m.
PRESBYTE, s. m. *Hîr-wél.*
PRESCIENCE, s. f. *Râg-gwiziégez*, f.
PRESCRIRE, v. a. *Rei urs. Kémenna. Gourc'h*ı *menni.* — P. a. *Kémenn. Gourc'hemenn.* (T.)
PRÉSENCE, s. f. *Bézañs*, m. *Raok*, m.
PRÉSENT, s. m. *Amzer a vréma. Rô*, n *Prof*, m.
PRÉSENTEMENT, adv. *Bréma.*
PRÉSENTER, v. a. *Kinniga. Diskouéza. Ambro*ı *ga.* — P. a. *Kinnig. Diskouez.* (T.)
PRÉSERVER, v. a. *Diwallout. Mirout.* — P. a *Diwall. Miret.* (T.)
PRÉSIDER, v. a. *Sturia.*
PRÉSOMPTUEUX, adj. *Rok. Balc'h. Her.*
PRESQUE, adv. et prép. *Peûz. Hogoz. Dam.*
PRESQU'ÎLE, s. f. *Gour-énez*, f.
PRESSE, s. f. *Eñgroez*, f. *Gwask*, m. *Gwa*ı *kérel*, m.
PRESSER, v. a. *Gwaska. Moustra. Peûka Hasta.*
PRESTANCE, s. f. *Neûz-vâd*, f. *Doaré-vâd*. f
PRESTE, adj. *Buan. Trumm.*
PRESTIGE, s. m. *Touellérez*, m. *Strôbinel*, m
PRÉSUMER, v. a. et n. *Arvari.*
PRÉSURE, s. f. *Trô*, f. *Goéden*, f. *Keûlé*, m
PRÊT, adj. *Daré da..... Aozed da....*
PRÉTENDRE, v. a. et n. *Derc'hel. Géda. Fa*ı *lout.* — P. a. *Gédal.* (T.)
PRÊTER, v. a. *Rei war zistol. Présta.*
PRÉTEXTE, s. m. *Digarez*, m. *Skeûd*, m. -

ors du Léon : *Digaré*, m. Vann. *Sigur*, m. (T.)
PRÊTRE, s. m. *Bélek*, m.
PRÉVALOIR, v. n. *Trec'hi da*... *Faëza*. Part. *et*.
PRÉVARIQUER, v. n. *Fazia*. *Gwalla*. *Fellet*.
PRÉVENANCE, s. f. *Azaouez*, f.
PRÉVENIR, v. a. *Diaraogi*. *Diarbenna*. — P. a. *arbenn*. (T.)
PRÉVENTION, s. f. *Râk-varn*, f. *Touclladur*, m.
PRÉVISION, s. f. *Râg-wél*, m. *Râg-wiziégez*, f.
PRÉVOYANCE, s. f. *Evez-abréd*, m. *Keñt-gwél*, m.
PRIER, v. a. et n. *Pédi* ou *pidi*.
PRIMAUTÉ, s. f. *Keñta reñk*, f. *Préveúdi*, f.
PRIME, s. f. *Gôpr* ou *gôbr*, m.
PRINCE, s. m. *Priñs*, m.
PRINCIPAL, adj. *Keñta*. *Gwella*.
PRINCIPALEMENT, adv. *Dreist-holl*. *Peûrgedged*.
PRINCIPE, s. m. *Penn*. *Penn-abek*, m. *Deu*, m. pl. — Vann. *Déré*, (T.)
PRINTEMPS, s. m. *Névez-amzer*, f.
PRISE, s. f. *Kémer*, m. *Krôk*, m. *Krâf*, m. *rîf*, m.
PRISER, v. a. *Prizout*. *Feûria*. *Ober stâd*.
PRISON, s. f. *Bâc'h*, f. *Prizoun*, m. — *Kaôun*, m. *Toull-bac'h*, m. (T.)
PRIVER, v. a. *Dizouna*. *Diwiska*. *Diouéri*. *Doñ*... — P. a. *Diouéret*. (T.)
PRIVILÉGE, s. m. *Gwîr a-zevri*.
PRIX, s. m. *Talvoudégez*, f. *Feûr*, m. *Prîz*, m. *ôpr*, m.
PROBABLE, adj. *Gwîr-héñvel*.
PROBITÉ, s. f. *Eeunder*, m. *Dinamded*, m.
PROBLÈME, s. m. *Lavar arvaruz*, m.
PROCÉDÉ, s. m. *Doaré da ôber*, f.
PROCÈS, s. m. *Breût* ou *breûd*, m. *Prosez*, m.
PROCHAIN, adj. et s. m. *Nés*. *Lés*. *Tôst*. *Nésa*.
PROCHE, adj. et prép. *Tôst*, *Harz*. *Lés*. *É-kilen*.

PROCLAMER, v. a. *Embanna gañt lid. Brud*
PROCRÉER, v. a. *Génel. Eñgéheñta.*
PROCURER, v. a. *Lakaad da gaout. Digas.*
PROCUREUR, s. m. *Breûtaer*, m.
PRODIGE, s. m. *Burzud*, m. — Vann. *B c'hud. Berc'hud*, m. (T.)
PRODIGIEUX, adj. *Dirciz, Dic'hiz.*
PRODIGUE, adj. et s. m. *Ré lark. Gwall-zi ñer. Trézer.*
PRODUIRE, v. a. *Génel. Dougen. Digas.*
PROÉMINER, v. n. *Sével dreist.*
PROFANE, adj. *Dizakr.*
PROFÉRER, v. a. *Lavarout.*—P. a. *Lavaret.*
PROFESSER, v. a. *Añsavout. Kéleñna. Keñt* — P. a. *Añsav. Añsaô. Kélenn.* (T.)
PROFESSION, s. f. *Mécher* ou *micher*, f. *Lé*
PROFIT, s. m. *Gounid*, m. *Talvoudégez Kers*, f. — Vann. *Splét*, m. (T.)
PROFOND, adj. *Doun. Kalet. Dic'hiz.* — Va *Deun. Den.* (T.)
PROGRÈS, s. m. *Diaraok*, m. *Kresk*, m. *M digez*, f. — Vann. *Inraok*, m. (T.)
PROHIBER, v. a. *Difenni. Berza. Mirout.* — a. *Difenn. Miret.* (T.)
PROIE, s. f. *Preiz*, m. *Skrâp* ou *skrâb*, m.
PROJET, s. m. *Rât* ou *ratoz*, f. *Ioul*, *C'hoañt*, m. — Corn. *Dézô*, m. (T.)
PROLIXE, adj. *Ré-hir. Stambouc'het.*
PROLOGUE, s. m. *Keñt-skrid*, m. *Keñt-lavar*,
PROLONGER, v. a. *Hiraat. Hastenna. Gour za.* — P. a. *Astenn.* (T.)
PROMENADE, s. f. *Balé*, m. *Eñgerz*, m.
PROMESSE, s. f. *Gwéstl*, m. *Gér*, m. *Di gan*, m.— Vann. *Gloestr*, m. (T.)
PROMISCUITÉ, s. f. *Mesk*, m. *Kemmesk*, m.
PROMONTOIRE, s. m. *Bék-douar*, m.
PROMPT, adj. *Buan. Téar. Buanek. Trumm*

Promulguer, v. a. *Embanna.* — P. a. *Emann.* (T.)

Prononcer, v. a. *Lavarout fréaz. Disklcria.*

Pronostic, s. m. *Diougan*, m. *Arouéz*, f.

Propager, v. a. *Skiña. Bruda. Kriski. Astena.* — P. a. *Astenn.* (T.)

Propension, s. f. *Plék* ou *plég*, m. *Tech*, m.

Prophète, s. m. *Diouganer*, m. *Profeà*, m.

Propice, adj. *Aotréuz. Mâd. Trugarézuz.*

Proportion, s. f. *Hévélébédigez*, f. *Kemm*, m. *Feûr*, m.

Propos, s. m. *Lavar*, m. *Komz*, f. *Prézéen*, f.

Proposer, v. a. *Lavarout. Kinniga. Mennout.* — P. a. *Lavaret. Kinnig.* (T.)

Propre, adj. *Mâd da..... Néat. Kempenn. Diastez.*

Propriétaire, s. m. *Aotrou*, m. *Perc'hen*, m.

Proroger, v. a. *Astenna. Hiraat. Daléa.* — P. a. *Astenn. Dalé.* (T.)

Proscrire, v. a. *Heskina. Terri.*

Prospérité, s. f. *Eûr-vâd*, f. *Lévénez*, f.

Prosterner (se), v. réfl. *Stoui.*

Prostituée, s. f. *Gast*, f. *Serc'h*, f. *Strólen*, f.

Prostration, s. f. *Fillidigez*, f. *Gwévaduez*, f.

Protéger, v. a. *Difenni. Diwallout. Mirout.* — P. a. *Difenn. Diwall. Miret.* (T.)

Protubérance, s. f. *Torgen*, f. *Koagen*, f.

Proue, s. f. *Araok léztr*, m.

Prouesse, s. f. *Taol-kaer*, m. *Ober-kaer*, m.

Prouver, v. a. *Rei da wír.*

Provenir, v. n. *Doñd eûz a....*

Proverbe, s. m. *Lavar paot*, m.

Providence, s. f. *Râg-wél Doué*, m.

Provoquer, v. a. *Héga. Heskina. Daéa. Argadí. Digas.* — Vann. *Atahincin.* (T.)

PROXIMITÉ, s. f. *Tôstidigez*, f. *Nésted*, m.
PRUDENCE, s. f. *Poell*, m. *Furnez*, f.
PRUNE, s. f. *Prûn*, m. *Polos*, m. *Grégon*, m
PRUNELLE, s. f. *Hirin* ou *irin*, m. *Mâb-lagâd*, m
PRURIT, s. m. *Debron brâz*, m.
PUBÈRE, adj. *Kaézourek*.
PUBLIC, adj. *Boutin*. *Hollek*. *Anat*.
PUBLIER, v. a. *Bruda*. *Embanna*. — P. a. *Em bann*. Vann. *Brudein*. (T.)
PUCE, s. f. *C'hoanen*, f. Vann. *C'hoénen*. (T.
PUCELLE, s. f. *Gwerc'hez*.
PUCERON, s. m. *C'hoanen-c'houéz*, f. *Mo c'hik*, m.
PUDEUR, s. f. *Méz-fûr*, f.
PUDIQUE, adj. *Glân*. *Dinam*. *Diañtek*.
PUER, v. n. *Fléria*. *Loui*.
PUÉRIL, adj. *Mibiliuz*.
PUÎNÉ, adj. *Iaou-her* ou *iaouaer*, m.
PUIS, adv. *Goudé*. *Neûzé*.
PUISER, v. a. *Tenna dour*. *Puñsa*.
PUISQUE, conj. *Pa*.
PUISSANCE, s. f. *Galloud*, m. *Galloudez*, f *Béli*, f.
PUITS, s. m. *Puñs*, m.
PULLULER, v. n. *Kriski pul*. *Paotta kalz*.
PULMONAIRE, s. f. *Louzaouen-ar-skéveñt*, f.
PULMONIE, s. f. *Drouk-skéveñt*, m.
PULSATION, s. f. *Skô*, m. *Stok*, m.
PULVÉRISER, v. a. *Lakaad é poultr*. *Bruzuna*
PUNAIS, adj. *Frî fleriuz*.
PUNAISE, s. f. *Louézaé*, m. *Torlosken*, f.
PUNIR, v. a. *Gwana*. *Kastiza*.
PUR, adj. *Glân*. *Dinam*. *Diañtek*. *Néat*. *Skarz*.
PURÉE, s. f. *Pîz-silet*.
PURGER, v. a. *Nétaat*. *Karza*. *Skarza*. *Lou zaoui*.
PURIFIER, v. a. *Glana*. *Karza*. *Dilastéza*.

Pus, s. m. *Lín*, *Lín-brein*.

Pusillanime, adj. *Digaloun*. *Laosk*. *Aounik*. — Hors du Léon : *Losk*. *Digalon*. (T.)

Pustule, s. f. *Klógôren*, f. *Burbuen*, f. *C'houé-:gen*, f.

Putain, s. f. *Gast*, f. *Serc'h*, f.

Putois, s. m. *Pudask*, m.

Putride, adj. *Brein*.

Pygmée, s. m. *Korr*, m. *Korrik*, m.

Pythonisse, s. f. *Diouganérez*, f.

Q

Q, s. m. Lettre consonne, la dix-septième de l'alphabet.

Quadragénaire, adj. et s. m. *Daou-ugeñtvéder*.

Quadrangulaire, adj. *Pevar-c'hornek*.

Quadriennal, adj. *Pevar-bloazick*.

Quadrupède, adj. et s. m. *Pevar-zroadek*.

Quadruple, adj. et s. m. *Pevar-c'hémeñt*.

Quai, s. m. *Kaé*, m.

Qualité, s. f. *Galloud*, m. *Doaré*, f. *Danvez*, m.

Quand, adv. *Pa*. *Peür*. *Pégouls*.

Quant, adv. *É-kéñver*. *War*. *Évit*.

Quantième, adj. et s. m. *Pédved*.

Quantité, s. f. *Meñt*, f. *Niver*, m. *Rumm*, m. — Vann. *Niñouer*, m. (T.)

Quarante, nom de nombre cardinal. *Daou-ugeñt*.

Quart, s. m. *Palévars*, m. *Pévaren*, f.

Quasi, adv. *Tôst-da-vád*. *Peúz*. *Hogoz*.

Quatorze, nom de nombre cardinal. *Pevarzék*.

Quatre, nom de nombre cardinal. *Pévar*, m.

Péder, f. — Vann. *Puar*, m. *Pédir*, f. Tr
Péoar, m. (T.)

QUATRE-VINGT, nom de nombre cardinal.
var-ugeñt.

QUE, pron. *Péhini. Pétrâ. Égét. Évit. Ma.*

QUEL, pron. *Pé. Pébez. Péd.*

QUELQUE, pron. *Bennâk.*

QUELQUEFOIS, adv. *A-wéchou.*

QUELQU'UN, s. m. *Unan-bennâg.*

QUENOUILLE, s. f. *Kégel*, f.

QUERELLE, s. f. *Dael*, f. *Krôz*, m. *Strív*,
— Vann. *Atahin*, m. *Noez*, m. (T.)

QUÉRIR, v. a. *Kerc'hout. Klaskout.* — P.
Kerc'hat. Klask. (T.)

QUESTION, s. f. *Goulenn*, m. *Lavar*, m.
nek, m.

QUÊTER, v. a. et n. *Klaskout. Korka. Késta.*
P. a. *Klask.* (T.)

QUEUE, s. f. *Lôst*, m. *Penn*, m.

QUI, pron. *Péhini. Piou.*

QUICONQUE, pron. *Nép. Piou-bennâg.*

QUIGNON, s. m. *Felpenn bara. Korn-bara*,

QUILLE, s. f. *Kil*, m. *Kein-léstr*, m.

QUINTE, s. f. *Bár-páz*, m. *Frouden*, f.

QUINZE, nom de nombre cardinal. *Pemzék.*

QUITTANCE, s. f. *Diskarg*, m. *Divec'h*, m.

QUITTER, v. a. *Lézel. Dilézel. Kuitaat.*

QUOI, pron. *Pétrâ. Péhini. Pénaoz. Pésavâd.*

QUOIQUE, conj. *Pétrâ-bennâg. Pégémeñt-bennâg*

QUOLIBET, s. m. *Goapérez*, m. *Gôgé*, m. *Gó*
discrez, m.

QUOTIDIEN, adj. *Pemdéziek.* — Vann. *Pam*
diek. (T.)

R

R, s. m. et f. Lettre consonne, la dix-huitièm
de l'alphabet.

RABÂCHER, v. n. *Balbouza.*
RABAIS, s. m. *Digresk*, m. *Diskar*, m.
RABAISSER, v. a. *Izélaat. Distéraat. Diskara.*— a. *Diskar.* (T.)
RABATTRE, v. a. *Izélaat. Digreski. Tréchi.* *ulaza.*
RABLE, s. m. *Mell-kein*, m.
RABONIR, v. a. et n. *Gwellaat.*
RABOT, s. m. *Kompézer*, m. *Rabod*, m. *sel*, m.
RABOTEUX, adj. *Digompez. Torgennek. Skó-k.*
RABOUGRIR, v. n. *Gwall-zoñt. Gwall-zével.*
RACAILLE, s. f. *Tûd-dister*, m. pl. *Livastred*, pl.
RACCOMMODER, v. a. *Aoza. Peñsélia. Unvani.*
RACCOURCIR, v. a. *Berraat. Diverraat. Krenna.*
RACE, s. f. *Gwenn*, f. *Rumm*, m.
RACHETER, v. a. *Dasprena. Dic'haoui.* — P. *Dasprenn.* (T.)
RACHITIS, s. m. *Léac'h*, m. — Hors du Léon : *c'h.*
RACINE, s. f. *Grisien*, f. *Mammen*, f.
RACLER, v. a. *Karza. Skarza. Rimia.*
RACONTER, v. a. et n. *Danévella. Distaga.* — a. *Danévell.* (T.)
RADE, s. f. *Kampr-vór*, f. *Râd*, m.
RADEAU, s. m. *Radel*, f.
RADIEUX, adj. *Lagadennuz. Stérédennuz. Skéduz.*
RADOTER, v. n. *Rambréa. Sorc'henni. Rañdoni.* Corn. *Jaodréa.* (T.) P. a. *Rambréal.* (T.)
RADOUCIR, v. a. *C'houékaat. Habaskaat.* *ulaat.*
RAFALE, s. f. *Bâr-avel*, m. *Réklom*, m.
RAFFERMIR, v. a. *Starda. Krévaat.*
RAFLER, v. a. *Skrapa. Falc'ha.*
RAFRAÎCHIR, v. a. *Fréskaat. Distana. Névézi.* Vann. *Néouéc'hein.* (T.)

RAGE, s. f. *Kounnar*, f. *Diboell*, m.
RAGOT, adj. *Krenn*. *Grabotennik*.
RAGOÛT, s. m. *Kéfalen*, f. *Keûsteûren*. f.
RAGRÉER, v. a. *Aoza*. *Kempenni*. — P. *Kempenn*. (T.)
RAIE, s. f. *Rouden*, f. *Añden*, f. *Añt*, *Raé*, m.
RAIFORT, s. m. *Gwéz-irvin*, m. *Elvézen*,
RAILLER, v. a. et n. *Goapaat*. *Gôgéa*. *G sa*. — Vann. *Déjancin*, v. a. Corn. *Tatina*, v (T.)
RAINURE, s. f. *Garan*, f. *Sazil*, m.
RAIS, s. m. pl. *Empren*, f. *Skin*, m.
RAISIN, s. m. *Rezin*, m.
RAISON, s. f. *Skiañt*, f. *Poell*, m. *Reiz*, *Gwír*, m. — Vann. *Skieñt*, f. *Reic'h*, f. (T.)
RAJEUNIR, v. a. et n. *Iaouañkaat*.
RAJUSTER, v. a. *Aoza*. *Kempenni*. — P. *Kempenn*. (T.)
RÂLE. s. m. *Savellek*, m. *Roñkel*, f. — Va *Roc'hken*, f. (T.)
RALENTIR, v. a. *Gorrékaat*. *Gorréga*.
RALLIER, v. a. *Strôba*. *Dastumi*. — P. a. *D tum*. (T.)
RALLONGER, v. a. *Hirraat*. *Astenna*. — P. *Astenn*. (T.)
RALLUMER, v. a. *Dazorc'hi*.
RAMAGE, s. m. *Geiz* ou *geid*, m.
RAMAS, s. m. *Dastum*, m. *Daspuñ*, m. *I gen*, f.
RAME, s. f. *Roéñv* ou *roéf*, f. — Vann. *Rou Rouañv*. (T.)
RAMEAU, s. m. *Skourrik*, m. *Skoultrik*, m.
RAMENER, v. a. *Digas*. *Diréna*.
RAMIER, s. m. *Kudon*, f.
RAMOITIR, v. a. *Leiza*. *Delta*.
RAMOLLIR, v. a. *Boukaat*. *Gwakaat*. *Blóda*.

MONER, v. a. *Karza* ou *skarza*.
MPER, v. n. *Stléja. Ruza. Skrampa.*
NCE, adj. *Boutet. Tézet.*
.NÇON, s. f. *Dasprénadurez*, f. *Rañsoun*, f.
.NCUNE, f. *Kás* ou *kasóni. Gour*, m.
.NG, s. m. *Reiz*, f. *Reñk*, f. *Trô*. f.—Vann.
h, f. (T.)
.NIMER, v. a. *Énaoui. Dazorc'hi.*
.PACE, adj. *Loñtek. Preizek.*
.PATRIER, v. a. *Unvani* ou *urvani.*
.PER, v. a. *Rimia, Rapa.*
.PETASSER, v. a. *Aoza. Peñsélia. Takona.*
.PETISSER, v. a. et n. *Bianaat* ou *bihanaat.*
.PIDE, adj. *Buan. Héruz. Garó.*
.PIÉCER, v. a. *Peñsélia. Takona.*
.PINE, s. f. *Preiz*, m. *Gwastadur*, m.
lb, m.
.APPELER, v. a. *Gervel adarré. Asgervel.*
.APPORTER, v. a. *Dizougen. Digas. Danével-*
— P. a. *Danévell.* (T.)
.APPRENDRE, v. a. et n. *Asdeski.*
.APSODIE, s. f. *Rabadiez*, f.
.APT, s. m. *Skrapérez*, m. *Falc'hérez*, m.
.ARE, adj. *Rouez. Dibaot. Chouék. Diduzum.*
.ARÉFIER, v. a. *Astenna. Laoska.* — P. a. *As-*
z. (T.)
.AS, adj. *Touz. Ratouz. Ráz. Kompez.*
.ASOIR, s. m. *Aoten* ou *óten*, f.
.ASSASIER, v. a. *Gwalc'ha. Leûnia. Karga.*
.ASSEMBLER, v. a. *Dastumi. Daspuñi. Strolla.*
P. a. *Dastum. Daspuñ.* (T.)
.ASSEOIR (SE), v. réfl. *Diazéza.*
.ASSURER, v. a. *Krétaat. Nerza. Dizaouzani.*
ulaat.
RAT, s. m. *Ráz*, m.
RATE, s. f. *Felc'h*, f.
RÂTEAU, s. m. *Rastel*, f.

RATELIER, s. m. *Rastel*, f. *Garzel*, f.

RATIÈRE, s. f. *Ruzunel*, f. *Stokérez*, f. *kouer*, m. — Vann. *Rac'huer.* (T.)

RATION, s. f. *Lóden-voéd*, f.

RATISSER, v. a. *Graka. Skraba. Karza.*

RATTACHER, v. a. *Asstaga.*

RATTRAPER. v. a *Aspaka. Astizout.*

RATURER, v. a. *Roudenna. Kroaza.*

RAUQUE, adj. *Garó. Raoulet.*

RAVAGE, s. m. *Gwastadur*, m. *Dismañtr*

RAVALER, v. a. et n. *Aslouñka. Izélaat. greski.*

RAVE, s. f. *Rabézen*, f.

RAVIGOTER, v. a. *Nerza. Fréalzi.* — Vann *Nerc'hein.* (T.)

RAVINE, s. f. *Livad-dour*, m. *Livaden-zour*

RAVIR, v. a. *Krapa* ou *Skrapa. Skilfa. tlammi.*

RAVIVER, v. a. *Dasénaoui.*

RAVOIR, v. a. *Askaout*

RAYER, v. a. *Roudenna. Kroaza. Añdenna.*

RAYON, s. m. *Bann*, m. *Saézen*, f. *Skin*,

RÉALE, s. f. *Réal*. m.

RÉALISER, v. a. *Sévéni.*

RÉALITÉ, s. f. *Gwirionez*, f.

REBAPTISER, v. a. *Asbadézi.*

RÉBARBATIF, adj. *Garó. Rok. Balc'h. Dich*

REBÂTIR, v. a. *Assével.*

REBATTRE, v. a. *Askanna. Balbouza.*

REBELLE, adj. *Amzeñt. Kilpennek. Dispac'h*

REBIFFER (SE), v. réfl. *Gwiñka. Diswiñka. Striv*

REBLANCHIR, v. a. *Asgwenna.*

REBORDER, v. a. *Asbévenni. Aslézenni.*

REBOUCHER, v. a. *Asstañka. Asstouva.*

REBOUILLIR, v. n. *Asbirvi.*

REBOURS, s. m. *Tú-gín*, m. *Kil*, m.

REBUT, s. m. *Distol*, m. *Dilez*, m. *Distol vez*, f.

REBUTER, v. a. *Digalounékaat. Érézi. Brouda.*
RECACHETER, v. a. *Assiella. Asstagella.*
RÉCALCITRANT, adj. *Pennek. Kilpennek.*
RECÉLER, v. a. *Tua* ou *tui. Kuza.* — P. a. *zat.* (T.)
RECENSER, v. a. *Nivéri. Gwiria.* — Vann. *iouérein.* (T.)
RÉCENT, adj. *Névez.* — Corn. *Névé.* Vann. et ég. *Néoué.* (T.)
RÉCÉPISSÉ, s. m. *Diskarg*, m. *Divec'h*, m.
RÉCEPTACLE, s. m. *Digémer*, m. *Toull*, m.
RECEVOIR, v. a. *Kémérout. Digémérout. Méra.* P. a. *Kéméret. Digéméret.* (T.)
RECHANGER, v. a. *Askemma.*
RECHANTER, v. a. et n. *Askana.*
RÉCHAPPER, v. n. *Tec'hout.* —P. a. *Tec'het.* (T.)
RECHARGER, v. a. *Askarga.*
RECHASSER, v. a. *Asharlua.* —*Kas-kuit a névez.* .)
RÉCHAUD, s. m. *Glaouier*, m.
RÉCHAUFFER, v. a. *Astomma.*
RECHAUSSER, v. a. *Azarc'henna. Asbotaoui.*
RECHEF, adj. *Adarré. C'hoaz.*
RECHERCHE, s. f. *Klask*, m. *Eñklask*, m.
RECHIGNER, v. n. *Gwévi. Moulbenni.*
RECHUTE, s. f. *Askouéz*, m. *Affal*, m. —Vann. *kouec'h.* (T.)
RÉCIPROQUE, adj. *Boutin.*
RÉCIT, s. m. *Danével* ou *dianével*, f.
RECLOUER, v. a. *Astacha.*
RECLUSION, s. f. *Dalc'h*, m. *Bâc'h*, f. *Pri-un*, m.
RECOIN, s. m. *Kornik*, m. *Koñik*, m.
RÉCOLTE, s. f. *Médérez*, m. *Éost*, m. *Tré-id*, m.
RECOMMANDER, v. a. *Erbédi.*
RECOMMENCER, v. a. et n. *Asdéraoui.*

Récompense, s. f. *Gôpr*, m. *Dic'haou*, m
Recomposer, v. a. *Adôber*. *Adaoza*.
Recompter, v. a. et n. *Asnivéri*. *Askouñta*
Réconcilier, v. a. *Unvani*.
Reconduire, v, a. *Diambrouga*.
Réconforter, v. a. *Ken-nerza*. *Kréaat*.
Reconnaître, v. a. *Anaout*. *Añsavout*. — P *Añsav*. *Añsaô*. (T.)
Reconstruire, v. a. *Assével*.
Recorriger, v. a. *Askélenna*. *Askastiza*.
Recoudre, v. a. *Asgria*. — P. a. *Asgriat*. (
Recouper, v. a. *Astrouc'ha*.
Recourir, v. n. *Asrédek*. *Dirédek*.
Recours, s. m. *Skoazel*, f. *Gwarez*, f.
Recouvrer, v. a. *Askaout*. *Askavout*.
Recouvrir, v. a. *Asgôlei*. *Astei*.
Récréation, s. f. *Diduel*, f. *Diverr-amzer*
Récréer, v. a. *Askroui*.
Recrépir, v. a. *Asfula*.
Recreuser, v. a. *Astoulla*. *Askleûza*.
Récrier (se), v. réfl. *Garmi*.
Récrire, v. a. *Asskriva*.
Recroître, v. n. *Askriski*.
Recteur, s. m. *Person* ou *persoun*, m.
Rectifier, v. a. *Eeuna*. *Reiza*.
Reçu, s. m. *Diskarg*, m. *Divec'h*, m.
Recueillir, v. a. *Dastumi*. *Kutula*. — P. *Dastum*. *Kutul*. (T.)
Recuire, v. a. *Aspoaza*.
Reculer, v. a. et n. *Kila*. *Argila*.
Redemander, v. a. *Asgoulenni*. — P. a. *goulenn*. (T.)
Rédempteur, s. m. *Dasprêner*, m.
Redescendre, v. n. *Asdiskenni*. — P. a. *diskenn*. (T.)
Redevenir, v. n. *Asdoñt*.
Redevoir, v. a. *Asdléout*.

IRE, v. a. *Aslavarout. Dilavarout.* — P. a. *aret. Dilavaret.* (T.)
ONNER, v. a. *Asrei. Daskori.* — P. a. *Das-* T.)
OUBLER, v. a. *Kriski.*
OUTER, v. a. *Douja.*
RESSER, v. a. *Ecuna. Digamma. Reiza.*
UIRE, v. a. *Rédia. Trec'hi. Reiza.*
UIT, s. m. *Digémer*, m. *Bóden*, f.
ÉDIFIER, v. a. *Assével.*
EL, adj. *Gwír. Gwirion.*
ÉLIRE, v. a. *Asdilenna. Asdibaba.* — P. a. *enn. Asdibab.* (T.)
FAIRE, v. a. *Adóber. Névézi. Asterki.*
FAUCHER, v. a. et n. *Asfalc'ha. Asgwilc'ha.* a. *Asfalc'hat. Asgwilc'hat.* (T.)
FECTION, s. f. *Aozadur*, m. *Préd-boéd*, m.
FENDRE, v. a. *Asfaouta. Ranna.*
FERMER, v. a. *Asserra.*
FLÉCHIR, v. a. et n. *Menna. Dilammout.* *úrel.* — P. a. *Dilammet.* (T.)
FLEURIR, v. n. *Asbleúñi.*
FLEXION, s. f. *Rât*, f. *Devri*, m. *Koun*, m.
FLUX, s. m. *Tréac'h*, m. *Dichal*, m.
FONDRE, v. a. *Asteûzi. Assével.*
FORMER, v. a. *Reiza. Gwellaat.*
ÉFORMER, v. a. *Adaoza. Asdoaréa.*
EFOULER, v. a. *Asgwaska. Asmoustra.*
EFRAIN, s. m. *Diskan*, m.
ÉFRÉNER, v. a. *Trec'hi. Kabestra.*
EFROGNÉ, adj. et part. *Guével. Moulbennek.*
EFROIDIR, v. a. et n. *Iéna. Iénaat.*
EFUGE, s. m. *Digémer*, m. *Ménéc'hi*, m.
EFUSER, v. a. *Dinac'ha.* — P. a. *Dinac'h.* (T.)
EGAGNER, v. a. *Asgounid.*
EGAIN, s. m. *Eil-foenn*, m. *Gwimm*, m.
ÉGAL, s. m. *Banvez*, m. *Fest*, f.

Regard, s. m. *Sell*, m. *Lagadad*, m.
Regeler, v. n. *Asrevi. Asskourna.*
Régénération, s. f. *Eil-vuez*, f. *Eil-c'he gez*, f.
Régenter, v. n. *Kélenna. Keñtélia. Aotro* — P. a. *Kélenn.* (T.)
Régicide, s. m. *Lazer-roué*, m.
Regimber, v. n. *Gwiñka. Disgwiñka. St*
Région, s. f. *Brô*, f.
Régir, v. a. *Réna. Blénia.*
Régistre, s. m. *Diel*, m. *Maril*, m.
Règle, s. f. *Réol*, f. *Réolen*, f. *Reiz*, Vann. *Reic'h*, f. (T.)
Règne, s. m. *Mérérez*, m. *Rén*, m. *Béli*
Regoûter, v. a. *Aslañva.*
Regret, s. m. *Keûz*, m. *Glac'har*, f. — V *Ké*, m. (T.)
Régulier, adj. *Reizuz. Réoliuz. Difazi. Str*
Rehausser, v. a. *Assével. Asgorréa. Ad laat.*
Reins, s. m. pl. *Kroazel*, f. *Kroaz-léz*, f.
Reine, s. f. *Rouanez*, f.
Réitérer, v. a. *Adôber.*
Rejaillir, v. n. *Striñka. Dilammout. Kou* — P. a. *Dilammet.* (T.)
Rejeter, v. a. *Astaoli. Distaoli. Daskor* P. a. *Asteûrel. Disteûrel. Daskor.* (T.)
Rejeton, s. m. *Taol*, m. *Kresk*. m. *Buge*
Rejoindre, v. a. *Asframma. Tizout.*
Rejouer, v. n. *Asc'hoari.*
Réjouir, v. a. *Laouénaat. Diduella.*
Relâche, s. m. *Éan*, m. *Paouez*, m. *saô*, m.
Relaps, adj. et s. m. *Askouézet. Affalet.*
Relation, s. f. *Hévélébédigez*, f. *Danével*,
Relaver, v. a. *Asgwalc'hi. Eil-walc'hi.*
Reléguer, v. a. *Banna. Harlua. Divrôi.*

EVER, v. a. *Assével. Dazorc'hi. Keñtraoui.*
IER, v. a. *Adéréa. Askoulma.* — P. a. *Adé-*

IGIEUSE, s. f. *Léanez*, f.
IGION, s. f. *Feiz*, m. *Krédén*, f. *Dévo-*

IRE, v. a. *Aslenna.* — P. a. *Aslenn.* (T.)
OUER, v. a. *Asgôpra.*
UIRE, v. n. *Luc'ha. Lugerni. Lufra.*
IÂCHER, v. a. *Aschaoka. Daskiria.*
IANIER, v. a. *Asméra. Asdournata.*
IARIER, v. a. *Asdimizi.*
IARQUE, s. f. *Arwéz*, f. *Ardamez*, m.
, m.
MBOÎTER, v. a. *Aslec'hi.*
MÈDE, s. m. *Louzou*, m. *Gwellaen*, f.
MÊLER, v. a. *Asmeski. Askemmeski.*
MERCIER, v. a. *Trugarékaat. Kâs-kuit.*
METTRE, v. a. *Aslakaat. Disteûrel. Asrei.*
MINISCENCE, s. f. *Koun*, m. *Mének*, m.
MISE, s. f. *Dalé*, m. *Dilez*, m. *Lâp*, m.
MMANCHER, v. a. *Astroada. Asfusta.*
MONTER, v. a. et n. *Aspiña.* — P. a. *Aspi-*
(T.)
:MONTRANCE, s. f. *Kélen*, m. *Keñtel*, f.
:MORDRE, v. a. et n. *Askregi. Astaga.*
:MOUDRE, v. a. *Asmala.*
ÉMOULEUR, s. m. *Bréolimer*, m. *Lemmer*, m.
ann. *Libonik.* (T.)
EMPLIR, v. a. *Leûnia. Karga. Sévéni.*
EMPORTER, v. a. *Dizougen. Gounid.*
EMUER, v. a. *Fiñva. Heja. Luska. Loc'ha.*
ÉMUNÉRATEUR, s. m. *Gôpraer*, m. *Garrédo-*
m.
ENAISSANCE, s. f. *Eil-c'hanédigez*, f. *Névéza-*
, m.
ENARD, s. m. *Louarn*, m. — Vann. *Loarn.*

Renchérir, v, a. et n. *Kéraat.*
Rencontre, s. f. *Kavaden*, f. *Darvoud*,
Rendez-vous, s. m. *Emwél*, m.
Rendre, v. a. *Disteûrel. Daskori. Asre*
P. a. *Daskor.* (T.)
Rène, s. f. *Leren*, f. *Rañjen*, f.
Renfermer, v. a. *Serra. Asserra.*
Renfler, v. a. *Tévaat. Kreski. C'houéza*
Renforcer, v. a. *Kréaat. Krévaat. Ner.*
Rengainer, v. a. *Gouina. Feûria.*
Rengraisser, v. a. et n. *Aslarda. Aslartaa*
Renier, v. a. *Nac'ha. Dinac'ha. Diañsa*
— P. a. *Nac'h. Dinac'h. Diañsaô. Diañsav.*
Renifler, v. n. *Rufla.*
Renommée, s. f. *Brûd*, f. *Hanô*, m. *Mou*
Renoncer, v. a. *Dilézel. Kuitaat. Diañsa*
— P. a. *Diañsao. diañsav.* (T.)
Renouée, s. f. *Mellou*, m. pl.
Renouer, v. a. *Askoulma. Névézi.*
Renouveler, v. a. *Névézi. Dinévézi.*
Rente, s. f. *Lévé*, m.
Renverser, v. a. *Diskara. Didroada. C'l*
nia. — P. a. *Diskar.* (T.)
Renvoyer, v. a. *Kâs-kuit. Harlua.* — Var
Hañdéein. (T.)
Repaître, v. a. et n. *Boéta. Paska. Maga*
Répandre, v. a. *Skula. Feuna. Feltra.*
Réparer, v. a. *Aoza. Gwellaat. Dic'haoi*
Répartir, v. a. *Darnaoui. Ranna.*
Repas, s. m. *Préd*, m. *Boéd*, m.
Repasser, v. a. et n. *Astréménout. Astri*
Bréolima. — P. a. *Astrémena. Blérima.* (T.)
Repentir, s. m. *Keûz*, m. *Glac'har*, f.
Repercer, v. a. *Astoulla.*
Reperdre, v. a. *Askolla.* — P. a. *Askoll.*
Répéter, v. a. *Aslavarout. Abéki. Disrévi*
— P. a. *Dislavaret. Disrével.* (T.)

PEUPLER, v. a. *Aspobla. Astuda.*
PIT, s. m. *Éan*, m. *Dalé*, m. *Gourzez*, m.
PLACER, v. a. *Aslec'hia.*
PLANTER, v. a. *Asdouara. Asplañta,*
PLÉTION, s. f. *Leünder*, m. *Fromm*, m. *bouc'h*, m.
PLIER, v. a. *Aspléga. Eil-bléga.*
:PLONGER, v. a. et n. *Assouba. Aspluia.*
:POMPER, v. a. et n. *Asriboula.*
:PONDRE, v. a. et n. *Lavarout. Respouñta.* *at.* — P. a. *Lavarel.* (T.)
:POS, s. m. *Éan*, m. *Paouez*, m. *Arsaó*, m. *sk*, m.
:POUSSER, v. a. *Disteûrel. Banna. Bouñta.*
:PRENDRE, v. a. *Askémérout. Tamallout.* *a.* — P. a. *Askémérel. Tamall.* (T.)
EPRÉSENTER, v. a. *Diskouéza. Doaréa.* — P. *Diskouez.* (T.)
ÉPRIMANDER, v. a. *Tamallout. Króza. Teñsa.* P. a. *Tamall.* (T.)
ÉPRIMER, v. a. *Trec'hi. Sparla.*
EPROCHE, s. m. *Tamall*, m. *Rébech*, m.
EPRODUIRE, v. a. *Asgénel. Asspéria. Asdis-za.*
ÉPROUVER, v. a. *Disteûrel. Dizanaout.*
EPTILE, adj. et s. m. *Loen-stléj*, m. *Aer*, f.
ÉPUBLIQUE, s. f. *Stâd-diroué*, f.
ÉPUDIER, v. a. *Dilézel.*
ÉPUGNANCE, s. f. *Heûg*, m. *Hérez*, m. *Doñ-* , m. — Corn. *Balek*, m. (T.)
RÉPUTATION, s. f. *Hanó*, m. *Brûd*, f. *Mouéz*, f.
ÉPUTER, v. a. et n. *Menna. Krédi.*
EQUÊTE, s. f. *Goulenn*, m.
EQUIN, s. m. *Môr-vleiz*, m. *Môr-gi*, m.
EQUIS, adj. et part. *Déréad. Réd.*
ÉSEAU, s. m. *Rouédik*, f.
ÉSERVÉ, adj. *Évésiek. Poellek. Fûr.*

Réserver, v. a. *Mirout. Tua* ou *tui.* — I *Miret.* (T.)

Résider, v. n. *Choum. Ménel.* — Vann. *C* *kein.* (T.)

Résidu, s. m. *Dilerc'h*, m. *Lec'hid*, m.

Résister, v. n. *Harza, Stourmi. Kia. Én* — P. a. *Stourm.*

Résolu, adj. et part. *Balc'h. Her. Dizaou*

Résolution, s. f. *Diskoulm*, m. *Rât*, f. *manl*, m.

Résonner, v. n. *Skiltra. Seni.*

Respect, s. m. *Douj*, m. *Stâd*, f. *Azaoue*

Respirer, v. n. *C'houéza. Rufla. Termi* *Tenna alan.* (T.)

Resplendissant, adj. *Lugernuz. Lufruz.*

Responsable, adj. et s. m. *Kréd* ou *kré.*

Ressaisir, v. a. *Askémérout.* — P. a. *Askémé* (T.)

Ressaut, s. m. *Baleg*, m. *Balir*, m.

Ressemblant, adj. *Hével* ou *heñvel.*

Ressentiment, s. m. *Drouk*, m. *Anaoudé* *vâd*, f.

Resserrer, v. a. *Asstarda. Striza. Eñka.*

Ressource, s. f. *Skoazel*, f. *Gwarez*, f.

Ressouvenir, s. m. *Koun*, m. *Éñvor*, f.

Ressusciter, v. a. et n. *Divésia. Dazorc'h*

Restaurer, v. a. *Aoza. Gwellaat.*

Reste, s. m. *Choumadur*, m. *Dilerc'h*, m

Restituer, v. a. et n. *Disteûrel. Daskori.* *rei.* — P. a. *Daskor.* (T.)

Restreindre, v. a. *Asstarda. Bihanaat.*

Résultat, s. m. *Mennoz*, m. *Dilerc'h*, m

Rétablir, v. a. *Aoza. Gwellaat.*

Retaille, s. f. *Trouc'h*, m. *Drâl*, m.

Retard, s. m. *Dalé*, m. *Gourzéz*, m.

Retenir, v. a. *Derc'hel. Mirout. Poella.* — a. *Miret.* (T.)

ETENTIR, v. n. *Skiltra. Dasseni.*
.ETENUE, s. f *Dalc'h*, m. *Poell*, m.
.ÉTIF, adj. *Argiluz. Amzeñt. Kilpennek.*
.ETIRER, v. a. *Astenna. Assacha. Tenna.*—P. *Astenn.* (T.)
ETOMBER, v. n. *Askouéza, Affala.*
ETORDRE, v. a. *Asgwéa. Asgwaska.*
ETORS, adj. *Gwét. Tróet. Gwén. Ijinuz.*
ETOUR, s. m. *Distró*, m. *Kíl*, m.
RÉTRACTER, v. a. *Dislavarout.* — P. a. *Dislavaret.* (T.)
RETRAITE, s. f. *Digémer*, m. *Bôden*, f.
RETRANCHER, v. a. *Lémel. Skéja. Bardella.*
RÉTRÉCIR, v. a. *Striza. Eñka.*
RÉTRIBUTION, s. f. *Gwerz*, f.—Vann. *Guerc'h.*
)
RÉTROGRADER, v. n. *Kila. Argila.*
RETROUSSER, v. a. *Kriza.* Part. *et. Troñsa.* Part. *et.*
RETROUVER, v. a. *Askavout.*
RETS, s. m. *Roued*, f.
RÉUNIR, v. a. *Grounna. Strolla. Urvani.*
RÉUSSIR, v. n. *Doñd ervâd.*
RÊVE, s. m. *Huvré*, f. *Sorc'hen*, f. — Vann. *Huné. Evrein.*
REVÊCHE, adj. *Rok. Balc'h. Dichek.*
RÉVEILLER, v. a. *Dihuna. Divôrédi. Keñtraoui.* — Vann. *Digouskein.* (T.)
RÉVEILLON, s. m. *Askoan*, f.
RÉVÉLER, v. a. *Diskula, Diskleria. Disrévella.* — P. a. *Disrével.* (T.)
REVENANT, s. m. *Bugel-nóz*, m. *Teúz*, m.
REVENDRE, v. a. *Asgwerza.*
REVENIR, v. n. *Distrei.*
REVENU, s. m. *Lévé*, m.
REVERDIR, v. n. *Glaza.*
RÉVÉRENCE, s. f. *Azaouez*, f. *Stou ou stouv*, m.

Revers, s. m. *Kîl*, m. *Kein*, m. *Gwall*. *Reûz*. m.

Réversion, s. f. *Distrô*, m.

Revêtir, v. a. *Gwiska. Pourc'ha.*

Revivre, v. n. *Asbéva.*

Révocation, s. f. *Terridigez*, f.

Revoir, v. a. *Asgwélout*. — P. a. *Asgwél* (T.)

Révolte, s. f. *Diboell*, m. *Dispac'h*, m.

Révolution, s. f. *Trô*, f. *Dizurs*, f. *Dizeur*,

Revue, s. f. *Eñklask*, m. *Gwél* ou *gwéled*,

Rhabiller, v. a. *Asgwiska. Peñselia.*

Rhumatisme, s. m. *Remm*, m.

Rhume, s. m. *Sifern*, m. *Anoued*, m. *Páz*,

Riboter, v. n. *Fésta. Ébata.*

Riche, adj. *Pinvidik. Mudek.* —Vann. *I nouik*. (T.)

Ricochet, s. m. *Skéj*, m. *Distrô*, m. *A taol*, m.

Ride, s. f. *Roufen*, f. *Kriz*, m. — Vanne *Groac'hen*, f. (T.)

Ridicule, adj. *Goapauz. Lû.*

Rien, adv. et s. m. *Nétrâ.*

Rigide, adj. *Garô. Ferô. Treñk. Strivuz.*

Rigole, s. f. *Añt*, m. *Añtik*, m. *Treskiz*, m

Rigoureux, adj. *Garô. Tenn.*

Rincer, v. a. *Diwalc'hi. Riñsa.*

Ringeot, s. m. *Bosard*, m.

Ripaille, s. f. *Tinel-vâd*, f. *Kegin-vâd*, f.

Ripopée, s. f. *Kemmeskalez*, f. *Farlopach*, m

Rire, v. n. *C'hoarzin.*

Risque, s. m. *Riskl*, m. *Gwall*, m. *Tâl*, f.

Rissoler, v. a. *Rouza. Gella.*

Rit, s. m. *Kiz*, f.

Rivage, s. m. *Aot* ou *aod*, m. — Hors d Léon : *Ot. Od.* (T.)

Rival, adj. et s. m. *Kéférer* ou *kévérer*.

ıVE, s. f. *Klâñ*, m. *Glann* ou *klann*, f.
., m.
.IVIÈRE, s. f. *Ster*, f. — *Aven*. V. m. (T.)
.IXE, s. f. *Strîf*, ou *strív*, m. *Riot*, m. *Dael*, f.
Vann. *Atahin*, m. (T.)
ιOBE, s. f. *Saé*, f.
ιOBINET, s. m. *Tuellen* ou *duellen*, f.
ιOBUSTE, adj. *Kré* ou *kréñ*. *Nerzuz*. *Postek*.—
g. *Kréoñ*. Vann. *Kreñv*. (T.)
ιOC, s. m. *Roc'h*.
ιÔDER, v. n. *Kañtréa*. — P. a. *Kañtren*. (T.)
ιODOMONT, s. m. *Fougéer*. *Kañfard*.
ιOGNE, s. f. *Drouk-sant-Méan*, m. *Rouñ*, m.
ιOGNER, v. a. *Krenna*. *Berraat*.
ιOGNON, s. m. *Lonec'h* ou *lounec'h*, f. *Kell*, m.
ιOGUE, adj. *Rok* ou *rog*. *Balc'h*. *Dichek*.
ιOI, s. m. *Roué*, m.
ιOIDE, adj. *Steñ*. *Tenn*. *Gourd*. *Reúd*. *Sounn*.
ιOITELET, s. m. *Rouéik*, m. *Laouénan*, m.—
g. *Troc'han*, f. (T.)
ROMPRE, v. a. *Terri*. *Freûza*.
RONCE, s. f. *Drézen*, f.
ROND, adj. *Krenn*. *Kelc'hek*. *Rouñd*.
RONDIN, s. m. *Keûneûden*, f.
RONFLER, v. n. *Roc'ha*. *Roc'hella*. *Roñkella*.
RONGER, v. a. *Kriña*.
ROQUILLE, s. f. *Glac'harik*, m.
ROSE, s. f. *Roz*, m. *Rozen*, f.
ROSEAU, s. m. *Raoz* ou *raoskl*, m. *Hesk*, m.
ROSÉE, s. f. *Glîz*, m.
ROSSE, s. f. *Kôz-varc'h*, m. *Spréc'hen*, f.
ıñ, f.
ROSSER, v. a. *Bazata*. *Fibla*. *Fusta*. —*C'hoari*
z. (T.)
ROSSIGNOL, s. m. *Éostik*, m. *Adan* ou *ha-*
n, m.
ROT, s. m. *Breûgeûd* ou *breûgeûz*, m.

Rôt, s. m. *Kik-rôst*, m. *Rôst*, m.

Rôtie, s. f. *Bara-krâz*, m. *Krazen*, f. *T ten*, f.

Rotule, s. f. *Krogen ar glîn*, f.

Roturier, adj. et s. m. *Bilen*.

Roucouler, v. n. *Grougousa*.

Roue, s. f. *Rôd*, f.

Rouelle, s. f. *Jelken*, f.

Rouge, adj. *Rûz*. *Flamm*. *Ruspin*.

Rougeole, s. f. *Ruzel*, f.

Rouget, s. m. *Mel-rûz*, m. *Arlikon*, m.

Rouille, s. f. *Merkl* ou *mergl*, m. *Iñtr*, m.

Rouir, v. a. *Éogi*.

Rouleau, s. m. *Roll*, m. *Rulen*, f.

Rouler, v. a. et n. *Rula*. *Rodella*.

Roupie, s. f. *Burudik*, f.

Roupiller, v. n. *Mórédi*.

Route, s. f. *Heñt*, m. *Stréat*, f.

Routine, s. f. *Kisiou kôz*, f. pl. (T.)

Rouvrir, v. a. *Asdigéri*.

Roux, adj. *Gell*. *Rouz*.

Royaume, s. m. *Rouañtélez*, f.

Ruche, s. f. *Kést*, f. *Kôlôen*, f. *Reusken*,

Rude, adj. *Garó*. *Tenn*. *Digompez*. *Dichek*

Rue, s. f. *Stréat*, f. *Rû*, f.

Ruer, v. n. *Gwiñka*. *Disgwiñka*. *Rua*.

Rugir, v. n. *Iuda*. *Busella*. — P. a. *Iud* Vann. *Bruc'hellein*. (T.)

Ruiner, v. a. *Dismañta*. *Gwasta*. *Kolla*. — a. *Koll*. (T.)

Ruisseau, s. m. *Gouer*, f. *Gwéren*, f. *Gwâz*

Ruisseler, v. n. *Béra*. *Dévéra*. *Gouéria*. *Rédek*. (T.)

Rumeur, s. f. *Safar*, m. *Dispac'h*, *Brûd*, m.

Ruminer, v. n. *Daskiria*. *Eñvori*. — Va *Takénein*. (T.)

RUPTURE, s. f. *Torr*, m. *Rog*, m. *Tarz*, m. *élen*, f.
RUSE, s. f. *Tróidel*, f. *Gwidré*, m. *Gwénl*, m.
RUSTIQUE, adj. *Gouéz*. *Rust*. *Dichek*.

S

S, s. m. et f. Lettre consonne, la dix-neuvième l'alphabet.
SA, pron. poss. fém. *Hé*.
SABLE, s. m. *Tréaz*, m. *Grouan*, m. — Hors Léon : *Tréz*. *Trec'h*. (T.)
SABOT, s. m. *Botez-koad*, f. *Botez-prenn*, f.
SAC, s. m. *Sac'h*, m.
SACCADE, s. f. *Hej*, m. *Horell*, m. *Strons*, m.
SACCAGER, v. a. *Dirolla*. *Gwasta*. *Dismañta*.— ann. *Dizalbadein*. (T.)
SACERDOCE, s. m. *Bélégiez*, f.
SACRÉ, adj. *Sakr*.
SACRIFICE, s. m. *Azeûlidigez*, f. *Sakriviz*, m.
SACRILÈGE, s. m. *Fallagriez*, f. *Sakrilach*, m.
SAGE, adj *Fúr*. *Reiz*.
SAGE-FEMME, s. f. *Amiégez*, f. — Vannes, *Iamm-diégez*. (T.)
SAIGNER, v. a. et n. *Gwada*. *Diwada*.
SAILLIE, s. f. *Dilamm*, m. *Didarz*, m. *Barg*, m.
SAIN, adj. *Iac'h*. *Iac'huz*. *Iéc'héduz*.
SAIN-DOUX, s. m. *Blouck*, m.
SAINFOIN, s. m. *Géot-gall*, m. *Foenn-gall*, m.
SAINT, adj. et s. m. *Glán*. *Sant*. *Santel*.
SAISIR, v. a. *Kregi*. *Krafa*. *Kéméroul*. — P. a. *Kéméret*. (T.)
SAISON, s. f. *Amzer*, m. *Préd*, m. *Maré*, m.

Salaire, s. m. *Gôpr* ou *gôbr*, m. *Paé*, m. Vann. *Péé*, m. (T.)

Sale, adj. *Louz. Loudour. Fañk. Hudur.*

Saler, v. a. *Salla.*

Salive, s. f. *Hâl* ou *haló*, m. *Glaouren*,.

Salle, s. f. *Sâl*, f.

Salope, adj. et s. f *Loudouren*, f. *Stróden*

Salpêtre, s. m. *C'hoalen-vôger*, m.

Salubre, adj. *Iac'huz. Iéc'héduz.*

Saluer, v. a. *Stoui. Saludi.*

Salutaire, adj. *Iac'huz. Iéc'héduz. Mâd. f*

Samedi, s. m. *Sadorn*, m. *Disadorn.*

Sanctifier, v. a. *Sañtéla. Lida. Mirout.* P. a. *Miret.*

Sanctionner, v. a. *Aotréa. Grataat.* — P. *Aotren.* (T.)

Sang, s. m. *Gwâd* ou *goad*, m.

Sangle, s. f. *Sivellen*, f. *Señklen*, f.

Sanglier, s. m. *Houc'h-gwéz*, m.

Sanglot, s. m. *Huanad*, m. *Hirvoud*, m.

Sangsue, s. f. *Gwélaouen*, f.

Sanie, s. f. *Lin-dourek*, m.

Sans, prép. *Hép. Panévéd.*

Santé, s. f. *Iéc'hed*, m.

Sapin, s. m. *Sapr* ou *sâp*, m

Sarbacane, s. f. *Sifoc'hel*, f. *Striñkel*, f.

Sarcelle, s. f. *Krâk-houad*, m. *Grec' houad.*

Sarcler, v. a. et n. *C'houenna. Dilastéza.* P. a. *C'houennat.* (T.)

Sarment, s. m. *Koad-gwini*, m.

Sarrasin, s. m. *Éd-dû*, m. *Gwiniz-dû*, m.

Sas. s. m. *Tamoez*. m. *Burutel*, f.

Satiété, s. f. *Gwalc'h*, m. *Gwalc'hded*, m.

Satisfaction, s. f. *Lévénez*, f. *Dâ*, m. *Vâd*, m

Satisfaire, v. a. *Basta. Héta. Dic'haoui.*

Sauce, s. f. *Hilien*, f. *Soubil*, m. *Soubinel*, f

AUCISSE, s. f. *Silzik*, m. *Silzigen*, f.
AUF, adj. et prép. *Paré. Salô* ou *salv. Némét.* Vann. *Nameit.* (T.)
AULE, s. m. *Halek*, m.
AUMON, s. m. *Eok* ou *éog*, m. *Keûreûk*, m.
AUMURE, s. f. *Hili* ou *héli*, m.
AUNIÈRE, s. f. *C'hoalennouer*, m. *Kélorn*, m.
AUT, s. m. *Lamm*, m. *Sâl*, m.
AUTERELLE, s. f. *Kilek-raden*, m. *Karv-ra-*, m. — Vann. *Karvek*, m. (T.)
AUVAGE, adj. et s. m. *Gwéz* ou *gouéz. Dizoñ. ô.*
AUVER, v. a. *Para. Savétei.*
AUVEUR, s. m. *Salver*, m.
SAVANT, adj. et s. m. *Gwiziek. Lennek. Mâl.*
SAVEUR, s. f. *Blâz*, f. *Saour*, f.
SAVOIR, v. a. *Gouzout.* — Trég. et Vannes, *ut.* (T.)
SAVON, s. m. *Soavon*. m.
SAXIFRAGE, s. f. *Méan-tarz*, m. *Torvéan*, m. Vann. *Armé*, m. (T.)
SCABREUX, adj. *Garô. Torgennek. Riskuz.*
SCANDALE, s. m. *Gwal-skouér*, f. *Trouz*, m.
SCARABÉE, s. m. *C'houil*, m.
SCARIFIER, v. a. *Didrouc'ha. Dispenna.* — P. *Dispenn.* (T.)
SCEAU, s. m. *Siel*, f. *Stagel*, f.
SCÉLÉRAT, adj. et s. m. *Fallakr. Milligaden.*
SCEPTRE, s. m. *Gwalen-roué*, f.
SCIATIQUE, s. f. *Mavi-gamm*, m. *Mamm-mm*, f.
SCIE, s. f. *Hesken*, f.
SCIENCE, s. f. *Skiañt*, f. *Gwiziégez*, f.
SCINTILLER, v. n. *Lugerni. Stérédenni.*
SCISSION, s. f. *Rann*, m. *Diframm*, m.
SCOLOPENDRE, s. f. *Téód-karô*, m.
SCORBUT, s. m. *Kleñved-vór*, m.

Scorie, s. f. *Kenn*, m.
Scorpion, s. m. *Krûk* ou *krûg*, f.
Scorsonnère, s. f. *Louzaouen-ar-viber*, f
Scrofules, s. f. pl. *Droug-ar-roué*, m.
Scrupule, s. m. *Poan-spéred*, f. *Eñkrez*,
Scruter, v. a. *C'houilia. Furcha.*
Séance, s. f. *Dalc'h*, m.
Séant, s. m. *Koazez*, m — Vann. *Chouk* (T.)
Seau, s. m. *Sâl*, f.
Sec, adj. *Séac'h. Krâz. Krîn.*
Sèche, s. f. *Môrgaden*, f.
Second, nom de nombre. *Eil.*
Seconder, v. a. *Skoazia. Skoazella.*
Secouer, v. a. *Heja. Horella. Stroñsa.*
Secours, s. m. *Skoazel*, f. *Ken-ners*, *Skôr*, m.
Secret, adj. *Kuzet. Gôlôet. Disgwél.*
Section, s. f. *Trouc'hadur*, m. *Skéjadur*,
Sécurité, s. f. *Fisiañs*, m. *Kréd*, m.
Sédentaire, adj. *Diflach. Difiñv. Arzaôı*
Sédiment, s. m. *Gwélézen*, f. *Lec'hid*, m.
Sédition, s. f. *Dispac'h*, m. *Kéflusk*, m.
Séduire, v. a. *Touella. Gwalla.* — Vann *Lorbein. Kousicin.* (T.)
Seigle, s. m. *Segal*, m.
Seigneur, s. m. *Aotrou*, m. — Hors du Lé *Otrou.* Vann. *Eûtreû.* (T.)
Sein, s. m. *Brennid*, m. *Bronn*, f. *Kôv*, *Kaloun*, f.
Seine, s. f. *Roued-stléj*, f. *Seûlen*, f.
Seize, nom de nombre. *C'houézék.*
Sel, s. m. *C'hoalen*, m. *Hâl*, m. — Va *Halen*, m. (T.) Sel marin, *c'hoalen brâz.*
Selle, s. f. *Dibr*, m.
Sellette, s. f. *Skabellik*, f.
Selon, prép. *Hervez. Diouc'h.*

EMAINE, s. f. *Sizun*, f.
EMBLABLE, adj. *Hével* ou *héñvel. Pár.*
EMBLANT, s. m. *Doaré*, f. *Mân*, f. *Neúz*, f.
EMELLE, s. f. *Sól*, f. *Koarel*, f.
EMENCE, s. f. *Hâd*, m. *Sper*, m.
EMI, adj. *Hañter. Peúz. Dam.*
EMONCE, s. f. *Króz*, m. *Kélen*, f.
ENEÇON, s. m. *Aourédâl*, m. *Madré*. m.
ÉNEVÉ, s. m. *Sézô*, m. *Gwéz-irvin*, m. — n. *Séon. Séun.*
ENS, s. m. *Skiañt*, f. *Poell*, m. *Ménoz*. m. , m.
ENSIBLE, adj. *Kizidik. Gwiridik. Poaniuz. arad.*
ENTENCE, s. f. *Barn*, f.
ENTIER, s. m. *Gwénóden*, f. *Raveñt*, m.
ENTIMENT, s. m. *Skiañt*, f. *Krêden*, f.
ENTINE, s. f. *Loséô*, m. *Digémer*, m.
ENTINELLE, s. f. *Evésiad*, m. *Géder*, m.
SENTIR, v. a. et n. *Merzout. C'houésa. Musa.*
SEOIR, v. n. *Azéza. Déréout.*
SÉPARER, v. a. *Ranna. Diframma.*
SEPT, nom de nombre. *Seiz.* — Vannes, *ic'h.* (T.)
SEPTEMBRE, s. m. *Gwengóló*, m.
SEPTENTRION, s. m. *Hañter-nôz*, m. *Stéren*, f.
SÉPULCRE, s. m. *Béz*, m.
SÉQUELLE, s. f. *Lóstad* ou *lóstennad*, m.
SÉRAN, s. m. *Kribin*, f. *Rañvel*, f.
SEREIN, s. m. *Glizien*, f. *Gouzien*, f.
SÉREUX, adj. *Dourek.*
SERF, s. m. *Sklâf*, m. *Gwâz*. m.
SÉRIE, s. f. *Heúl*, m. *Lerc'h*, m. *Lôstad*, m.
SÉRIEUX, adj. *Dic'hoarz. Poelluz* ou *Poellek.*
SERINGUE, s. f. *Striñkel*, f. *Sifoc'hel*, f.
SERMENT, s. m. *Lé*, m. *Touadel*, f.
SERMON, s. m. *Prézégen*, f.

Serpe, s. f. *Strep*, m.
Serpent, s. m. *Aer*, f.
Serpenter v. n. *Trôidella. Gwidila.*
Serpillière, s. f. *Lien-roues*, m. *Leien*,
Serpolet, s. m. *Munudik*, m.
Serre, s. f. *Skilf*, f. *Kraban*, f.
Serrer, v. a *Starda. Gwaska. Moustra.*
Serrure, s. f. *Potal*, f. *Poten*, f. *Dôrzel*
Servante, s. f. *Matez*, f. *Plac'h*, f.
Serviteur, s. m. *Mével*, m. *Paotr*, m. *praer*, m.
Ses, pron. posses. pl. *Hé.*
Session, s. f. *Dalc'h*, m.
Seuil, s. m. *Treûzou*, m. pl. — Vann. *T zen*. (T.)
Seul, adj. *Hé-unan. Hép-kén.*
Sève, s. f. *Séô* ou *sev*, m. *Sabr*, m. *Téon*, — Vann. *Mél*, m. (T.)
Sévère, adj. *Garô. Férô. Rust. Treñk.*
Sevrer, v. a. *Dizouna.* — P. a. *Dizonn.* Va *Forc'hein*. (T.)
Sexe, s. m. *Reiz*, f. — Vann. *Reic'h*, f. (T
Si, conj. *Ma* ou *mar*. *Ker* ou *ken*. *Eo.*
Siècle, s. m. *Kañtved*, m. *Amzer*, f.
Siège, s. m. *Skabel*, f. *Sich*, m. *Groun dur*, m.
Sien, pron. posses. abs. *Hé-hini. Hé drâ.*
Sieur, s. m. *Aotrou*, m.
Sifflet, s. m. *C'houitel*, f. *Sutel*, f.
Signe, s. m. *Arouéz*, f. *Ardamez*, f. *Merk*, *Plustren*, f.
Silence, s. m. *Taô* ou *tâv*, m. *Siouldad*,
Silex, s. m. *Méan-tân*, m.
Sillon, s. m. *Erô* ou *erv*, m. *Peñgenn*, n
Simagrée, s. f. *Orbid* ou *ormid*, m.
Similitude, s. f. *Hévélédigez*, f. *Hévélébé gez*, f.

IPLE, adj. *Digemmesk. Diginkl. Didrôidel.* *ıd.*
MPLE, s. m. *Louzou*, m. *Louzaouen*, f.
MULACRE, s. m. *Skeûden*, f. *Mân*, f. *Neûz*, f.
MULÉ, adj. *Gôlôet. Gaou.*
MULTANÉMENT, adv. *Kévret. War-eunn-drô.*
NCÈRE, adj. *Gwirion. Eeun. Léal. Frank.*
NGE, s. m *Marmouz*, m.
NGERIE, s f. *Tûn*, m. *Gwidré*, m.
NGULIER, adj. *Dibaot Dizoaré. Froudennuz.* lors du Léon : *Dibot.* (T.)
NISTRE, adj. *Reûzeûdik. Dizeûr. Drouk.*
NON, adv. *Anéz. Pé.*
NUEUX, adj. *Gwéuz. Gwidiluz. Trôidelluz.*
NUS, s. m. *Pensac'h*, m.
RE, s. m. *Aotrou*, m.
RÈNE, s. f. *Môr-c'hrék*, f.
TUATION, s. f. *Diazez*, m. *Stâd.* f. *Dalc'h*, m.
X, nom de nombre. *C'houéac'h.*
BRE, adj. *Poellek. Dilontek. Kerreiz.*
BRIQUET, s. m. *Les-hanô*, m.
C, s. m. *Souc'h*, m.
CIÉTÉ, s. f. *Kévrédigez*, f. *Darempred*, m. *ll*, m.
CQUE, s. m. *Botez diénep*, f.
EUR, s. f. *C'hoar*, f. — Vann. *C'hoer. Léa-* f. (T.)
I, pron. *Hé-unan.*
IE, s. f. *Seiz*, m. *Reûn*, m. — Hors du : *Sei.* (T.)
IF, s. f. *Sec'hed*, m.
IN, s. m. *Préder*, m. *Évez*, m. *Damant*, m.
IR, s. m. *Pardaez*, m. *Abardaez*, m. *Eñ-* , m.
IT, conj. *Pé. Daoust pé. Bézet.*
IXANTE, nom de nombre. *Tri-ugent.*
L, s. m. *Leûr*, f. *Sôl*, f. — *Leûren*, f. (T.)

Soldat, s. m. *Brézéliad*, m. *Soudard*, 1
Vann. *Brézélour*. (T.)

Solde, s. f. *Gwéstl*, m. *Paé*, m.

Sole, s. f. *Garlizen*, f. *Fañken*, f.

Soleil, s. m. *Héol*. m. — Vann. *Hiaol*. (

Solennité, s. f. *Lid*, m. *Berz*, m.

Solide, adj. *Kalet*. *Fétiz*. *Téô*. *Stard*. *Pos*

Solitaire, adj. et s. m. *Hé-unan*. *Di*
Léan, m. *Manac'h*, m.

Solive, s. f. *Kébr*, m. *Gwifl*, m. *Sourin*,

Sollicitation, s. f. *Aket*, m. *Erbéd*
Ali, m.

Sollicitude, s. f. *Préder*, m. *Damañt*, m
Corn. *Melré*, m. (T.)

Solution, s. f. *Teûzadur*, m. *Diskou*
dur, m.

Sombre, adj. *Téval*. *Koabrek*. *Kudennek*

Sombrer, v. n. *Gwélédi*.

Sommaire, adj. *Berr*. *Krenn*.

Somme, s. f. *Samm*, m. *Somm*, m.

Sommeil, s. m. *Kousk* ou *kousked*, m. *Hû*
V. m. (T.)

Sommet, s. m. *Bâr*, m. *Lein*, m. *Kribel*,

Somptueux, adj. *Fougéuz*. *Mizuz-brâz*.

Son, pron. *Hé*.

Son, s. m. *Son* ou *Soun*, m. *Brenn*, m

Sonder, v. a. *Gouréda*. *C'houilia*. —
c'ha. (T.)

Songe, s. m. *Huvré*, f. *Sorc'hen*, f. — V
Huné. *Evrein*, m. (T.)

Sonner, v. a. et n. *Seni*. *Gobédi*. *Boléi*.

Sonore, adj. *Hégléô*. *Skiltr*. *Skleñt*. — C
Sklintin, (T.)

Soporatif, adj. *Kouskuz*. *Kouskédik*. *Môr*

Sorbe, s. f. *Hilibér*, m.

Sorcier, s. m. *Strobineller*, m. *Toueller*
Kelc'hier, m. — Vann. *Lorbour*. *Bamour*. (

Sord

RDIDE, adj. *Hudur. Displéd. Mézuz.*
RNETTE, s. f. *Sorc'hen*, f. *Rambré*, m.
RT, s. m. *Tonkadur*, m. *Darvoud*, m.
ıg-avel. f.
RTE, s. f. *Rumm*, m. *Doaré*, f.
RTILÈGE, s. m. *Diaoulérez*, m. *Hûd*, m.
u, m. pl.
RTIR, v. a. et n. *Mond er-méaz. Tenna er-*
z.
T, adj. et s. m. *Sôt* ou *Sôd. Diot. Beulké.*
'ad.
OU, s. m. *Gwennek*, m.
OUBRETTE, s. f. *Matez*, f. *Matourc'h*, f.
OUCHE, s. f. *Kéf*, m. *Skôd*, m. *Gwenn*, f.
OUCI, s. m. *Préder*, m. *Doan*, f.
OUDAIN, adj. *Buan. Téar. Râk-tâl.*
OUDER, v. a. *Framma. Souta.*
OUDOYER, v. a. *Gwéstla. Gwéstlaoua.*
OUFFLE, s. m. *C'houéz*, m. *C'houézaden*, f.
OUFFLET, s. m. *Megin*, f. *Javédad*, f. *Sta-*
, f. — Vann. *Chagellad*, f. (T.)
OUFFRIR, v. n. *Kaout poan. Gouzañvi. Kia.*
P. a. *Gouzañv.* (T.)
OUHAIT, s. m. *C'hoant*, m. *Ioul*. f. *Hét*, m.
OUILLER, v. a. *Kalara. Saotra. Stlabéza.*
OÛL, adj. et s. m. *Gwalc'het. Mezô. Gwalc'h*, m.
OULAGER, v. a. *Diskarga. Divec'hia. Fréal-*
— *Ober vâd.* (T.)
SOULEVER, v. a. *Loc'ha. Dispac'ha.* — *Dam-*
el. (T.)
SOULIER, s. m. *Botez-ler*, f.
SOUMETTRE, v. a. *Kabestra. Pennestra.*
SOUPÇON, s. m. *Mâr*, m. *Arvar*, m. *Mari-*
, m.
SOUPE, s. f. *Souben*, f. *Kéfalen*, f. *Keûsteû-*
ı, f.
SOUPÉ, s. m. *Koan*, f.

Soupir, s. m. *Huanad*, m. *Hirvoud*, m.
Soupirail, s. m. *Tarzel-gaô*, f.
Souple, adj. *Gwén. Doujuz.*
Source, s. f. *Mammen*, f. *Aiénen*, f. *Pe abek*, m. — *Dour saô*, m. (T.)
Sourcil, s. m. *Abrañt*, f. *Gourenn*, m. *M ren*, f.
Sourd, adj. et s. m. *Bouzar. Téval.*
Sourdre, v. n. *Dilammout. Didarza.*
Sourire, v. n. *Mousc'hoarzin. Blasc'hoarzi*
Souris, s. f. *Lôgôden*, f.
Sournois, adj. *Kudennek. Hurennek. Tavéd*
Sous, adv. et prép. *Dindân. A-benn.*
Soustraire, v. a. *Tenna. Tua. Distrei.*
Soutien, s. m. *Harp*, m. *Skôr*, m. *Skc zel*, f.
Souvenir, s. m. *Koun*, m. *Mének*, m. *É vor*, f.
Souvent, adv. *A-lies. Meûr a wéach.*
Souverain, s. m. *Roué*, m. *Impalaer*, m.
Spacieux, adj. *Éc'hon. Frañk. Larg.*
Spadassin, s. m. *Klézéiad.*
Spasme, s. m. *Glizi*, m. *Glizien*, f.
Spatule, s. f. *Spanel*, f. *Sklisen*, f.
Spécialement, adv. *Peûrgedged. Dreist-holl*
Spécieux, adj. *Gwir-héñvel. Digarézuz.*
Spectacle, s. m. *Arvest*, m.
Spectre, s. m. *Teûz*, m. *Tasman*, m. — Vann. *Sémel*, m. (T.)
Sphère, s. f. *Boul*, f. *Bolod*. m.
Spirituel, adj. *Spéréduz. Spérédek. Skiañ tek.*
Splendeur, s. f. *Lufr*, m. *Skéd*, m. *Fou gé*, f.
Spolier, v. a. *Diwiska. Dibourc'ha.*
Spongieux, adj. *Spouéek.*
Spontané, adj. *Ioulek.*

SPUMEUX, adj. *Eonuz. Spoumuz.*
SQUAMEUX, adj. *Skañtek.*
SQUIRRE, s. m. *Kaléden-gik*, f.
STABLE, adj. *Stard. Postek.*
STAGNANT, adj. *Diréd. Chág. Sác'h.*
STATION, s. f. *Paouez*, m. *Ehan*, m.
STATUE, s. f. *Skeúden-zén*. f.
STATUER, v. a. *Kémenna. Reiza.* — P. a. *Kénn.* (T.)
STATURE, s. f. *Meñt*, f. *Tál*, f.
STATUT, s. m. *Reiz*, f. *Réol*, f.
STÉRILE, adj. *Fraost. Bréc'hañ. Hesk.*
STIMULER, v. a. *Brouda. Keñtraoui.*
STIPENDIER, v. a. *Gôpra.*
STRANGULATION, s. f. *Tâg* ou *tagérez*, m.
STRATAGÈME, s. m. *Tun-vrézel*, m.
STRICT, adj. *Striz. Garó. Tenn.*
STUDIEUX, adj. *Akétuz.*
STUPÉFAIT, adj. *Abafet. Saouzanet.*
STUPEUR, s. f. *Morzidigez*, f. *Saouzan*, f.
STUPIDE, adj. *Abaf. Diod. Beulké. Louéad.*
STYLET, s. m. *Gourglézé*, m. *Goustil*, m. *Dág*, m.
SUAIRE, s. m. *Liénen* ou *lianen*, f.
SUAVE, adj. *C'houék.*
SUBALTERNE, adj. *A-zindân. Izel* ou *ijel.*
SUBDIVISER, v. a. *Asranna. Aslôdenna.*
SUBIR, v. a. *Dougen. Gouzañvi.* — P. a. *Gouzañv.* (T.)
SUBIT, adj. *Buan. Téar.*
SUBJUGUER, v. a. *Kabestra. Trec'hi.*
SUBLIME, adj. *Uc'h. Uc'hel. Bráz.*
SUBMERGER, v. a. *Beúzi. Liñva. Gwélédi.*
SUBORDINATION, s. f. *Gwazoniez*. f. *Douj*. m.
SUBORNER, v. a. *Touella. Gwalla. Lorbein.*
SUBSIDE, s. m. *Tell*, f. *Gwir*. m.
SUBSIDIAIRE, adj. *Skoaziuz. Skoazelluz.*

Subsistance, s. f. *Magadurez*, f. *Bividigez*,

Subsister, v. n. *Béza. Remsi. Béva.*

Subterfuge, s. m. *Digarez*, m. *Dizôber*, r

Subtil, adj. *Moan. Munud. Gwén.*

Subvenir, v. n. *Divec'hia. Skoazia. Founna.*

Subvention, s. f. *Tell*, f.

Subvertir, v. a. *Diskara. Terri.* — P. a. *Di kar.* (T.)

Suc, s. m. *Douren*, f. *Sûn*, m. *Chugon*, m

Succès, s. m. *Darvoud-mâd*, m. *Penn-mâd*, m

Succession, s. f. *Digouéz*, m.

Successivement, adv. *Trô-é-trô.*

Succin, s. m. *Goularz*, m.

Succint, adj. *Berr. Krenn.*

Succomber, v. n. *Pléga. Béza trec'het.*

Succulent, adj. *Dourek. Maguz.*

Succursale, adj. et s. f. *Tréf* ou *trév* ou *tréô.*

Sucer, v. a. *Suna. Chugein. Spina.*

Sud, s. m. *Kresteiz*, m.

Sudorifique, adj. *C'houézuz.*

Suer v. n. *C'houézi.*

Suffire, v. n. *Gwalc'ha. Basta* ou *bastout.*

Suffoquer, v. a. *Mouga. Taga.*

Suffrage, s. m. *Mouéz*, f. — Vannes, *Mouec'h*, f. (T.)

Suggérer, v. a. *Alia. Atiza.*

Suie, s. f. *Huzel* ou *huzil*, f. — Vann. *Huler. Huiler*, f. (T.)

Suif, s. m. *Soa* ou *soav*, m. — Vann. *Sua. Soeü*, m. (T.)

Suite, s. f. *Lerc'h*, m. *Dilerc'h*, m. *Heûl*, m.

Suivant, prép. *Hervez. Diouc'h.*

Suivante, s. f. *Matez*, f. *Matourc'h*, f.

Suivre, v. a. *Heûlia. Mirout.* — P. a. *Miret.* (T.)

Sujet, s. m. *Gwâz*, m *Abek*, f. *Kiriégez*, f.

Superbe, adj. *Balc'h. Rok. Kaer. Fougéuz.*

SUPERFICIE, s. f. *Gorré*, m. *Koc'hen*, f.
SUPERFIN, adj. *Moan bráz.*
SUPERFLU, adj. et s. m. *Dreist-ézomm. Diouer.* Vann. *Diover.* (T.)
SUPÉRIEUR, adj. et s. m. *A-ziouc'h. Tréac'h.* *nn*, m. — *Mestr*, m. (T.)
SUPERSTITION, s. f. *Gwall-gréden*, f *Gwall-z.*
SUPPLANTER, v. a. *Diarbenna.* — P. a. *Diar-nn.* (T.)
SUPPLICE, s. m. *Poan*, f. *Kastiz*, m. *Añken.*
SUPPLIER, v. a. *Pédi-stard.*
SUPPLIQUE, s. f. *Goulenn*, m.
SUPPORT, s. m. *Skôr*, m. *Harp*, m. *Skoa-l*, f. — Corn. *Speûrel*, f. (T.)
SUPPORTER, v. a. *Skóra. Gouzañvi.* — P. a. *ouzañv.* (T.)
SUPPOSITION, s. f. *Gaou*, m. *Fallagriez*, f.
SUPPRIMER, v. a. *Lémel. Terri.*
SUPPURER, v. n. *Teûrel. Góri.*
SUPPUTER, v. a. *Nivéri. Jédi.*
SUPRÉMATIE, s. f. *Gorréérez*, m. *Béli*, f.
SUPRÊME, adj. *Dreist-holl.*
SUR, prép. *War* ou *var. Diwar-benn.* —Trég. t Corn. *Oar.* Vann. *Ar. Or.* (T.)
SÛR, adj. *Gwîr. Gwirion. Diarvar.*
SURABONDANT, adj. *Dreist-founn. Dreist-founnuz.*
SURANNÉ, adj. *Kôzik. Divoaz.*
SURCHARGER, v. a. *Dreist-béc'hia.*
SURCROÎT, s. m. *Dreist-kresk*, m.
SURDITÉ, s. f. *Bouzarder*, m.
SUREAU, s. m. *Skaó* ou *Skâv*, m. — Vannes, *Skô*, m. (T.)
SÛRETÉ, s. f. *Kréd*, m. *Diwall*, m.
SURFACE, s. f. *Gorré*, m. *Koc'hen*, f.
SURFAIRE, v. a. *Dreist-gwerza.*
SURFAIX, s. m. *Sivellen*, f.

Surgir, v. n. *Tarza. Sével.*
Surhumain, adj. *Dreist-dén.*
Surlendemain, s. m. *Eil-añtrônóz*, f.
Surmener, v. a. *Gwall-gas. Gwana.*
Surmonter, v. a. *Trec'hi. Faéza.*
Surmulet, s. m. *Braok*, m. *Dreinek*, *Iann*, m.
Surnom, s. m. *Les-hanô* ou *les-hanv*, m.
Surpasser, v. a. *Trec'hi. Faéza.*
Surplus, s. m. *Dilerc'h*, m. *Diouer*, m.
Surprendre, v. a. *Touella. Saouzani. Soué.*
Surseoir, v. a. *Gourzéza. Paouéza. Daléa.* P. a. *Paouez. Dalé.* (T.)
Surtout, adv. *Peûgedged. Dreist-holl.*
Surveille, s. f. *Derc'heñt*, m.
Surveiller, v. a. *Évésaat.*
Survendre, v. a. *Dreist-gwerza.*
Survenir, v. n. *C'hoarvézout. Digwézout.*
Susceptible, adj. *Kizidik.*
Susciter, v. a. *Digas. Didenna. Alia.*
Suspecter, v. a. *Arvari. Diskrédi.*
Suspendre, v. a. *Krouga. Skourra. Gourzéz*
Sustenter, v. a. *Maga. Boéta. Béva.*
Suture, s. f. *Mellez ar penn*, f.
Svelte, adj. *Moan.*
Sycomore, s. m. *Skaô-grac'h*, m.
Sycophante, s. m. *Halébod*, m. *Hubod*, m. *Fallakr*, m.
Symbole, s. m. *Arouéz*, f. *Merk*, m.
Symétrie, s. f. *Hévélébédigez*, f.
Syncope, s. f. *Fallaen*, f. *Gwaskaden*, f.
Synonyme, adj. et s. m. *Hével. Gér-hével*, m
Système, s. m. *Reiz*, f. *Réol*, f.

T

T, s. m. Lettre consonne, la vingtième de l'alphabet.

TA, pron. poss. *Ta* ou *da*. *Az*. — Vann. *Té*. (T.)
TABAC, s. m. *Butum* ou *butun*, m.
TABERNACLE, s. m. *Telt*, m. *Tabernakl*, m. *Armel sañtel*, f. (T.)
TABLATURE, s. f. *Reûstl*, m. *Eûb*, m.
TABLE, s. f. *Taol*, f. — *Taol-voed*, f.
TABLEAU, s. m. *Taolen*, f.
TABLIER, s. m. *Diaraogen*, f. *Tavañcher*, m.
TABOURET, s. m. *Skaoñ*, f. *Based*, m.
TACHE, s. f. *Namm*, m. *Saotr*, m. *Iñtr*, m.
TÂCHE, s. f. *Poellad*, m. *Pennad-labour*, m. *Tamm-làbour*, m. (T.)
TACHETÉ, adj. et part. *Briz* ou *brizellet*. *Mallet*.
TACITE, adj. *Tavuz*. *Tavet*. *Kuzet*.
TACITURNE, adj. *Tavédek*. *Kudennek*. *Téval*
TACT, s. m. *Stok*, m. *Dournatérez*, m.
TAIE, s. f. *Banné*, m. *Glazen*, f. *Gwennen*, f.
TAILLE, s. f. *Trouc'h*, m. *Skéj*, m. *Meñt*, f. *wír*, m.
TAILLER, v. a. *Trouc'ha*. *Drala*. *Skéja*. *Béna*.
TAILLEUR, s. m. *Dispenner*, m. *Kéméner*, m.
TAILLIS, s. m. *Koat-méd*, m. *Brouskoad*, m.
TAIRE (SE), v. réfl. *Tével*.
TAISSON, s. m. *Broc'h*, m. *Louz*. m.
TALENT, s. m. *Gwiziégez*, f. *Danvez*, m.
TALION, s. m. *Hével-boan*, f.
TALON, s. m. *Seûl*, f.
TALUS, s. m. *Dinaou*, m. *Diribin*, m.
TAMBOUR, s. m. *Tabourin* ou *taboulin*, m.
TAMIS, s. m. *Tamoez*, m. — Vann. *Tañouez*, m. (T.)
TAMPON, s. m. *Stouf*, m. *Stef*, m.
TAN, s. m. *Kivich*, m. *Bleûd-kouéz*, m.
TANAISIE, s. f. *Gwâz*, f. *Arwaz*, m.
TANCER, v. a. *Teñsa*. *Króza*.

TANDIS, prép. ou conj. *É-pâd. É-keit. Eñt*
TANIÈRE, s. f. *Toull*, m.
TANNER, v. a. *Kivicha.*
TANT, adv. et conj. *Kémeñt. Keit. Ker* ou *k*
TANTE, s. f. *Moéreb*, f.
TANTÔT, adv. *Akétaou. É-berr.*
TAON, s. m. *Boulien*, f. *Sardonen*, f.
TAPAGE, s. m. *Safar*, m. *Riboul*, m. *Trouz*,
TAPE, s. f. *Dournad*, m. *Taelik*, m.
TAPIR (SE), v. réfl. *Soucha. Pucha. Klucha.*
TAPON, s. m. *Bouchad*, m. *Pakadik*, m.
TAQUIN, s. m. *Heskiner*, m. *Chilper*, m. Corn. *Guéruz.* (T.)
TARD, adv. *Divézad.*—Vann. *Diouéc'had.* (T
TARDER, v. n. *Daléa. Gourzéza.* — P. *Dalé.* (T.)
TARÉ, adj. *Gwastet. Saotret. Tézet. Gwallt*
TARGETTE, s. f. *Moral*, m. *Kouroul*, m. Vann. *Kouroul. Kroul*, m. (T.)
TARIÈRE, s. f. *Tarar* ou *talar*, m. — Vann *Tarer*, m. (T.)
TARIR, v. a. *Dizéc'ha. Heska.*
TARTUFE, s. m. *Brîz-dévot. Pilpouz.*
TAS, s. m. *Bern*, m. *Krugel*, f. *Grac'hel*, f — Vann. *Tes*, m. (T.)
TASSE, s. f. *Kôp*, m. *Hanaf*, f. *Tâs*, m.
TÂTER, v. a. *Dournata. Pafala. Méra. Tañva* — Vann. *Méein.* (T.)
TÂTONNER, v. n. *Dournata. Tastourni. Toul baba.*
TAUDIS, s. m. *Kôz-di*, m. *Lôgik*, f.
TAUPE, s. f. *Gôz*, f.
TAUREAU, s. m. *Taró* ou *tarv*, m.
TAUX, s. m. *Feúr*, m.
TAVELÉ, adj. et part. *Bríz. Marellet. Dluzet.*
TAVERNE, s. f. *Tavarn* ou *tavarñ*, f.
TAXE, s. f. *Feúr*, m. *Tell*, f. *Tâs*, m.

Te, pron. pers. *D'id. D'as. Ac'hanod.*
Tégument, s. m. *Kroc'hen*, m.
Teigne, s. f. *Tiñ* ou *tañ*, m. *Tôken*, f.
Teille, s. f. *Til*, m.
Teindre, v. a. *Liva.* — Vann. *Liuein.* (T.)
Tel, adj. *Hével. Hévélep. Pår.*
Tellement, conj. *Ker. Ken.*
Téméraire, adj. *Ré her. Diévez. Balc'h.*
Témoignage, s. m. *Testéni*, f.
Tempe, s. f. *Ividik*, m.
Tempérament, s. m. *Temps*, m. *Kigen*, f.
Tempérance, s. f. *Poell*, m. *Dalc'h*, m. *Diñtégez*, f.
Tempête, s. f. *Arné*, m. *Stourm*, m. *Safar*, m.
Temple, s. m. *Iliz*, f. *Templ*. m.
Temporiser, v. n. *Amzéri. Daléa.* — P. a. *alé.* (T.)
Temps, s. m. *Amzer*, f. *Préd*, m.
Tenace, adj. *Staguz. Péguz. Dalc'huz.*
Tenaille, s. f. *Turkez*, f.
Tendance, s. f. *Plég*, m. *Tech*, m.
Tendre, adj. *Bouk. Gwåk. Téner. Gwiridik.*
Tendre, v. a. *Steña. Reûdi. Añtella.* — P. a. *ñtell.* (T.)
Ténèbres, s. f. pl. *Tévalien*, f. *Amc'houlou*, m.
Tenir, v. a. *Derc'hel. Mirout.* — P. a. *Mirel.* (T.)
Tenon, s. m. *Steûden*, f.
Tentation, s. f. *Gwall-ioul*, f. *Touellérez*, m.
Tente, s. f. *Telt*, m. *Tinel*, f.
Tenter, v. a. *Arnodi. Tempti.*
Tenue, s. f. *Dalc'h*, m.
Tercer, v. a. *Dizara. Terskiria. Foja.*
Tergiverser, v. n. *Trôidella.*
Terme, s. m. *Divez*, m. *Dilôst*, m. *Termen*, f.
Terminer, v. a. *Peûr-ôber. Klóza.*
Terne, adj. *Diskéd. Dilugern. Téval.*
Terrain, s. m. *Douar*, m. *Péz douar*, m.

TERRASSE, s. f. *Saven-zouar*, f. *Kembot*, m

TERRE, s. f. *Douar*, m.

TERREUR, s. f. *Spouñt-brâz*, m. *Eûz*, m. — Vann. *Ec'h*, m. *Lorc'h*, m. (T.)

TERRINE, s. f. *Pôd-prî*, m. *Pôdez*, f.

TERRITOIRE, s. m. *Brô*, f. *Dalc'h*, m.

TERTRE, s. m. *Kréac'h*, m. *Torgen*, f.

TES, pron. poss. pl. *Ta* ou *da*. *Az*. — Vann *Té*. *Dé*. (T.)

TESTACÉ, adj. *Krogenneк*.

TESTICULE, s. m. *Kell*, m.

TÊT OU TESSON, s. m. *Darbôd*, f.

TÊTARD, s. m. *Fendolok*, m.

TÊTE, s. f. *Penn*, m. *Kâb*, m. — V. m. (T.)

TÊTER, v. a. et n. *Déna*. — Vann. *Dinein*. (T.)

TÊTINE, s. f. *Téz*, m.

TETON, s. m. *Bronn*, f.

TETTE, s. f. *Penn-bronn*, m. *Penn-téz*, m.

TEXTURE, s. f. *Framm*, m. *Stroll*, m.

THÉORIE, s. f. *Gwiziégez-desket*, f.

THERMES, s. m. pl. *Kibellec'h*, m.

THÉSAURISER, v. n. *Teñzoria*.

THORAX, s. m. *Poull-kaloun*, m.

THYM, s. m. *Munudik-brâz*, m. *Timm*, m.

TIARE, s. f. *Kabel-Pâb*, f. *Tiaren*, f.

TIÈDE, adj. *Klouar*. *Miñgl*. *Lézirek*.

TIEN, adj. *Ta hini* ou *da hini*.

TIERCELET, s. m. *Lógôtaer*, m.

TIERS, s. m. *Trédé*. *Trédéren* ou *trédérann*, f.

TIGE, s. f. *Taol-penn*, m. *Kresk*, m. *Troñjen*, f.

TIGNON, s. m. *Bleó ar chouk*, m.

TILLAC, s. m. *Tiler*, m.

TILLEUL, s. m. *Tîl*, m.

TIMIDE, adj. *Abaf*. *Aounik*. *Mézek*.

TIMON, s. m. *Gwalen-garr*, f.

TINTAMARRE, s. m. *Safar*, m.

TINTER, v. a. et n. *Gôbédi*. *Diñsa*. *Korna*.

TIQUE, s. f. *Teûrcûgen*, f. *Tallasken*, f. — ann. *Boskard*, m. Corn. *Poral*, m. *Mégel*, f. .)

TIQUETÉ, adj. *Brizellet*. *Marellet*.

TIR, s. m. *Tenn*, m.

TIRE-D'AILE, s. m. *Tenn-askel*, m. *Bom-ch*, m.

TIRE-LIRE, s. f. *Bionen*, f.

TIRER, v. a. et n. *Tenna*. *Sacha*.

TIROIR, s. m. *Skrín*, m.

TISON, s. m. *Kéf-tân*, m. *Étéô*, m.

TISSERAND, s. m. *Gwiader*, m.

TISSU, s. m. *Gwiad*, m. *Gwiaden*, f.

TITHIMALE, s. f. *Flamoad*, m.

TITILLER, v. a. et n. *Hilliga*. — P. a. *Hilliat*. (T.)

TITRE, s. m. *Gwír*, m. *Diel*, m. *Teûl*, m.

TOCSIN, s. m. *Kloc'h-eûz*, m.

TOI, pron. pers. *Té*. *Id*. *Oud*. *Éz*. *Ac'hanod*.

TOILE, s. f. *Lien* ou *lian*, m.

TOISE, s. f. *Gouréd*, m. *Téz*, m.

TOISON, s. f. *Kréoñ*, m. *Tock*, m.

TOIT, s. m. *Tôen*, f. *Tô*, m.

TOLÉRER, v. a. *Gouzañvi*. — P. a. *Gouzañv*. Vann. *Gouc'hañvein*. (T.)

TOMBE, s. f. *Méan-béz*, m.

TOMBEAU, s. m. *Béz*, m. *Bolz*, f.

TOMBER, v. n. *Kouéza*. *Banna*. *Gouziza*. — Vann. *Kouéc'hein*. (T.)

TOMBEREAU, s. m. *Karrikel*, f.

TON, pron. posses. *Ta* ou *da*. *Az*. — Vannes, *Té*. *Dé*. (T.)

TON, s. m. *Ton* ou *toun*. m.

TONDRE, v. a. *Touza*. *Krévia*.

TONNEAU, s. m. *Tonel*. f.

TONNELLE, s. f. *Pratel*, f.

TONNERRE, s. m. *Kurun*, f. *Foultr*, m.

TONSURE, s. f. *Kern*, f.
TORCHER, v. a. *Torcha. Sec'ha.*
TORCHIS, s. m. *Til*, m. *Tiler*, m. *Barras*, m
TORCHON, s. m. *Torchouer*, m. *Tarner*, m.
TORDRE, v. a. *Gwéa. Gwara. Néza. Trei.* — Vann. *Néein. Tréein.* Corn. *Néa.* (T.)
TORON, s. m. *Gôr*, m.
TORPEUR, s. f. *Morzidigez*, f. *Kropadur*, m
TORRÉFIER, v. a. *Rôsta. Kraza.*
TORRENT, s. m. *Gwâz-réd*, m. *Froud*, f. *D. c'hlann*, m.
TORRIDE, adj. *Leskidik.*
TORS, adj. *Tró* ou *Tróet. Gwár* ou *gwaret. Gwéet.*
TORT, s. m. *Dreist-gwír*, m. *Gaou*, m. *Gwall*, m.
TORTICOLIS, s. m. *Pengamm*, m. *Tortik*, m. — Vann. *Torgammed*, m. (T.)
TORTILLER, v. a. *Gwarigella. Beskella.*
TORTU, adj. *Tort. Kroumm. Kamm. Treûz.*
TORTUE, s. f. *Baot* ou *vaot*, f.
TORTURE, s. f. *Eñkrez*, m. *Gwanérez*, m.
TÔT, adv. *A-bréd. Buan. Affô.*
TOTAL, adj. *Holl. Krenn.*
TOUCHANT, prép. *Diwar-benn. É-kéñver.*
TOUCHER, v. a. *Dournata. Méra. Stéki.* — Corn. *Méza.* Vann. *Méein.* (T.)
TOUFFE, s. f. *Bód*, m. *Bôden*, f. *Bouçhad*, m.
TOUJOURS, adv. *Bépréd. Ataó.*
TOUPIE, s. f. *Kornigel*, f.
TOUR, s. f. *Tour*, m.
TOUR, s. m. *Trô*, f.
TOURBE, s. f. *Taouarc'h*, m. *Torpez*, m.
TOURBILLON, s. m. *Trô-weñt*, f. *Korveñten*, f.
TOURILLON, s. m. *Mudurun*, f. *Marc'h-dôr*, m.
TOURMENT, s. m. *Poan*, f. *Gloaz*, f. *Eñkrez*, m.

TOURMENTE, s. f. *Bâr-amzer*, m. *Stourm*, m.
TOURMENTILLE, s. f. *Seiz-delien*, m.
TOURNANT, s. m. *Distrô*, m. *Tròen*, f.
TOURNE-SOL, s. m. *Trô-héol*, f.
TOURNER, v. a. et n. *Trei. Rodella.*
TOURNETTE, s. f. *Dibunouer*, m. *Traouil*, f.
TOURNIQUET, s. m. *Bardel-drô*, f.
TOURNOI, s. m. *Stourm*, m.
TOURNOYER, v. n. *Kornigella.*
TOURNURE, s. f. *Trô*, f. *Doaré*, f. *Dalc'h*, m.
TOURTE, s. f, *Gwastel*, f. *Tors*, f. *Kouiñ*, f.
TOURTERELLE, s. f. *Turzunel*, f.
TOUSSER, v. n. *Pasaat.*
TOUT, adj. *Holl. Krenn. Klôk.*
TOUTEFOIS, adv. *Koulskoudé. Padâl.— Eveô.* (T.)
TRACAS, s. m. *Reûstl*, m. *Tragas*, m. — m. *Melré*, m. (T.)
TRACE, s. f. *Lerch*, m. *Rouden*, f.
TRACHÉE-ARTÈRE, s. f. *Treûz-gouzouk*, m.
TRADUIRE, v. a. et n. *Trei.*
TRAFIC, s. m. *Gwerz*, f. *Gwerzidigez*, f.
TRAGIQUE, adj. *Dizeûr. Truézuz. Reûzeûdik.*
TRAHIR, v. a. *Gwerza. Toucila. Trubardi.*
TRAIN, s. m. *Kerzed*, m. *Kammed*, m. *Tiz*, m. *stad*, f.
TRAÎNER, v. a. *Tenna war-lerc'h. Stléja.*
TRAIRE, v. a. *Gôrô* ou *goérô.*
TRAIT, s. m. *Taol*, m. *Spék*, m. *Rouden*, f.
TRAITABLE, adj. *Habask. Hégarad.*
TRAITE, s. f. *Pennad-heñt*, m. *Treû*, m.
TRAITÉ, s. m. *Marc'had*, m.
TRAITER, v. a. *Digémérout. Fésta. Louzaoui.* P. a. *Digémérel.* (T.)
TRAITEUR, s. m. *Tineller*, m. *Tavarnier*, m.
TRAÎTRE, s. m. *Iúd. Ganaz. Trubard.*
TRAJET, s. m. *Treû*, m. *Treiz*, m.

TRAME, s. f. *Anneûen*, f. *Steûen*, f. *Dispac'h*, — Corn. *Irien*, f. (T.)
TRANCHE, s. f. *Pastel*, f.
TRANCHÉE, s. f. *Kleûz*, m. *Añt*, m.
TRANCHÉES, s. f. pl. *Drouk-kóf*, m. *Gweñtr*,
TRANCHER, v. a. *Trouc'ha*. *Skéja*.
TRANQUILLE, adj. *Sioul*. *Péoc'huz*. *Habask*.
TRANSACTION, s. f. *Treûz-varc'had*, m.
TRANSCENDANT, adj. *Dreist-holl*. *Uc'hel-meû béd*.
TRANSCRIRE, v. a. *Diskriva*.
TRANSE, s. f. *Spouñt-brâz*, m. *Gloazou*, f.
TRANSFÉRER, v. a. *Digas*. *Dizougen*.
TRANSFORMER, v. a. *Kemma*.
TRANSGRESSER, v. a. *Tréménoud dreist*. *Ter*
TRANSIR, v. a. *Kropa*. *Revi*. *Morza*.
TRANSIT, s. m. *Trémen-heñt*, m.
TRANSLATER, v. a. *Dizougen*.
TRANSMETTRE, v. a. *Rei*. *Dizougen*.
TRANSMUTATION, s. f. *Kemmérez*, m. *Kemm dur*, m.
TRANSPARENT, adj. *Boull*. *Roues*. *Splann*.
TRANSPIRATION, s. f. *C'houéz*, m. *C'houézen*,
TRANSPORT, s. m. *Dilez*, m. *Kaouad*, f. *A ter*, f. — Corn. *Alfô*, m. Trég. et Vann. *An bren*, f. (T.)
TRANSPOSER, v. a. *Dilec'hi*. *Dirciza*.
TRANTRAN, s. m. *Doaré*, f. *Tâl*, f.
TRAPU, adj. *Krenn*. *Torgos*.
TRAQUET, s. m. *Strakérez*, f. *Strakel*, f *Trabel*, m.
TRAVAIL, s. m. *Bré*, m. *Poan*, f *Labour*, f — Vann. *Poen*, f. (T.)
TRAVERS, s. m. *Treûz*, m. *Beskel*, f *Kulad*, f
TRAVERSE, s. f. *Treûzel*, f. *Heñt-treûz*, m *Enébiez*, f.
TRAVERSÉE, s. f. *Treiz*, m. *Treûk*, m.

Traverser, v. a. *Treûzi. Ĩntra.* — Corn. *añti.* (T.)
Traversin, s. m. *Penn-wélé*, m. *Pluek*, f.
Travestir, v. a. *Dic'hĩza. Gôlei.*
Trayon, s. m. *Bronn*, f. *Penn-bronn*, m.
Trébucher, v. n. *Stréboti.*
Trèfle, s. m. *Melchen*, m. — Vann. et Trég. *lchon*, m. (T.)
Tréguier, s. m. *Tréger*, m. *Lañdréger.*
Treillis, s. m. *Kael*, f. *Kloué den*, f.
Treize, nom de nombre cardinal. *Trizék.*
Treizième, nom de nombre ordinal. *Trizek-l.*
Tremble, s. m. *Krén* ou *koad-krén*, m.
Trembler, v. n. *Kréna.*
Trémie, s. f. *Korn*, f.
Trémousser (se), v. réfl. *Ficha. Fistoula.*
Trempe, s. f. *Temps*, m. *Glec'h*, m.
Tremper, v. a. *Souba. Glébia. Tempsi.*
Trente, nom de nombre cardinal. *Trégoñt.*
Trentième, nom de nombre ordinal. *Trégoñt-d.*
Trépas, s. m. *Marô*, m. *Trémenvan*, f.
Trépassés, s. m. pl. *Anaoun*, f.
Trépied, s. m. *Trébez*, m.
Trépigner, v. n. *Tripà* ou *trépa.* — P. a. *ripal.* (T.)
Très, particule. *Meûrbéd. Brâz. Kalz. wall.*
Trésor, s. m. *Teñzor*, m.
Tressaillir, v. n. *Skrija. Trivia. Trida.* — a. *Tridal.* (T.)
Tresse, s. f. *Gwiaden*, f. *Plañson*, m. *Na-en*, f.
Tréteau, s. m. *Treûstel*, f. *Triked*, m. *Géler*, m.
Trève, s. f. *Arsaô*, m. *Ean*, m. *Trévers*, f.
Triangle, s. m. *Tri-c'horn*, m. *Tri-c'hoñ*, m.

Tribu, s. f. *Bróad*, f. *Breúriez*, f. — *Pe meúriad*, m. (T.)

Tribulation, s. f. *Añken*, f. *Gloaz*, f. *krez*, m. — Vann. *Trébil*, m. (T.)

Tribunal, s. m. *Kador*, f. — *Ti-barn*, (T.)

Tribut, s. m. *Gwir*, m. *Tell*, f. *Dlé*, m.

Tricher, v. n. *Touella*. *Tróidella*.

Tricot, s. m. *Pengoat*, m. *Keúneúden*, *Skeltren*, f.

Tricot, s. m. *Stamm*, m.

Trident, s. m. *Tri-bézek*, m.

Trier, v. a. *Dibaba*. *Dilenna*. *C'houenna*. P. a. *Dibab*. *Dilenn*. *C'houennat*. (T.)

Trinité, s. f. *Treinded*, f.

Triompher, v. n. *Trec'hi*. *Faéza*. *Gounid*.

Tripe, s. f. *Stripen*, f.

Triple, adj. *A drí*.

Tripoter, v. n. *Kemmeski*. *Kéjein*. Vann.

Trique, s. f. *Penn-bâz*, m. *Pengoat*, m *Skeltren*, f.

Trisaïeul, s. m. *Tâd-iou*, m.

Triste, adj. *Doaniuz*. *Rec'huz*. *Trist*.

Triturer, v. a. *Braéa*. *Bréva*. *Frika*.

Trivial, adj. *Paot*. *Dister*.

Troc, s. m. *Kemm*, m. *Eskemm*, m. *Trok*, m

Troëne, s. m. *Lugustr*, m.

Trogne, s. f. *Talfas*, m.

Trognon, s. m. *Treûjen*, f. *Kalounen*, f.

Trois, nom de nombre cardinal. *Tri*. *Teir*.

Troisième, nom de nombre ordinal. *Trédé*.

Trombe, s. f. *Kourveñten*, f. *Trô-weñt*, f.

Trompe, s. f. *Korn*, m. *Trompil*, f.

Tromper, v. a. *Touella*. *Sébéza*. — Vannes, *Lorbein*. (T.)

Tronc, s. m. *Kéf*, m. *Bionen*, f.

TRONÇON, s. m. *Darn*, f. *Skeltren*, f.
TRÔNE. s. m. *Trôn*, m.
TRONQUER, v. a. *Mac'haña. Muturnia.*
TROP, adv. *Ré.*
TROT, s. m. *Trot*, m.
TROU, s. m. *Toull*, m.
TROUBLE, adj. *Téval. Dû.*
TROUBLE, s. m. *Kéflusk*, m. *Reûstl*, m. — nn. *Trébil*, m. (T.)
TROUPE, s. f. *Bañden*, f. *Gré*, m. *Bagad*, f.
TROUSSEAU, s. m. *Troñsad*, m. *Strôbad*, f.
TROUSSER, v. a. *Troñsa. Kriza.*
TROUVER, v. a *Kavout.*
TRUIE, s. f. *Gwiz* ou *gwéz*, f. *Banô*, f.
TRUITE, s. f. *Dleuzen*, f.
TU, pron. pers. *Té.*
TUBE, s. m. *Kân*, m. *Rulen*, f.
TUER, v. a. *Laza.*
TUILE, s. f. *Téôlen*, f. — Vann. *Tevlen*, f. (T.)
TUMEUR, s. f. *Koenv*, m. *Gôr*, m.
TUMULTE, s. m. *Safar*, m. *Reûstl*, m.
TURBULENT, adj. *Téar. Froudennek.*
TURLUPINER, v. a. *Goapaat. Gôgéa.*
TURPITUDE, s. f. *Mézégez-vrâz*, f.
TUTÉLAIRE, adj. *Mirer.*
TUTELLE, s. f. *Mirérez*, m. *Gwardoniez*, f.
TUTOYER, v. a. *Téa.*
TUYAU, s. m. *Kân*, m. *Tuellen*, f.
TYPE, s. m. *Skouér*, f.
TYRAN, s. m. *Mac'her*, m. *Tirañt*, m.

U

U, s. m. Lettre voyelle, la vingt-unième de l'alphabet.
ULCÈRE, s. m. *Gouli*, m *Gouli-linek*, m.

Ultérieur, adj. *Dreist. A-c'houdé.*
Un, art. indéf. *Eur. Eunn. Eul.*
Un, nom de nombre cardinal. *Unan.*
Unanime, adj. *Urvan* ou *unvan.*
Uni, adj. *Kompez. Urvan* ou *unvan.*
Union, s. f. *Kévrédigez*, f. *Ken-garañtez*
Unique, adj. *E-unan*, ou *hé-unan. Dibaot.*
Unir, v. a. *Framma. Strolla. Unani. K*
péza.
Univers, s. m. *Ar béd*, m.
Universel, adj. *Holl. Hollek.*
Urbanité, s. f. *Déréadégez*, f. *Sévénidigez*
Urgent, adj. *Hastuz. Difréuz. Malluz.*
Urine, s. f. *Troaz*, m. *Staot*, m. — Va
Troec'h. Treac'h, m. *Stôt. Frougadel*, f. (T.
Urne, s. f. *Léstr*, m. *Pôd*, m.
Usage, s. m. *Kîz*, f. *Boaz*, m. *Kustum*,
User, v. a. et n. *Kémérout. Koaza. L*
mañta. Rimia. — P. a. *Kéméret.* (T.)
Usine, s. f. *Mîlin-c'hôvel*, f.
Ustensile, s. m. *Léstr-kegin*, m. *Benvek,*
Usure, s. f. *Kampi*, m.
Usurper, v. a. *Aloubi. Mac'homi. Skrapa*
Utérin, adj. *A-vamm.*
Utile, adj. *Talvouduz. Gouniduz. Spléluz*

V

V, s. m. Lettre consonne, la vingt-deuxiè
de l'alphabet.
Va, adv. *Kéa. Bézet.*
Vacant, adj. *Goullô.*
Vacarme, s. m. *Trouz-bráz*, m. *Safar*, m
Vache, s. f. *Bioc'h*, f.
Vacher, s. m. *Paotr-saout*, m. *Mesaer*,

ACILLER, v. n. *Horella. Trabidella.*
AGABOND, adj. et s. m. *Kildró. Kañtréer. Ri-*

AGISSEMENT, s. m. *Gwic'h*, m. *Speûñia-*, m.
AGUE, s. f. *Gwagen*, f. *Koumm*, m. *Houl*, m.
AGUE, adj. *Gwâk. Gwân. Diveñt. Arvaruz.*
AILLANT, adj. *Kalounek. Kadarn.* — Hors du n : *Kalonek.* (T.)
AIN, adj. *Didalvoud. Dic'hounid. Gwâk. ân. Goulló.*
AINQUEUR, adj. et s. m. *Trec'her. Gounidek.*
AISSEAU, s. m. *Léstr*, m. *Pôd*, m. *Gwazien*, f.
AL, s. m. *Traoñ*, m. *Traoñien*, f.
ALABLE, adj. *Talvoudek. Mâd. Reiz.*
ALET, s. m. *Mével*, m. *Paotr*, m.
ALÉTUDINAIRE, adj. *Klañvidik. Klañvuz.*
ALEUR, s. f. *Talvoudégez*, f. *Founn*, m. *Ka-n*, f. — Hors du Léon : *Kalon.* (T.)
ALIDE, adj. *Mâd. Reiz. Iac'h. Kré.*
ALLÉE, s. f. *Traoñ*, m. *Traoñien*, f. *Saó-*, f.
VALOIR, v. n. *Talvézout.*
VAN, s. m. *Krouer-dourgen*, m. *Kañt*, m.
VANITÉ, s. f. *Gwander*, m. *Fougé*, f. *Avel*, f.
VANNE, s. f. *Pâl*, f.
VANNEAU, s. m. *Kernigel*, f.
VANNES, s. m. *Gwéned*, m.
VANNIER, s. m. *Kañtenner*, m.
VANTER, v. a. *Meûli dreist-penn.*
VAPEUR, s. f. *Aézen*, f. *Mógéden*, f. *Moren*, f.
VARANGUE, s. f. *Kambon*, m.
VARECH, s. m. *Bezin* ou *bizin*, m. *Félu*, m.
VARENNE, s. f. *Gwarenn*, f.
VARIABLE, adj. *Édró. Kildró. Berboellik.*
VARICE, s. f. *Gwazien c'houézet.*
VARIER, v. a. *Kemma. Dishévélébi. Trei.*

Variole, s. f. *Bréac'h*, f.

Vase, s. f. *Lec'hid*, m. *Gwélézen*, f.

Vase, s. m. *Léstr*, m. *Pôd*, m.

Vassal, s. m. *Gwâz* ou *goaz*, m.

Vaste, adj. *Éc'hon* ou *héc'hon*. *Frañk*.

Vaurien, adj. et s. m. *Didalvuz*. *Lézirek*. *Lébot*.

Vautour, s. m. *Gûp*, m.

Vautrer (se), v. réfl. *Kréña*. *Torc'houé*. *Tórimella*. Corn.

Veau, s. m. *Leûé*, m.

Véhément, adj. *Téar*. *Diboell*. *Buanek*.

Veille, s. f. *Bel*, m. *Derc'hent*, m. *G*
per, m.

Veine, s. f. *Gwazien*, f. *Gwazen*, f. — Va
Gwéc'hien, f. (T.)

Vêler, v. n. *Âla* ou *hala*.

Velléité, s. f. *Bríz-ioul*, f. *Bríz-c'hoañt*,

Vélocité, s. f. *Buander*, m. *Mibinder*,

Velu, adj. *Blévek*.

Venaison, s. f. *Kík-gouéz*, m.

Vénal, adj. *Gwerzuz*.

Vendange, s. f. *Veñdach*, m. *Bendem*, f.

Vendre, v. a. et n. *Gwerza*. — Vann. *Gw*
c'hein. (T.)

Vendredi, s. m. *Gwéner*, m. *Digwéner*
dirgwéner, m.

Vénéfice, s. m. *Koñtamméréz*, m. *Pistri*,

Venelle, s. f. *Ruik*, f. *Stréadik*, f. *Banel*

Vénéneux, adj. *Koñtammuz*.

Vénération, s. f. *Douj*, m. *Azaouez*,
Énor, m.

Vénerie, s. f. *Gwénaérez*, m. *Gwénaéri*,

Vénérien, adj. *Kiguz*. *Naplézek* ou *napl*
zennek.

Vengeance, s. f. *Veñjañs*, m.

Véniel, adj. *Distaoluz*. *Gwalc'huz*. *Véniel*.

ENIN, s. m. *Koñtamm*, m. *Binim*, f.
ENIR, v. n. *Doñt* ou *deñi*. *Digwézout*.
ENT, s. m. *Avel*, f. *Gweñt*, m.
ENTE, s. f. *Gwerz* ou *gwérzidigez*, f.
ENTILATEUR, s. m. *Avéler*, m. *Gweñter*, m.
ENTOUSE, s. f. *Mañdoz*, f.
ENTRE, s. m. *Kôf* ou *kóv*, m.
ENTRIÈRE, s. f. *Leren*, f. *Sivellen*, f.
ENUE, s. f. *Donédigez*, f. *Taol*, f. *Krésk*, m.
EPRE OU VÊPRÉE, s. f. *Pardaez*, m. *Eñ-* m. — Vann. *Añderv*, f. (T.)
PRES, f. pl. *Gouspérou*, m. pl.
R, s. m. *Prév* ou *préñv*, m. *Buzugen*, f. *ron*, m.
RACITÉ, s. f. *Gwirionez*, f.
RBAL, adj. *A-c'hénou*.
RBE, s. m. *Gér*, m. *Verb*, m.
RDÂTRE, adj. *Asglaz*. *Demc'hlaz*. *Glazard*.
RDET, s. m. *Merkl-kouévr*, m.
RDEUR, s. f. *Glazder*, m. *Glazeñtez*, f.
RDIER, s. m. *Méléneck*, m.
RDIR, v, a. et n. *Glaza*.
RDURE, s. f. *Glazen*, f. *Glazvez*, f.
REUX, adj. *Prévédek* ou *prévéduz*. *Arvaruz*.
RGE, s. f. *Gwialen*, f. *Bitouzen*, f. *Béli*, f.
RGER, s. m. *Berjez*, f. *Avalennek*, f. *Pé-k*, f.
RGETTE, s. f. *Palouer*, m. *Bâr-skuber*, m.
RGLAS, s. m. *Sklás*, m. *Spîl*, m. *Frimm*, m. orn. *Riel*, m. (T.)
RGOGNE, s. f. *Méz*, f.
RGUE, s. f. *Délez*, f. Pl. *Délésiou*. — Hors éon : *Délé*, f. (T.)
RIDIQUE, adj. *Gwirion*.
RIFIER, v. a. *Gwiria*. *Évésaat*.
RITABLE, adj. *Gwir*.
RITÉ, s. f. *Gwir*, m. *Gwirionez*, f.

VERJUS, s. m. *Égras*, m.
VERMEIL, adj. *Rûz-glaou.*
VERMIFUGE, v. m. *Louzou-kést*, m.
VERMILLON, s. m. *Rusder*, m. *Tané*, m.
VERMINE, s. f. *Amprévan*, m. *Lastéz*, r.
VERMISSEAU, s. m. *Prévik*, m. *Buzugenn*
VÉROLE, s. f. *Naplez*, m. ou f. *Bréac'h*,
VERRAT, s. m. *Houch-tourc'h*, m. *Tourc'l*
VERRE, s. m. *Gwér*, m. *Gwéren*, f.
VERROU, s. m. *Moral*, m. *Barzen*, f. *Kroul*
VERRUE, s. f. *Gwénaen*, f.
VERS, s. m. *Gwers*. f.
VERS, prép. *É-trézé. War-zû. War-drô.* *ma.*
VERSATILE, adj. *Édrô. Kildrô. Berboellik.*
VERSE (À), adv. *A-skûl.*
VERSÉ, adj. *Gwiziek.*
VERSER, v. a. et n. *Skula. Fléa. Banna.*
VERT, adj. *Glâz. Gwér.*
VERT-DE-GRIS, s. m. *Merkl-kouévr*, m.
VERTÈBRE, s. f. *Mell*, m.
VERTICAL, adj. *Sounn.*
VERTIGE, s. m. *Mézévellidigez*, f. *Bâd*, *Diboell*, m.
VERTU, s. f. *Doaré-vâd*, f. *Vertuz*, f. *Ners*
VERVEINE, s. f. *Kroazik*, f. *Barlen*, f.
VESCE, s. f. *Piz-lógód*, m. *Charoñs*, m. *Beñs*,
VESSE, s. f. *Louf*, m.
VESSIE, s. f. *C'houézigel*, f. *Soroc'hel*, f.
VESTIGE, s. m. *Kamm*, m. *Roud*, m. *Lerc'h*,
VÊTEMENT, s. m. *Gwisk*, m. *Pourc'h*, m, *l* *lad*, m.
VÉTILLE, s. f. *Mibiliez*, f. *Louadérez*, m. *T* *riel*, f.
VÉTUSTÉ, s. f. *Kózni*, f.
VEUF, adj. *Intañv* ou *iñtaoñ.*
VEXER, v. a. *Héga. Heskina. Gwaska. Mou* *tra.*

'IAGER, adj. *Héd-buez* ou *héd-vuez.*
'IANDE, s. f. *Kik* ou *kig*, m. *Boéd*. m.
'ICE, s. m. *Namm*, m. *Gwall*, m. *Tech-*
, m.
'ICIER, v. a. *Gwasta. Gwalla. Gaoui. Dislébéri.*
'ICISSITUDE, , s. f. *Kemm*, m. *Trô*, f.
'ICOMTE, s. m. *Beskoñt*, m.
'ICTIME, s. f. *Viktim*, m.
'ICTOIRE, s. f. *Gounid* ou *gonid*, m. *Tréac'h*. m.
Hors du Léon : *Tréc'h*, m. (T.)
'ICTUAILLE, s. f. *Bévañs*. m. *Bividigez*, f.
'IDE, adj. *Goulló. Kleûz. Gwâk.*
'IDUITÉ, s. f. *Iñtañvélez*, f.
'IE, s. f. *Buez* ou *buhez*, f. *Buézégez*, f. *Béô-*
, m. — Vann. *Bué*, f. (T.)
'IEILLE, s. f. *Kézen*, f. *Kóziadez*, f. *Grâc'h*, f.
IELLE, s. f. *Biel*, f.
'IERGE, s. f. *Gwerc'hez*, f.
IEUX, adj. *Kôz.*
IF, adj. *Béô. Birvidik. Téar.*
IGILANCE, s. f. *Évez*, m. *Préder.* — Vann.
c'h, m. (T.)
IGNE, s. f. *Gwinien*, f.
IGOUREUX, adj. *Nerzuz. Kré.*
IL, adj. *Displed. Astud. Disléber. Iskiz.*
ILAIN, adj. *Dic'héned. Divaló. Diforc'h. Piz.*
rz.
ILEBREQUIN, s. m. *Tarar-trô*, m.
ILIPENDER, v. a. *Displétaat. Disprizout.*
ILLAGE, s. m. *Kéar* ou *ker*, f.
ILLAGEOIS, s. m. *Plouézad*, m. *Kouer*, m.
ILLE, s. f. *Kéar* ou *ker*, f. *Kéar-varc'had*, f.
IN, s. m. *Gwin*, m.
INGT, nom de nombre cardinal. *Ugeñt.*
IOLENT, adj. *Diboell. Froudennuz. Rust*
nek.
IOLER, v. a. *Terri. Gwalla.*

VIOLET, adj. *Glaz-ruz. Limestra.*
VIOLON, s. m. *Rébet*, m.
VIPÈRE, s. f. *Aer-viber*, f.
VIRGINITÉ, s. f. *Gwerc'hted*, m.
VIRILITÉ, s. f. *Oad-goaz*, m.
VIROLE, s. f. *Kelc'hik-houarn*, m. *Envez*
VIRUS, s. m. *Koñtamm*, m. *Binim*, f.
VIS, s. f. *Gwerzid*, f. *Vis*, f.
VIS-À-VIS, prép. *Dirâk. Râk-tâl. Râg-énep.*
VISAGE, s. m. *Dremm*, f. *Mîn*, f. *Bék*, m
VISCÈRES, s. m. pl. *Bouzellou*, m. pl.
VISIBLE, adj. *Gwéluz. Anat.*
VISION, s. f. *Gwéled*, m. *Gwélédigez*, f. *Faltaziou*, f. pl. (T.)
VISITE, s. f. *Gwéladen*, f. *Emwél*, m. *Bizit*,
VISQUEUX, adj. *Péguz. Gludennek.*
VÎTE, adj. et adv. *Buan. Téar.* — *Tima* *Trumm.* (T.)
VITRE, s. f. *Gwéren*, f. *Gwér*, m.
VIVACE, adj. *Bividik.*
VIVIER, s. m. *Poull*, m. *Lann-vihan*, f.
VIVIFIER, v. a. *Énaoui. Nerza.*
VIVRE, v. n. *Béva.*
VOCATION, s. f. *Plég*, m. *Galvédigez*, f.
VOCIFÉRATIONS, s. f. pl. *Garmou*, m. pl.
VOEU, s. m. *Gwéstl*, m. *Lé*, m. *Mouéz*, — Vann. *Mouéc'h*, f. (T.)
VOGUE, s. f. *Brûd*, f. *Hanô*, m.
VOGUER, v. n. *Merdéi.*
VOICI, prép. *Chétu. Chétu-amañ.*
VOIE, s. f. *Heñt*, m. *Stréad*, f.
VOILÀ, prép. *Chétu. Chétu-azé.*
VOILE, s. m. *Gwél*, f. *Digarez*, m.
VOILE, s. f. *Gwél*, f.
VOILER, v. a. *Gwélia. Gôlei. Kuza.*
VOIR, v. a. et n. *Gwélout. Sellout.* — Vannes *Gwélein. Sellein.* (T.)

SIN, adj. et s. m. *Nés. Tóst. Amézek.*
TURE, s. f. *Karr*, m. *Karros*, m.
X, s. f. *Mouéz*, f. — Hors du Léon : Vann. *Mouéc'h.* (T.)
AGE, adj. *Skañbenn. Kildrô. Edrô.*
AILLE, s. f. *Evned*, m. pl. *Iér*, f. pl.
ER, v. n. *Nicha* ou *nija*.—P. a. *Nijal.* (T.)
ER, v. a. *Laéra. Skraba. Skilfa*, — P. a. z. (T.)
ET, s. m. *Stalaf-prénestr*, f.
ONTÉ, s. f. *Ioul*, f. *C'hoañt*, m.
ONTIERS, adv. *A-ioul-vâd. A-galoun-vâd.*
LTIGER, v. n. *Gournicha. Skournicha.*
LUBILIS, s. m *Gwéérez*, f. *Trôel*, f.
LUME, s. m. *Meñt*, f. *Léor* ou *levr*, m.
LUPTÉ, s. m. *Gadélez*, f. *Likaouérez*, m.
MIR, v. a. et n. *Dislouñka. Disteûrel. Das-* — P. a. *Daskor.* (T.)
RACE, adj. *Loñtek. Naonek.*
S, pron. poss. pl. *Hó. Hoc'h.*
TE, s. m. *Mouéz*. f.
TRE, pron. poss. *Hó. Hoc'h.*
UER, v. a. *Gwestla.*
ULOIR, v. a. et n. *Iouli. C'hoañtaat. Menna.*
US, pron. pers. *C'houi. Hô. Hoc'h. Hû.* *moc'h.*
ÛTE, s. f. *Bolz*, f. *Baot*, f. *Gwarek*, f.
YAGE, s. m. *Heñt*, m. *Heñtad*, m. *Béach*, f.
AI, adj. *Gwîr. Gwirion.*
AISEMBLABLE, adj. *Gwîr-héñvel.*
ILLE, s. f. *Gwiméled*, f. *Argoured*, m.
E, s. f. *Gwél* ou *gwéled*, m. *Dremm*, f.
LGAIRE, adj. *Paot. Dister. Disléber.*
LNÉRABLE, adj. *Glazuz. Gouliuz.*

Y

Y, s. m. Lettre voyelle, la vingt-quatri l'alphabet.
Y, adv. *Énó. Di.*
Yeuse, s. f. *Glazten*, m. *Taouz*, m.
Yeux. Voyez oeil.

Z

Z, s. m. Lettre consonne, la dernière d phabet français.
Zèbre, s. m. *Azen roudennet*, m.
Zèle, s. m. *Karañtez-vráz*, f. *Oaz*, r
Zéphir, s. m. *Aézen* ou *ézen*, f.
Zeste, s. m. *Bégel*, m. *Pluskennik*, f
Zigzag, s. m. *Gour-gamm*, m. *Kam gamm*, m.
Zizanie, s. f. *Draok* ou *dréok*, m. *Diz miez*, f. *Reústl*, m.

FIN.

www.ingramcontent.com/pod-product-compliance
Ingram Content Group UK Ltd.
Pitfield, Milton Keynes, MK11 3LW, UK
UKHW031045260726
13965UKWH00006B/522